何华辉文集

武汉大学出版社
WUHAN UNIVERSITY PRESS

图书在版编目(CIP)数据

何华辉文集/何华辉著. —武汉：武汉大学出版社，2006.11
ISBN 7-307-04185-5

Ⅰ.何…　Ⅱ.何…　Ⅲ.法律—文集　Ⅳ.D956.13

中国版本图书馆 CIP 数据核字(2004)第 034352 号

责任编辑:钱　静　　责任校对:程小宜　　版式设计:支　笛

出版发行:武汉大学出版社　(430072　武昌　珞珈山)
(电子邮件:wdp4@whu.edu.cn　网址:www.wdp.com.cn)
印刷:武汉中远印务有限公司
开本:720×980　1/16　印张:16.25　字数:249 千字　插页:3
版次:2006 年 11 月第 1 版　2006 年 11 月第 1 次印刷
ISBN 7-307-04185-5/D·576　定价:28.00 元

1996年何华辉教授在家中

1982年韩德培教授、马克昌教授、何华辉教授参观武汉市司法局的监狱劳改农场

1985年在耶鲁大学法学院，何华辉教授、马克昌教授与欧文·费斯教授、哥斯廷教授合影

1985年何华辉教授在耶鲁大学法学院作演讲，黄正东博士作翻译

1985年何华辉教授与美国刑法学教授哥斯廷合影

1985年何华辉教授在加拿大讲学

1985年何华辉教授、吴家麟教授、许崇德教授在宪法学年会相聚

何华辉教授与周敏、汪进元老师在湖北省考试院审题后进行讨论

法学院刘兴国副院长、张学仁教授为何华辉教授贺七十岁生日

1995年何华辉教授的博士生在武汉大学合影 左起：朱福惠、邓传明、李言静、周叶中、秦前红、唐从良、赵世义

1995年何华辉教授在宪法学博士论文答辩会上

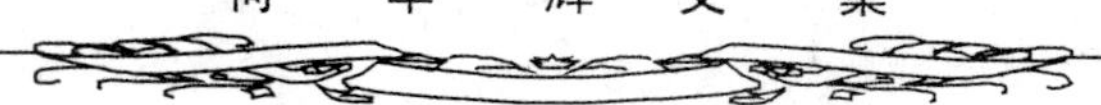

目 录

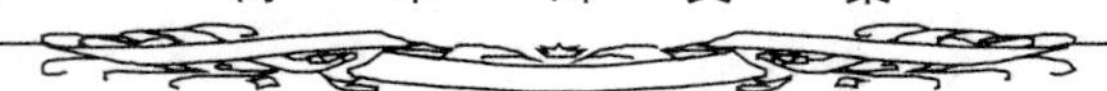

序

噙着既悲又喜的泪水捧读了华辉兄的这部书稿。悲的是我的挚友，一位满身正气、才华洋溢的学人早在十年之前就走完了他坎坷而辉煌的人生路程，无怨无悔地离我而去了。喜的是他毕生勤奋而积累起丰硕的学术成果尚留人间，并由他生前培养的一批有作为的精英学子搜集、编纂成了这部传世遗著。可以相信，华辉兄必能以此而含笑九泉了。

华辉兄早年毕业于北京大学法律系，后在中国人民大学做国家法研究生，于1953年由组织分配到武汉大学任教。那时他风华正茂，英气勃勃，授课甚受学生欢迎，且有著作问世，崭露头角。例如湖北人民出版社1955年推出的《什么是人民代表大会制度》即是。然而美景不长，奈何极左祸害，华辉兄蒙冤受屈，茕茕孑立，浪掷了精力正旺、弥足珍贵的二十载春秋。直捱到党的十一届三中全会以后，他才得以如鱼得水似地甩开膀子高歌猛进。惜那时的他毕竟已临近花甲之年，长期的磨难造成他体弱多病，双耳失聪，陷于另一种性质的困境之中。然而华辉兄铁骨铮铮，毫不向困难低头。他焚膏继晷，不知疲倦地日夜工作，一心想夺回那失去了的黄金岁月。诚如他自己在《抒怀》中所言，“挑灯夜读忘更鼓，踏露晨耕听晓鸡”。这种争分夺秒的苦斗精神，若没有坚韧的毅力是无论如何难以做到的。

本书汇集的基本上是华辉兄一生最后十五年的作品，而以20世纪80年代发表的为最。这同他的人生经历有关，因为在此之前不存在学术创作的客观条件。而在此之后，他已辗转病榻手无握管之力了。恼恨上苍，妒贤忌能，所给时光何其短促，置身人间又何其薄待而蹇厄啊！

汇集于此书中的作品在一定程度上反映了华辉兄的品性、风格和学术深度。作者关于宪法基本理论和原理的论述，系统而精邃固不待言，对于政治体制及民主制度方面的研究则更见功力。他在诸如

《人民代表大会制度的理论与实践》、《人民代表大会制度的新发展》、《简论坚持和完善人民代表大会制度》以及《国体的新规定 政体的新发展》等论著中，对我国的社会主义政权组织形式作了极为正面的论述。尤为突出的是华辉兄对资产阶级“三权分立”的剖析。他在其《分权学说》的小册子以及《浅论三权分立》、《谈中国不能实行三权分立》、《三权分立与议行合一的比较研究》等论文中，对于三权分立学说确立的事实根据与理论基础、三权分立学说在西方国家的运用和引起的争议以及该学说的历史作用，进行了全面探索并提出了独特的见解。华辉兄认为，三权分立在自由资产阶级反封建的斗争中，曾起了阶级分权的进步作用，在资产阶级建立政权之后，则成了欺骗人民群众、巩固资产阶级统治的工具。此类分析都是马克思主义国家学说的具体运用，表现了作者的政治坚定性和理论准确性，在学术上诚乃具有相当高度水平的力作。

华辉兄精通外语，曾有《伦理与革命》等译作问世，并曾两次被政府公派，赴美国及荷兰等国家的名校讲学。他的名字被编入英国出版的世界名人录。他在搜集了大量外文资料的基础上，写成了《比较宪法学》，并出版问世，为我国宪法学的繁荣作出了贡献。

在这里，我想借重武汉大学前校长陶德麟教授的几段话。陶校长说：“华辉同志的难能之处，恰在于他始终不失赤子之心，淡泊自持，不为利锁名缰所困，惟学术是从，惟真理是依。”又说：“他对自己的学生，深爱如子弟。凡有利于他们发展成材的事，他都尽心尽力；同时对他们的为人治学又要求极严。”陶校长最后评价说：“华辉同志在宪法学的领域中探幽发微四十余年，坚持马克思主义而又博采众长，卓然成家。在他的指导和带领下，武汉大学的宪法学博士学位授权点已在比较宪法学和宪法经济学方面作出了开拓性的工作，走在国内本学科的前列。这是华辉同志以心血凝成的硕果。他在学术界赢得的声誉是来之不易，当之无愧的。”

以上引用的陶校长的话语，也正是我想要吐露的心声。值此纪念华辉兄逝世十周年之际，谨为本书作序。

许崇德

2006 年 6 月 2 日于北京时雨园

何华辉先生学术生涯和学术思想述略[①]

童之伟　唐从良　朱福惠

一

何华辉先生，湖南益阳县人，1925年11月生，现为中国法学会宪法学研究会副总干事、武汉大学法学院教授、博士生导师。

何先生1946年入北京大学法律系，1951年毕业，同年被选派入中国人民大学国家法研究生班，专攻宪法学。1953年他研究生毕业接受分配到武汉大学法律系从事宪法学的教学和研究工作，主讲"国家法"、"苏联国家法"、"人民国家法"和"资本主义国家法"等课程。1954年宪法颁布后，何先生与人合著的《什么是人民代表大会制度》一书于1955年由湖北人民出版社出版，是较早的系统地阐述我国人民代表大会制度的专门著述之一，对于从学理上解释人大制度起了积极的作用。

作为一个参加工作不久的青年教师，何先生是颇有抱负的。可惜，1957年给他带来的厄运使他的一些美好的愿望未能完全实现。反右运动之后，他失去了从事宪法学研究和教学的机会。

从1957年起，整整22年之后，何先生才得以平反和恢复名誉，恢复宪法学研究工作。那是1979年，他时年已五十有四，但仍抖擞精神准备重新开始自己的学术生涯。时值粉碎"四人帮"以后，国

① 值何先生70寿辰之际，作为何先生的弟子，我们受其他师兄弟之委托并反映其他师兄弟之意愿，谨作此文，希望有助于传播和光大何先生渊博的学术思想。本文写作于1996年5月。

家各项建设百废待兴之际，迫切需要制定一部新的宪法来实现民主法制领域内的拨乱反正，建立符合中国国情的社会主义立法体系和法律秩序。他满腔热情地投入到新宪法制定的理论研究中，相继发表了《也谈人权问题》、《学习中华人民共和国三部宪法的几点体会》、《论宪法监督》、《浅论三权分立》等重要论文，并与许崇德先生合著了《宪法与民主制度》一书，在宪法学理论方面作出了重要的贡献。在这些论著中，他提出我国不能照搬西方的三权分立学说，但可以借鉴其权力分工和相互制约的思想；提出了完善我国宪法监督机制，完善人民代表大会制度的问题，为确立宪法权威，清除法律虚无主义的干扰作了理论准备；他还对中华人民共和国成立以来的三部宪法进行了比较研究，较为全面地总结了 30 多年来我国立宪和行宪的经验和教训。在服务于新宪法的制定进行理论研究的同时，何先生还参加了新宪法草案的讨论，提出了一系列有价值的意见。新宪法颁布以后，何先生把理论研究的主要精力转到解释新宪法、实施新宪法方面来，相继发表了《人民代表大会制度的新发展》、《我国政权性质的宪法规范的历史考察》、《加强农村基层政权建设的重大措施》、《我国新宪法同前三部宪法的比较研究》等重要论文，并与人合著了《治国安邦的总章程——新宪法讲话》一书，对我国 1982 年宪法的学理解释工作作出了应有的贡献。

自 20 世纪 80 年代中期以来，何先生开始为建立新的比较宪法学理论体系辛勤耕耘，1985 年他发表了《建立新的比较宪法学刍议》一文，对比较宪法学的研究对象、基本范畴进行了全面的论证。1988 年，他的专著《比较宪法学》一书由武汉大学出版社出版，该书的问世标志着我国比较宪法学研究上了一个新的台阶，对比较宪法学体系的更新作出了独创性的贡献。该书既是我国各著名高等院校宪法学、行政法学和政治学专业研究生的必读参考书，也是国外一些著名大学法学院公法研究生的重要参考书。该书先后获武汉大学优秀教材一等奖、武汉市社会科学联合会优秀科研成果二等奖、湖北省社会科学联合会优秀科研成果二等奖和国家教委优秀教材二等奖。与此同时，何先生还致力于中外法学交流工作，1985 年，他应邀赴美国、加拿大讲学，在耶鲁大学、新泽西州立大学和渥太华大学讲授中国宪法。1986 年他作为中荷学术交流计划的中方学者，在荷兰鹿特丹等 6

所大学法学院讲演中国宪法专题。回国后，发表了《访美杂感》和《访荷见闻》两篇文章，介绍了西方法学教育的现状，提出了中国法学教育改革的看法和认识。1988年，他应日本早稻田大学比较法研究所的邀请，为纪念该所建所30周年而撰写了《中国宪法之特色》一文，全文载入该所纪念文集——《东西方法律》论文集中。这些学术活动，扩大了西方学术界对中国宪法和宪法学的了解，增进了中外法学交流和学术合作。

在进行学术交流和学术研究的同时，何先生还花了大量精力来培养研究生，自1982年起招收硕士生、1991年起招收博士生以来，共毕业研究生20多人，其中有5位研究生在国外留学，有些已获得国外名牌大学的博士学位。在培养学生方面，何先生务求做到教书与育人相结合，他认为培养一批德才兼备的宪法学新生力量是当务之急。他带领学生完成了国家社会科学七五规划项目——《人民代表大会制度的理论与实践》，对人民代表大会制度的产生及其特征以及人民代表大会的职权等作了深入的理论透视，武汉大学出版社1992年将之出版成书，受到国内学术界的好评。之后他还主持了《社会主义市场经济与中国宪政建设》课题的研究工作，进一步探讨市场经济条件下我国民主宪政建设的新的理论与实践问题。在数十年的教学和科学研究工作中，何先生共发表论文、译文60余篇，主编、参编或独著、合著的教材、著作共13部。1989年英国剑桥传记中心将他选入了《世界名人传》，1991年作为宪法学家载入《中国法学家词典》和《中国当代名人传》。

何先生指导学生，强调做人重于做学问。

我们追随何先生多年，虽然很少听到他直接教导我们应当如何做人，如何处理做学问和做人的关系，但我们这些弟子从他日常的言行及亲眼见到和间接了解到的他的处世态度中，感到他为人为文方面是明显有所提倡有所不提倡的。

何先生一向认为，学者应当有学问，但做学者首先要做人，做人与做学问相比，做人更重要。做人不过关，学问越大对社会越没好处。做人不是一句空话，是有特定内容的。在他看来，做人要做得像样，在人的生活的不同范围内总是有相应的要求的。大而言之，有民族、国家、社会，作为其中的一员，少不得爱民族、爱国家的感情，

少不得起码的社会正义感和社会责任感，一个人如果没有这样一点精神，要做好学问尤其是宪法学方面的学问是很难的，因为这种精神是学问生根的基础。小而言之，人在生活和工作中总会处在多种社会关系的圈子里，如同行、同事的圈子，同乡、同学的圈子，师生的圈子和朋友的圈子等。作为这些圈子中的一员，做人讲究的是要摆正自己与他人、自己的利益与他人的利益之间的关系。他常对自己的学生讲，大家要搞好团结，因为大家将来很可能都是中国宪法学界有头脸的人物，团结搞不好，会影响宪法学的发展。

何先生强调，做人要有基本准则。“有所为，有所不为”，就是一条做人的准则，他一生信奉不渝。他特别强调有所不为。什么叫有所不为呢？他认为，简单地说，就是不能为了自己的某种目的而不择手段。他以自己一生的行为对这句话作了注释。

二

何先生认为，做学问最要紧的是端正治学态度。没有正确的态度，做不出像样的学问。在治学态度方面，他一生奉行的原则是四个字：求实、创新。他认为：求实就是尊重事物的本来面目，遵从客观规律，也可以说就是实事求是，或不唯上，不唯书，只唯实。所谓创新，就是研究问题要在别人的基础上有所前进，或解决一些别人未解决的学术问题。创新是学术研究的生命，没有创新也就没有学术，也就称不上学者。

他认为，求实与创新是密切相关的，求实就自然会有创新，要创新也只能靠求实的态度。他一生坚持求实的精神，在学术生涯中似乎没有刻意求新，却又往往处处取得了创新的效果。这方面的事例是很多的。例如，在很长时期内，我国宪法学界用本国政体和政权组织形式单一化的观点对待资本主义国家，在这方面的认识不符合实际，以致造成了说起共和制、君主立宪制称政体，议会制、总统制之类也称政体的混乱局面。何先生实事求是地分析了这个问题，提出了国家政权组织形式的概念，理顺了这方面的关系。又如，宪法学过去谈到资本主义类型的宪法往往是一言以蔽之：虚假的。他通过对大量的宪法文件的研究，有根有据地指出了资本主义宪法真假相杂、虚实相间的情况。再如，在公民基本权利分类标准的确定、社会主义民主形式建设现状的评估、一院制与两院制之利弊得失及各国应持的取舍态度等问题上，他都因为坚持求实态度而自然地得出了有新意的结论。何先生正是本着这种在求实中创新的态度，老老实实做学问，取得了一系列令宪法学界瞩目的成就，推进了中国宪法学的发展，尤其是在宪法学基本理论问题研究方面及发展、应用宪法学的比较分析方法方面。这里只叙述第一个方面作出的成就。在这个方面，我们要强调指出，看待学术问题同看待其他问题一样，要有历史的观点，评论学术观点得结合特定时间、地点的具体情况。即使这样，我们仍然相信，何先生在宪法学基本理论方面作出的贡献直到今天也不因岁月的流逝而稍减，他在这方面有代表性的贡献主要有：

（一）提出并论证了合理的宪法概念。何先生认为，过去宪法学者提出的宪法概念虽有能够揭示宪法实质的突出优点，但也有明显缺陷，如将宪法是以特定社会经济基础的上层建筑作为宪法概念的一部分就是多余的、不必要的；又如把“民主制度的法律化”作为宪法概念的组成部分并把它作为宪法的政治内容并列起来显得重复。他认为，科学的概念是反映科学研究对象所具有的特殊属性的一种思维形式，它要求反映出一个事物得以区别于其他事物的本质特征。宪法的本质特征是集中反映统治阶级意志。宪法的本质特征决定着它在法律体系中的形式方面的特殊属性。尽管这种特殊属性只是形式上的，但它能使宪法的本质属性表现得更加明显、更为深刻，因而也应该成为宪法概念的重要组成部分。宪法的形式上的特殊属性，使它在法律体系中居于根本法地位。据此，他提出合理的宪法概念应该是：宪法是集中表现统治阶级意志的国家根本法。这一新的提法得到宪法学界大多数学者的认同。

（二）从理论上揭示了奴隶制、封建制国家不可能有宪法，资本主义时代必然会产生宪法的原因，并阐明了资本主义国家宪法产生的一般规律与特殊方式。他认为，宪法与民主制度紧密相关，奴隶制、封建制国家的典型的统治形式、典型的政体是君主制。君主制政体的特征是国家权力由一个人掌握。在这种情况下，如果出现一个国家根本法，而且这个根本法还具有最高法律效力，君主至高无上的权威便会受到限制，这是他们绝对不能容忍的。即使在一些实行民主制的奴隶制和封建制国家里，也不可能产生作为国家根本法的宪法。主要原因是那时候的法律形式表现为各法合一，各种法律的效力以及制定和修改程序完全一样。他认为，资本主义国家之所以必然产生宪法，是因为三个方面的条件促成的：第一，在政治上有制定根本法的必要。资产阶级在建立自己的国家的初期，面临着三项严重的任务，即防止封建复辟、防止工农革命、培养本阶级管理国家的人才。要完成这个任务，最好的办法是把民主形式规定为法律，再把这种法律提到特别崇高的地位，提高到国家根本法的地位。第二，经济上有制定根本法的需要。在资本主义社会里，工人对资本家不存在人身依附关系，他们在“平等”地位下通过“自由”契约买卖劳动力，然后再由资本家榨取工人生产的剩余价值。这时的剥削方式已不是公开的，而是隐蔽的了。奴隶制、封建制的公开的政治统治已不能适应资本主义的隐蔽的剥削方式。这就要求资产阶级创造一种新的隐蔽的统治形式以适应其经济上的需要，而制定一个民主形式普遍化的宪法正好能够适应这一需要。第三，在法律形式上具备了制定根本法的条件。资本主义生产关系突破了原来的自然经济的老式框架，发展了商品经济，因而使民事方面的法律关系在整个法律体系中的地位日益突出，原来以刑法为主的各法归一的法律表现形式已经不能够适应现实的要求，各种部门法分离独立的倾向已经显露出来。这种法律表现形式的变化为根本法的产生提供了可能条件。

何先生认为，各国资产阶级革命的一般规律是：封建主阶级作为整个的反动阶级反对革命，资产阶级经过多次战斗后在一次决定性的战斗中彻底战胜封建主阶级，取得革命的胜利。这种革命的一般规律决定着宪法产生的一般规律，即资产阶级在取得革命胜利后有可能也有必要总结自己的胜利成果，确认自己已经争得的民主，制定反映自己意志和利益的成文宪法。但也有特殊的产生方式，其实例是英国。在英国，开始时资产阶级同封建主分享政权，但后来资产阶级不满足于和封建主分享政权。随着资本主义经济的发展，他们在政策上采取对封建主步步进逼的办法，迫使封建主步步退让。而每一次比较重大的进逼和退让就产生一个宪法性文件或宪法惯例。多次进逼和退让的结果，便累积起来产生了英国的不成文宪法。这是宪法产生中的一种特殊方式。

（三）揭示了宪法形式上分类的历史必然性及其意义和作用。对于以往从形式上对宪法进行分类的传统分类方法，有些学者常常加以指责，批评传统的形式上的分类没有揭示出宪法的本质。何先生认为，这种批评带有一定程度的片面性，如果把传统的分类方法放在一定的历史范围内加以考察，就会发现我们对这种分类方法的指责过于苛刻。他指出，当宪法本身属于同一本质因而尚无本质上的区分的时候，要求前辈学者对宪法进行本质上的分类，是违背科学研究中的历史唯物主义原则的。而且即使从宪法发展的全过程考察，形式上的分类方法虽然没有揭示宪法的本质，也不能因此而对它全盘否定。其实，这种分类方法对于我们理解同一本质的资本主义各国宪法的特点，进而探索这一特点产生的原因及其后果有帮助，对于人们理解不同本质的宪法的特点也有帮助。

（四）在宪法的实质分类问题上指出，虽然资本主义类型的宪法是虚假的，社会主义类型的宪法是非虚假的，但对这一结论不能作机械的、教条化的理解，都要作具体分析。何先生认为，资本主义类型的宪法是一种假中有真、真中有假、虚中有实、实中有虚的宪法。的确，资本主义类型的宪法有虚构成分，如国家的资产阶级专政性质在宪法中被表现为全体国民的主权。但其中也有真实的成分，如私有财产神圣不可侵犯的原则在宪法中被确切地表现出来。由此可见，资本主义类型的宪法是一种真真假假、虚虚实实的宪法。不仅如此，资本主义类型宪法的虚构成分中有如实反映国家本质的叛国罪的规定。在它的真实成分中却又包含着某种虚假的因素，如私有财产神圣不可侵犯的原则是通过对财产权的平等保护的形式来实现的，可实际上受到特别保护的只是富有者的财产。

他指出，至于社会主义类型的宪法，的确是一种非虚假的宪法，但并非一切条款均与现实完全一致。其中包含着某些纲领性的成分，有的是作为奋斗目标加以规定的，有的是经过短期的努力奋斗就可以实现的。这种纲领性的成分虽然不是完全实现了的东西，在宪法中却有必要加以规定，而且规定它是为了努力实现它，这和资本主义类型的宪法用以粉饰门面的虚假的规定有原则上的区别。

（五）提出了关于宪法序言效力的新见解。宪法序言记载着制宪者阶级所取得的胜利成果，宣布他们建国的原则、纲领、方案。它所宣布的都是制度性的根本问题。它构成宪法的指导原则。但是，尽管序言的地位和作用如此重要，它的法律效力问题却存在争论。有学者认为宪法是一个整体，序言作为它的重要组成部分，当然应该具有最高的法律效力；而有的学者则认为，序言所宣布的原则过于抽象，不能作为具体的行为规范，不具法律效力。何先生认为，两种意见似乎各有道理，但都有片面性。宪法序言的法律效力，必须根据它包含的内容，从具体分析中得出结论，因此，他研究各国宪法序言得出了实事求是的结论：第一，记载历史事实的部分完全没有法律效力；第二，确认基本原则的部分须和宪法本文的规范结合起来才有法律效力；第三，属于规范性的部分具有完全的法律效力。

（六）提出了区分人治与法治的根本标准，得到学术界多数学者的认同。何先生认为，法治原则是作为人治原则的对立物而产生出来的。它和人治原则都是治国的手段，但又泾渭分明，不可含混。中国和西方都有一些学者否认纯粹的法治原则的存在，如我国有学者认为：法律要由人制定，要有人执行；任何统治者不能在没有法律的情况下进行统治。他们因此认定法治和人治不能截然分开，只能相互结合。何先生指出，这些观点是错误的。因为，人治与法治并不是简单地从是否有人的作用和是否运用法律来决定的。在治理国家中，有人的作用不等于人治，有法的存在不等于法治。划分法治与人治的最根本的标志，应该是看在法律与个人（或少数统治者）的意志发生矛盾冲突的时候，是法律的权威高于个人意志，还是个人意志凌驾于法律之上。凡是法律权威高于个人意志的治国方式都是法治；凡是法律权威屈从于个人意志的治国方式都是人治。在实际生活中，法律权威和统治者个人的意志不一致的情况常有发生，而在这种矛盾出现的时候，解决的办法不是个人意志屈从于法律权威，便是法律权威屈从于个人意志，二者必居其一。因此，法治和人治是不可能结合的。

（七）提出并界定了国家政权组织形式的概念，丰富了宪法学的范畴体系，为深入分析国家权力的实质和实现这一实质的形式之间的关系提供了必要的理论工具。概念的分化是认识过程深入的必然理论表现。宪法学界一直以来将表现国家权力的组织过程和基本形态的模式同实现国家权力的机关以及各机关之间的相互关系模式混为一谈，都称为政体，以致造成了对客观上有重大差别的宪政现象在主观上即

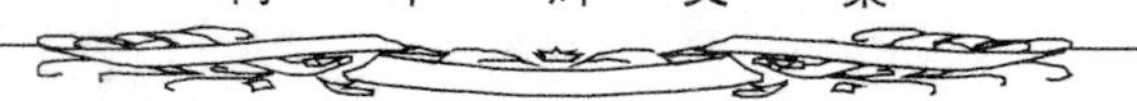

宪法学上不加区分的不合理状况。何先生分析和解决了这个问题。他指出，政体与政权组织形式都是实现国家权力的形式，两者有密切的联系，但它们又有区别，两种实现国家权力的形式各有侧重点。政体着重于体制，政权组织形式着重于机关。政体粗略地说明国家权力的组织过程和基本形态，政权组织形式则着重于说明实现国家权力的机关以及各机关之间的相互关系。他指出，明确认识政体与政权组织形式之间的联系固然十分重要，但认识它们的区别也有重大意义。现代世界各国，有社会主义共和制国家，也有资本主义的共和制国家，它们的政体相同，但是这两个不同历史类型国家的政权组织形式，各个国家机关之间的关系却迥然有别，社会主义国家的政权组织形式是人民代表制；而资本主义国家的政权组织形式则是三权分立的集合体。就资本主义国家而言，有的政体相同而政权组织形式相异，例如美国和德国同是共和制政体，但它们的国家机关之间的相互关系不同，政权组织形式就有差异，美国的政权组织形式是总统制，德国的政权组织形式则是议会政府制。又如英国和意大利，一为君主制国家，一为共和制国家，它们的政体不同，但它们各自的国家机关的相互关系却有近似之处，政权组织形式基本相同，两者都是责任内阁制或议会政府制。由此可见，认识政体和政权组织形式之间的区别，对深入分析研究不同阶级本质的国家实现国家权力的形式，对深入理解资本主义国家机关的组织活动，从而对深刻揭示国家的阶级实质都是十分必要的。由于视政体和政权组织形式为同一事物，往往导致片面地研究政权组织形式，忽视对政体的分析研究。所以，他主张为了促进宪法学的发展，有必要区分政体和政权组织形式各自的含义。这个观点已得到宪法学界多数学者的认同。

（八）在综合比较的基础上，改进了经济制度概念的表述方式。在《比较宪法学》一书中，何先生指出，国内外宪法学者对经济制度概念的表述各有优劣，其中，中国学者的表述更好一些，但总的看来还是有两个问题：首先，在客观因素的表述上，它只说明了所有制的性质和形式，而没有明确表述由所有制所构成的经济成分。因为所有制的形式是可以理解为社会主义公有制的两种形式，即全民所有制和集体所有制的。如果所有制不构成经济成分，它只能是马克思所说的不以人们意志为转移的物质关系，不可能加入人们的主观因素。其次，在主观因素的表述方面，社会生产目的、分配社会产品的制度是比较明确的，但它和管理国民经济的原则却有重叠之处。何先生认为，经济制度是由相互联系的三个部分组成的，其中生产资料的所有制应该列入概念之首，否则经济制度便失去了它赖以存在的基础；生产资料所有制所构成的经济成分也应列入概念之中，以它作为从客观因素转入主观因素的中介，使两者互相衔接；国家对各种经济成分的基本政策与管理国民经济的原则，作为概念中的主观因素，显示国家对社会经济的作用。综合以上观点，他认为经济制度的概念应作如下表述：经济制度是一个国家用宪法、法律所确认和规定的各种生产资料所有制和它们所构成的经济成分以及国家对各种经济成分的基本政策与管理国民经济的原则等方面的制度的总和。

（九）在经济计划与市场机制的关系方面，在宪法学界率先论证了资本主义也有计划，社会主义需要引入市场因素，并预言社会主义国家宪法将在这个问题上有所突破。在 1988 年出版的《比较宪法学》一书中，何先生说，随着资本主义的发展，资本主义国家产生了经济计划，并且逐步扩大了计划调节的范围，特别是第二次世界大战以后，这种计划调节的作用更加明显。许多发达的资本主义国家出现了对公用事业部门和企业的指令性计划；对传统工业、新兴工业如钢铁、电子计算机等工业进行指导性计划调节，而且计划调节的指导思想非常明确。如日本把 20 世纪 50 ~ 60 年代的计划目标放在扩大出口上面，把 80 年代的计划目标放在刺激国内需求方面。与此同时，资本主义国家的宪法也出现了关于经济计划的规定。他同时指出，社会主义国家引进市场机制，肯定会产生良好的效果。它将使计划决策由集中决策变为多层次决策；它将产生社会主义的竞争，迫使企业提高自己的竞争能力；它将加强各个层次经济活动的配合和联系，使微观经济活动适应宏观经济活动决策的要求。他预言，“随着理论认识与改革实践的深入发展，社会主义国家宪法将在计划经济与市场机制的互相结合上，产生一些更加完善的、新的规范。”他还指出，资本主义和社会主义两种不同历史类型的国家在经济计划与市场机制两者的结合上有相似之处，但它们结合的产生发展过程截然相反：资本主义国家先强调市场经济后产生国家干预，社会主义国家先实行计划经济后重视市场机制。

（十）揭示了政党政治与宪法规范的发展的关系。何先生认为，在历史上，政党是资本主义经济关系的产物，政党的主要职能之一是维护其所代表的阶级的政权；而宪法的重要内容之一是确认和巩固统治阶级的政权，两者的关系十分密切。但是在政党政治尚不完备、政党制度尚未形成的时候，政党在民主宪政中的实践活动找不到宪法依据，它们不得不运用自己的创造能力开创先例，于是产生了许多关于政党活动的宪法惯例。随着政党政治的发展和政党制度的形成，一些国家出现了关于政党的组织与活动的宪法规范。现在，政党政治已进入宪法惯例与宪法同时适用的时代。

（十一）提出了对公民基本权利进行分类的合理标准，解决了比较宪法学领域这个长期没有取得共识的问题。何先生指出，基本权利分类标准过去在宪法学界往往莫衷一是，但是比较宪法学要对宪法所确认的公民基本权利进行比较研究，就必须探究产生各种分类的差异的原因，探求可为人们接受的共同的分类原则。宪法规划所产生的分类差异，大抵不外乎国家的性质、历史文化传统、现实发展状况等原因；学者论著所产生的分类差异，通常是由于各自的观念形态以及由此决定的不同角度和概括方式等原因。在这些纷繁复杂的情况下，要找出为人们接受的共同的分类原则，惟一的出路只有把公民这个法律概念还原为人这个原始的概念。公民是人，不论国情如何，学者观念如何，这一定义应该是可以普遍接受的。把公民还原为人之后，再从人的本质属性中探索与之相联系的各种权利，进而作出相应的分类，也应该不致遭到反对。他指出，在现代国家中，人有三种属性，即政治生活中的人、社会生活中的人和私人生活方面的人。和这三种属性相联系相适应的公民基本权利也应该有政治生活、社会生活、个人生活三类基本权利。当然，按照上述原则分类，会遇到实际困难，因为现代国家中人的生活的三个方面常常互相渗透，难于截然划分。尽管如此，人的各方面的生活互相渗透所造成的分类上的困难并非不能克服。克服的办法是：第一，根据某项具体的基本权利所反映的人的生活的主要方面，确定它的类别归属；第二，根据宪法规范、学者论著中已经确立的共同归类，确定某种基本权利的类别归属。

（十二）从民主形式与民主内容相区分的角度对我国民主政治建设的现状作了实事求是的评估，提出了当前和未来相当长一个历史时

期中我国民主政治建设的重点和应有举措。何先生指出，民主一词指人民的权力，它应该包括内容和形式两个方面的含义：体现国家阶级本质的特定内容和与之相适应的表现形式。民主内容决定民主形式，但民主形式对民主内容有极重要的影响，它可以促进特定阶级民主的发展，也可以导致这种民主的衰亡。他指出，由于受“左”的思潮的影响，忽视民主形式的思想在我国仍然存在。这种思想倾向必须加以克服。他认为，我国民主内容的发展可具体地归结为扩展民主主体、缩小专政对象和扩张公民享有的民主权利的范围，而民主形式的发展则可归结为实现民主的方式方法日趋完善。在我国，民主主体是广大劳动人民，专政对象只是极少数敌对分子，且人民享有的政治权利也已十分广泛。因此，民主内容已经没有多少发展余地，社会主义民主建设应当把重点放在民主形式建设上。我国实现社会主义民主的形式多种多样，但基本的和主要的是人民代表大会制度，所以，我国民主形式建设的根本任务是进一步完善人民代表大会制度。他认为，在发展社会主义民主形式方面，资产阶级创造和运用的一些民主形式可以借鉴。资产阶级民主的形式固然具有将资产阶级一个阶级的民主装饰成全民民主的虚伪性，但它在为资产阶级民主服务方面，却是被设计得相当精巧、相当完善的。这种民主形式作为民主内容的载体，有些是可以借鉴来为发展社会主义民主内容服务的，例如，资本主义类型的宪法中规定了创制、复决等直接民主形式，这类民主形式就是可以借鉴来为社会主义民主内容服务的实例。

（十三）在国内率先论证了马克思主义不反对人权口号。那是1979年10月26日，《光明日报》发表评论员文章，稍后另有一位知名宪法学者发表文章，否定人权口号。针对这种说法，何先生发表了《也谈人权问题》一文，指出有关作者误解了马克思、恩格斯在人权问题上的立场，并且指出人权只能是阶级的人权，不可能是完全普遍的人权，在论及人权问题与消灭阶级的关系时，何先生指出，应当对人权问题给予阶级分析，把社会主义制度下维护人权的斗争置于消灭阶级的要求范围之内。

（十四）从理论上揭示了资本主义国家政党斗争与宪政体制的关系。何先生指出，代表资产阶级不同利益集团的各个政党之间的矛盾冲突必然表现为政党之间的斗争，这种斗争一般围绕着宪政体制进

行，有时却促使宪政体制发生变化。他认为，政党斗争的中心决定于宪政体制，而政党斗争又促进宪政体制的发展变化，这种变化表现在两个方面：其一，补充新内容。早期的资本主义国家宪法没有关于政党的组织与活动的规定，但在政党政治逐步发展的过程中，涉及这方面的宪法规范日益增多。这些新补充的宪法内容虽然没有改变原有的宪政体制，但绝不能由此低估它对原有的宪政体制的巨大影响和作用。从宪政体制的实际运用来说，政党斗争给宪政体制增添的新内容使西方各国国家机关体系间的分权与制衡关系变为执政党内部的权力分配与协作关系或政党之间的分权制衡关系。其二，改变旧体制。何先生认为一个国家的宪政体制的确立，总有它独特的历史原因和现实需要。美国建立共和政体，采用总统制；英国保持君主政体，建立君主立宪国家，实行责任内阁制；其他如瑞士、德国、日本等，都建立了各自的政体和政权组织形式。所有这些，都不是出于偶然的任意选择，因此，要改革旧的宪政体制，建立新的宪政体制，不是轻而易举的事情。资本主义国家中通过暴力、政变方式改变宪政体制的事例屡见不鲜，但是政党斗争所引起的宪政体制的改变却并不多见。这种情况迄今为止尚只有法国出现过，但这毕竟是一种应予注意的新现象。法国宪政体制的改变有多种原因，但多党制的存在、政党之间的斗争使原来的责任内阁制不能适应现实的需要，无疑是重要原因之一。

三

治学方法是分层次的，撇开技巧性的东西不谈，宪法学的治学方法可分为两个层次，一是世界观层次的方法论，二是有本学科特点的具体研究方法。就两个层次研究方法的关系而言，第一层次的方法对第二层次的方法起指导作用，第二层次的方法在研究本学科的特有问题的过程中具体贯彻和体现第一层次的方法。何先生在从宪法学角度理解和运用第一层次的方法方面，有其特殊的深刻和独到之处，而在发展和完善第二层次的研究方法上则在自己的研究领域对中国宪法学尤其是比较宪法学的发展，作出了开创性的贡献。

关于第一层次的方法论，何先生认为，一般地肯定辩证唯物主义和历史唯物主义对于宪法学研究的指导意义是远远不够的。这种话谁都会说，关键的问题在于怎样根据宪法学的学科特点和宪法学研究的当前任务创造性地理解和运用这种有普遍意义的方法论。而何先生在这方面所做的工作的学术价值恰恰就在于此。他认为宪法学必须依靠唯物辩证法来解决一些基本的认识问题，其中最重要的是要解决对宪法现象与社会物质生活条件的关系的认识问题。解决了这个问题，才能揭示宪法产生的根源和宪法现象的本质。社会物质生活条件决定着社会的思想观念和政治法律设施，因而宪法的产生根源和纷繁复杂的宪法现象发展变化的终极原因，都必须到相应的社会物质生活条件中去寻找。凡属具备产生宪法条件的国家，有什么样的社会物质生活条件就有什么样的宪法。社会物质生活条件包括生产力和生产关系，它们对于宪法的具体意义是不一样的。虽然总的来说，宪法现象的产生和发展的根本动力是生产力的进步，但具体地看，是生产方式决定宪法的历史类型，生产力发展水平决定同一种历史类型的宪法的阶段性特点，例如，社会主义生产方式是社会主义宪法赖以产生的根源，而社会主义国家生产力发展水平的阶段性特点，决定了其宪法的阶段性特点。所以，社会主义类型的宪法中有向社会主义过渡的宪法和建设社会主义的宪法，也有社会主义初级阶段的宪法和社会主义高级阶段的宪法。解决了宪法同社会物质生活条件的关系的认识，不仅可以揭示宪法产生的根源，还可以揭示各种宪法现象的本质。

作为比较宪法学家，何先生对于唯物辩证法中普遍联系的观点有其十分独到的理解。他认为，从总体上说，各种事物有联系才有运动，才有运动的规律。从单个的事物说，它既有其本身的内部联系，也有同外部事物的联系，还有它的现状与它的过去的联系。对于宪法来说，它的第一种联系是它本身的内部联系。从内部互相联系的观点来看，一部宪法从内容到形式都是一个互相联系的整体。如果没有整体观念，不从整体考察，各个宪法规范以及由宪法规范所确立的制度就难以理解。只有把各个宪法规范及其所确立的制度作为一个整体加以考察，才能全面、深刻地理解这个宪法。第二种联系是宪法的外部联系，包括它同其他宪法的联系。在和其他宪法的联系中，它又和该宪法构成一个宪法的整体，同其他事物发生联系。正因为有这种宪法整体同外部事物的联系，才会有不同类型宪法的产生，才会有同一类型宪法中各种不同的宪法规范的表现形式。同一社会物质生活条件下

产生的宪法，往往因为民族特点、文化历史传统以及具体的阶级力量对比关系的差异，而使宪法规范的表现形式也发生差异。对于由宪法规范所确认的不同历史类型国家的和同一种历史类型的不同国家的统治形式的特点，只有通过宪法和其他事物的外部联系的比较研究，才能有正确的理解。第三种联系是宪法的历史联系。他认为：宪法的研究属于社会科学范围，谈论社会的政治法律现象决不能忘记它们的基本的历史联系。只有以辩证法的历史联系观点作指导对宪法进行比较研究，把宪法放置在一定的历史范围之内，考察它在历史上怎样产生，经过了哪些发展阶段，现在的情况怎样，才能准确地揭示出宪法的产生和发展的规律。

除以上内容外，他也重视辩证唯物主义的其他规律性认识对于指导宪法学研究的方法论意义，其中包括社会意识反作用于社会存在原理和对立统一、量变质变、否定之否定等规律。

何先生在其宪法学研究活动中对第一层次的方法论作了创造性的理解和运用，而完善和发展第二层次的研究方法则是他在治学方法方面主要的和基本的成就。第二层次的方法在社会科学研究中有一定的通用性，且不只一种，其中较多地为人所知的是比较分析方法、历史分析方法、系统分析方法和结构功能分析方法。他运用得比较多的是其中的比较分析方法，简称比较方法。

对于宪法学的比较方法，何先生在其学术生涯中，从两个方面作出了重大贡献。第一个方面的贡献是提出了既能同中国社会科学研究的背景情况相适应，又符合比较宪法学的学科规定性的系统的比较研究理论。他认为，一个多世纪以来，西方学者运用比较方法开展比较宪法学的研究，确实在自己的研究领域内取得了巨大成就；但他们的成就和业绩，多局限在宪法形式的比较研究范围以内，尽管这些形式上的研究成果对比较宪法学的创建是十分必要的，但它毕竟没有反映出比较宪法学所应该揭示的宪法的本质特征，未能把这门学科建立在真正的科学基础上。西方学者用比较方法研究宪法付出了辛勤的劳动而未能收到预期的效果，其根本原因就在于他们用以指导比较方法的原则是形而上学和唯心主义。所以，真正的科学必须真实地反映客观事物的本质特征及其内在联系，它要求有特定的研究方法。比较宪法学顾名思义，应以比较对照作为首要的研究方法，但是，这种比较方法是可以在不同的指导原则之下进行的。如果指导原则错误，比较方法就会误入迷途，只有在正确的指导原则之下，比较方法的运用才能使比较宪法学成为真正的科学。据此，他提出，比较宪法学是从比较对照的角度加深对宪法的产生、本质及其发展规律的研究和认识的科学。比较宪法学的这一学科规律性，就决定着它的研究对象、研究的范围和内容。针对过去的比较宪法学研究通常没有深入的理论分析、叙述起来往往在宪法形式的范围内堆砌罗列的情况，他提出按研究对象的不同将比较宪法学的内容分为两大部分，并对展开比较研究的范围、原则、方法等主要方面提出了系统的观点。

按何先生的观点，比较宪法学的第一大部分应该是宪法原理的比较研究。在此之前，历来的比较宪法学都没有这一块内容。他认为，比较宪法学的这一部分应该包括诸如宪法的概念和本质，宪法的产生和发展，宪法的结构、分类，宪法的基本原则以及宪法的作用与监督实施等内容。比较研究这些基本理论和实践问题，有助于加强对宪法整体的理解，有利于促进对各国宪法的共性以及它们各自的特性的探讨，从而有利于把比较宪法学提到应有的理论高度，加深对宪法的产生、本质及其发展规律的理论认识。

当然，比较宪法学要做的工作大部分还是在研究宪法规范方面，这方面的内容构成何先生主张的比较宪法学体系的另一部分内容。但是，面对世界数百部宪法，数以万计的宪法条文和纷繁庞杂的内容，按什么标准统一进行比较，才科学、合理呢？何先生以辩证唯物论为根本指导思想，着眼于揭示研究对象本质的需要，从宪法实质与宪法表现形式相联系的角度提出并论证了对宪法规范进行比较研究的三种基本方法，这些方法也构成比较研究宪法规范的原则或标准。这些比较方法和原则的提出，是比较宪法学研究方法论的重要突破，其要点如下：

其一，比较研究资本主义各国宪法在同一本质下的不同表现形式。一切资本主义国家的宪法都确认、维护生产资料的资本主义私有制和资产阶级专政，它们的本质都是维护资产阶级的经济和政治利益，但这一本质在不同的国家、不同的时期，甚至同一国家的不同时期都有不同的表现形式。例如，在保护私有制方面，资本主义各个不同历史发展阶段的宪法所作的规定就有不少差别，在同一个时期的不同国家也不尽一致，但保护私有制的实质并没有变，而是变得越来越巧妙、越来越精细。又如在统治形式方面，都是资产阶级专政，但各国的政体、政权组织形式和结构形式往往有很大差别。对于资产阶级政治统治的不同表现形式及其实际运用和理论说明都需要进行深入的比较研究，不能简单化、教条化地进行解释。

其二，比较研究社会主义各国宪法在同一本质下的不同表现形式。社会主义宪法确认、维护生产资料的社会主义公有制和无产阶级专政，它的共同本质是维护无产阶级、广大劳动人民的经济和政治利益。同样地，不论在历史上或在现实中，不论是中国还是其他社会主义国家，维护这种利益的方式也有不同，因而在宪法规范中也有不同表现形式，例如，在建立和发展社会主义公有制方面，多数国家剥夺一切资本家阶级，建立全民所有制经济；有的国家则在建立全民所有制经济过程中只剥夺了一部分资本家阶级，而对另一部分即民族资产阶级采用限制、利用和改造政策。又如，在实现无产阶级专政的形式方面，历史上曾实行和仍然坚持社会主义制度的国家普遍采用共和政体，以人民代表制作为政权组织形式，但是它们的最高代表机关的组织与活动方式却并不完全相同，有的国家采取一院制，有的国家采取两院制，有的国家由最高代表机关的常设机关行使国家元首职权，有的国家设立了国家主席结合起来行使。此外，还有人民代表的产生方式也不完全一样等。所有各种不同表现形式都应加以比较研究，而且这种研究应当为我国的政治体制改革服务，为完善人民代表大会制度服务。

其三，比较研究两种不同历史类型宪法所反映的不同本质以及不同的与相同的表现形式。两种不同历史类型的宪法表现不同的阶级的意志和利益，各自维护它所由制定的阶级的政治和经济统治，这种不同的本质是比较宪法学所要研究的一个极其重要的方面。但是资本主义国家的宪法规范常常对本质问题不作完全真实的反映，有的规范甚至具有虚假性，因此，必须进行仔细的去伪存真的分析研究工作，才能把它的本质揭示出来，才能比较出它和社会主义宪法的本质差异。与本质区别相联系的是形式上的区别，这方面有的表现得非常明显，有的却并不显著。但是，各种形式上的区别，不论其明显的程度如何，都要进行比较研究。在本质与形式的关系中，还有一种情况是，两种不同的本质在宪法规范中，具有相同的表现形式。这一特殊问题的产生，是因为两种宪法规范有着类似的调整对象，在资产阶级宪政实践长期积累的经验中，有些可供社会主义国家借鉴利用。当然，两种不同类型的宪法即使有相同的表现形式，这些形式也决不会脱离它们各自的本质，这是在比较研究中应该特别予以重视的。这方面的研究对于认识资本主义和社会主义两种类型民主的区别和联系，以及在我国的政治体制改革中以科学的态度对待资产阶级民主的形式，都是十分必要的。

何先生对我国比较宪法学研究作出的第二个方面的贡献表现为他学术实践的实际成果。一个宪法学者仅仅就宪法学研究的方法发一番议论并不难，难的是将有关见解贯彻到学术实践中去并作出有相应价值的工作来。何先生的难得之处恰恰就在这里，他不仅在宪法比较研究的方法上提出并阐释了创造性的思想，还将这种思想通过系统的研究实践体现了出来。《比较宪法学》这部近30万言的专著，集他治学思想尤其是宪法比较研究思想之大成，受到宪法学界同仁的普遍肯定和称道。这部以马克思主义为指导、用新方法按新体系撰写的我国第一部比较宪法学专著，可以说是我国比较宪法学发展过程中的一个里程碑。

也谈人权问题[①]

1979 年 10 月 26 日，《光明日报》发表了评论员文章《略论人权问题》（以下简称《略论》），对人权问题的产生、历史发展及其在现代国际政治斗争中的作用等作了比较详细的论述。读过之后，很受教益，很有启发。但也感到其中有的地方还不够明确、不够妥当，还值得商榷。以下就三个方面的问题谈谈我的一些看法。

一、关于马克思、恩格斯对人权问题的原则态度

《略论》的作者引用了马克思在《德意志意识形态》中所说的“至于谈到权利，我们和其他许多人都曾强调指出了共产主义对政治权利、私人权利以及权利的最一般的形式即人权所采取的反对立场”，② 并且列举了几点旁证材料，证明马克思、恩格斯对人权的原则态度是“采取反对立场”。

《略论》的作者误解了马克思这段话的原意，其所列举的旁证也有些牵强附会，缺乏足够的说服力。

事实上马克思在《德意志意识形态》中所说的对人权“所采取的反对立场”，是对资产阶级的人权而言的。理由如下：第一，在说明了反对立场之后，马克思接着就引用了他在德法年鉴中的论述，对他所反对的人权作了具体说明，指出那种“人权本身就是特权”。③ 第二，马克思对于这种实质上是特权的人权曾经作过深刻的揭露，指

---

① 本文载于《武汉大学社会科学论丛》1979 年辑。

② 《马克思恩格斯全集》第 3 卷，人民出版社 1960 年版，第 228 ~ 229 页。

③ 《马克思恩格斯全集》第 3 卷，人民出版社 1960 年版，第 229 页。

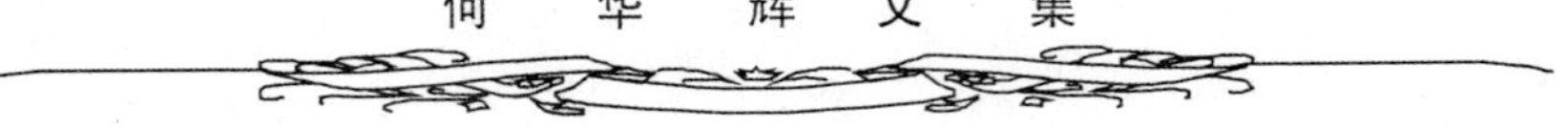

出：实际上“人权”这个词在资本主义制度下意味着是生产资料所有者的权利，资本所有者的权利。① “平等地剥削劳动力，是资本的首要的人权。”② 从《略论》所引证的马克思语的上下文、从它与马克思其他著作中关于人权问题的论述联系起来加以学习研究，所得出的结论只能是马克思反对资产阶级的那种人权，我们决不能由此证明马克思、恩格斯对人权的一般的原则态度是“采取反对立场”。

《略论》里用以证明马克思、恩格斯对人权的原则态度的旁证材料之一，是“在成熟的马克思主义的最初著作《哲学的贫困》和《共产党宣言》（列宁语）中，就没有提出人权这个口号。在《共产党宣言》这样的共产主义纲领性文件中不提人权这个口号，当然不能认为是疏忽或遗漏”。这样地论证马克思主义创始人反对提出人权问题，不但论据极不充分，而且在方法论上也有错误。如果能用《共产党宣言》中没有提出人权口号来证明马克思、恩格斯对人权的原则态度是采取反对立场，那么同样可以用《共产党宣言》没有提出党的领导问题，得出马克思、恩格斯反对党的领导的错误结论。

《略论》里用以证明马克思、恩格斯对人权的原则态度的旁证材料之二，是马克思只有一次例外，即在1864年起草的国际工人协会临时章程中提出了人权要求，即使这样马克思在同年11月4日给恩格斯的信中还对此作了说明，并且在准备这个章程的1871年版时，就把提到人权的这些话删掉了。③ 对于这段史实，值得注意的是马克思虽然“把提到人权的这些话删掉了”，却还保留着《略论》所没有提到的“没有无义务的权利，也没有无权利的义务”。④ 我们知道，马克思在他的著作中有时是把人权当做公民权利看待的，他曾说过：“这种人权一部分是政治权利，只有同别人一起才能行使的权利。这种权利的内容就是参加这个共同体，而且是参加政治共同体，参加国家。这些权利属于政治自由的范畴，属于公民权利的范畴”。⑤ 从人

① 参见《马克思恩格斯全集》第1卷，人民出版社1956年版，第437～438页。

② 《马克思恩格斯全集》第23卷，人民出版社1972年版，第324页。

③ 参见《马克思恩格斯全集》第16卷，人民出版社1964年版，第16页。

④ 《马克思恩格斯全集》第17卷，人民出版社1963年版，第476页。

⑤ 《马克思恩格斯全集》第1卷，人民出版社1956年版，第436页。

权与公民权利在马克思著作中具有同等意义的关系来看，“把提到人权的这些话删掉了”并不意味着就是反对提人权问题，因为它还保存着关于权利方面的规定。

《略论》一文开头就提出了“究竟应该怎样认识和对待人权问题”，并且回答说：“我们只能站在马克思主义的立场上，作历史的具体分析，才能得出比较恰当的结论。”应当肯定，《略论》的作者在运用马克思列宁主义观点分析人权问题方面付出了辛勤的劳动，取得了很大的成绩。但是，也应该指出：由于错误地理解了上面所说的马克思的语句，得出了马克思、恩格斯对人权的原则态度是采取反对立场的结论，因而影响了《略论》的作者对人权问题的某些重要的具体的分析，从而产生了一些观点不明确的缺陷。

二、关于人权问题与无产阶级专政的关系

要正确认识和对待人权问题，就必须对这个问题作阶级分析。在阶级社会里，一切权利都具有鲜明的阶级性，因而人权只能是阶级的人权，不可能是完全普遍的人权。

列宁在论述民主问题时曾经指出：“只有在共产主义社会中，当资本家的反抗已经彻底粉碎，当资本家已经消失，当阶级已经不存在（即社会各个成员在对社会生产资料的关系上已经没有什么差别）的时候……只有在那个时候，真正完全的、真正没有任何禁止的民主才有可能，才会实现。”① 接着又指出：“只有共产主义才能提供真正完全的民主，而民主愈完全，它也就愈迅速地成为不需要的东西，愈迅速地自行消亡。”② 列宁关于民主问题的理论完全适用于人权问题，只有在共产主义社会中，真正完全的、真正没有任何禁止的人权才有可能，才会实现，而人权愈完全普遍，它就愈成为不需要的东西而自行消亡了。可见当社会还需要人权的时候，人权必然是有阶级性的，当人权超出了阶级界限成为完全普遍的人权的时候，它就自行消亡了。因此，在现代社会中宣扬超阶级的人权，不是欺骗无产阶级，就

① 《列宁选集》第 3 卷，人民出版社 1972 年版，第 247 页。

② 《列宁选集》第 3 卷，人民出版社 1972 年版，第 248 页。

是背叛无产阶级。

马克思列宁主义者在认识人权问题时，必须强调它的阶级性，在对待人权问题中，必须紧紧把握住它和阶级专政的关系。在社会主义制度下，无产阶级专政是彻底解决人权问题的武器。我们反对把人权问题与无产阶级专政对立起来，我们不容许利用人权问题损害无产阶级专政。从无产阶级专政的利益出发来分析和处理人权问题，是马克思列宁主义对待人权的原则态度，是正确处理在人权问题上所反映出来的国际国内阶级斗争的基本立场。

《略论》的作者对人权问题的阶级性及其与阶级专政的关系没有给予足够的重视和分析，因而在论述国内外的人权斗争时观点不够明确，论述也不够全面。

在国际斗争中，《略论》的作者揭露了资产阶级提出的人权原则的欺骗性，指出“无产阶级应当抓住资产阶级的话柄，要求资产阶级兑现”，无产阶级应该用人权作为同资产阶级斗争的武器。这是完全正确的。但是《略论》对于帝国主义利用人权攻击我们所给予的驳斥却没有击中要害，说理也不够充分有力。这个问题的要害在于帝国主义企图利用人权干涉我国的内政，妄想借人权问题迫使我们放弃无产阶级专政，对于它们这种险恶的用心，应该首先予以揭露。至于在说理方面，论述“社会主义制度从根本上保证了劳动人民的各项基本权利”，固然是必要的，但更为重要的是应该向它们庄严声明：我们在处理人权问题时，决不离开无产阶级专政，任何想借人权阻止我国对于国内敌人采取专政措施的企图，都是枉费心机，都会受到中国人民的愤怒谴责和坚决反对。

在国内斗争中，《略论》的作者指出“极个别的人提出一些蛊惑人心的口号，实际上是丑化社会主义制度、美化资本帝国主义，借人权问题反对四项基本原则，是别有用心的。对于这种人，必须坚决揭露批判。”这是完全正确的。但是，还应当进一步指出，这种人如果违法犯罪，触犯刑律，必须予以制裁。《略论》的作者指出：“对于那些违法乱纪、侵犯公民权利的人，不管地位高低，都要认真追究，严肃处理。”这也是完全正确的。但是，在反对恃权凌法、侵犯公民权利的同时，也应该反对思想僵化，加快拨乱反正、落实政策的步伐。

三、关于人权问题与消灭阶级的关系

无产阶级的历史使命是消灭阶级，消灭人剥削人的制度，解放全人类，实现共产主义。消灭阶级是无产阶级的战略任务，谁不承认这一点，谁就不是马克思主义者。恩格斯在论述平等问题时说过："无产阶级平等要求的实际内容都是消灭阶级的要求。任何超出这个范围的平等要求，都必然要流于荒谬"。① 无产阶级的人权要求也是如此。可见在谈论人权问题的时候，绝对不能脱离消灭阶级的要求。《略论》的突出优点就是紧紧把握了消灭阶级这一战略任务，强调指出了"无产阶级的基本口号是消灭阶级"。

但是，与上述突出的优点形成鲜明对照，《略论》存在一个突出的缺点。这就是对于无产阶级在斗争中的策略原则未予足够的重视，没有把人权问题在消灭阶级这一战略任务中的地位和作用阐述清楚，并且在一定程度上把人权问题与消灭阶级两者对立起来了。

马克思、恩格斯在其合著的《共产党宣言》中写道："共产党人为着工人阶级的最近目的和利益而奋斗，但是他们在当前的运动中同时还坚持着运动的未来。"② 这句话体现了马克思主义的战略的原则性与策略的灵活性的高度结合。它既指出了无产阶级的战略任务是"坚持着运动的未来"；也指出了无产阶级的策略原则是为"最近目的和利益而奋斗"；同时更强调了无产阶级必须把自己的一切斗争纳入到消灭阶级的终极目标中去，以便使各种斗争汇合起来，逐步接近以至最后实现自己的终极目标。如果把马克思、恩格斯阐述的这一战略与策略运用于人权问题，就应该进行人权斗争，并且把这一斗争纳入到消灭阶级的根本任务中去。

《略论》的作者担心："特别是在当前人权这个口号被赋予了极其庞杂的内容的情况下"，"如果离开我们的基本口号，抽象地提出人权口号"，"就会模糊我们的旗帜，引起思想混乱"。这种顾虑是没有必要的。

---

① 《马克思恩格斯全集》第 20 卷，人民出版社 1971 年版，第 117 页。

② 《马克思恩格斯全集》第 4 卷，人民出版社 1958 年版，第 502 页。

首先，关于内容极其庞杂的问题，列宁为我们树立了处理这类问题的光辉榜样。列宁在《论国家》中指出："国家问题是一个最复杂最困难的问题"，① "未必找得到第二个问题，会像国家问题那样，被资产阶级的科学家、哲学家、法学家、政治经济学家和政论家有意无意地弄得这样混乱不堪"。② 但是，列宁并没有因为国家问题被赋予了极其庞杂的内容，也没有因为无产阶级的根本任务是消灭阶级、消灭国家而对国家问题采取回避态度。恰恰相反，列宁经过再三研究，反复探讨，对国家的产生、发展，国家的本质以及无产阶级对待国家的态度等问题，作了科学的论述，为无产阶级革命指明了方向。我们应该学习列宁，像列宁研究和对待国家问题那样探讨和处理人权问题。

其次，人权问题的关键不在于是否抽象地提出人权口号，是否会模糊我们的旗帜，引起思想混乱，而在于是否能够对它给予阶级分析，是否把它与消灭阶级的战略任务联系起来。如果明确了人权是具有阶级性的；明确了人权问题与消灭阶级的关系，把社会主义制度下维护人权的斗争置于消灭阶级的要求的范围之内，我们所提出来的人权问题就非常具体，我们的旗帜就非常鲜明，我们的思想就非常清晰。

无产阶级一定要在不断地维护人权的斗争中朝着消灭阶级的终极目标胜利前进。

① 《列宁选集》第 4 卷，人民出版社 1972 年版，第 41 页。

② 《列宁选集》第 4 卷，人民出版社 1972 年版，第 42 页。

学习中华人民共和国三部宪法的几点体会[①]

中华人民共和国成立以来，我国先后颁布了一个宪法性文件和三部宪法，即1949年的中国人民政治协商会议共同纲领、1954年宪法、1975年宪法和现行的1978年宪法。这些根本大法在不同阶段和不同程度上总结了我国革命和建设的历史经验，指导和推动了社会主义革命和建设事业的发展，作用是十分显著的。但在某个时期内，由于林彪、“四人帮”极左路线的干扰，使后来的修改宪法工作受到比较严重的干扰。因此比较这几部宪法，分析它们的得失利弊，认真探讨其中的若干问题，分清宪法规范的正确与否，对于修改宪法，使我国宪法今后的发展益臻完善，具有重大的现实意义。

一、宪法的纲领性与规范性

马克思主义宪法科学认为宪法与纲领有区别：宪法是说明现在，而纲领却主要是说明将来。② 宪法是已经争得的种种成果的总结，而纲领是尚待争取的奋斗目标。宪法着重规范性，其目的在于巩固和确认已经取得的胜利的事实；纲领表现为宣言性，它鼓舞人们为一定的目标奋勇前进。当然，马克思主义宪法科学并不认为宪法与纲领的界限不可逾越，在特定的历史条件下，可以有宪法性的纲领，也允许宪法带有若干纲领性。我国的《共同纲领》就是起临时宪法作用的宪

---

① 本文载于《武汉大学学报》1980年第6期，与许崇德（第一作者）合著。

② 参见斯大林：《关于〈苏联宪法草案〉的报告》，载《列宁主义问题》，人民出版社1953年版，第607页。

法性纲领，同时，我国的几部宪法都带有若干程度的纲领性。

尽管宪法可以包含若干纲领性的成分，但是宪法毕竟是宪法，它应该以总结胜利成果、规定法律规范为主。纵观世界各国宪法，只是在革命胜利初期的宪法中才带有比较显著的宣言性和纲领性的成分。例如1791年法国资产阶级把《人权宣言》列入宪法；十月革命胜利后，俄国无产阶级把《被剥削劳动人民权利宣言》列入1918年的苏俄宪法等。当政权日益巩固、社会渐趋稳定之后，宪法的宣言性、纲领性的成分往往随即减少，甚而至于消失。所以，宪法和其他法律一样，是规范性的文件。

1954年我国制定第一部宪法时，尚处在多种经济成分向单一的社会主义经济基础过渡的进程之中，因此把国家在过渡时期的总任务作为法定目标在宪法中加以规定，要求逐步实现国家的社会主义工业化，逐步完成对农业、手工业和资本主义工商业的社会主义改造。同时，在宪法的条文之前冠以序言，用纲领性、宣言性的形式把这个过渡时期的总任务反映出来。这种做法完全符合当时的实际情况，从而是恰当的。1975年修改宪法时，党在过渡时期的总任务早已完成。可是1975年宪法却仍然保留了序言部分。并且把所谓党在整个社会主义历史阶段的基本路线作为指导思想，以宣言的形式写进序言。姑且不说这个“基本路线”所作的阶级估量是否正确，单就序言与宪法全文的比重来看，就颇不相称。1954年宪法条文是106条，序言只有6段，1975年宪法条文已削减为30条，而序言却增至8段，显然，宪法的规范性的成分大大缩小了。

1978年修改宪法时，由于我国社会主义发展进入了一个新的历史时期，而且我们党已经提出了新时期的总任务，要在本世纪内把我国建设成为农业、工业、国防和科学技术现代化的伟大的社会主义强国。所以1978年宪法把这个总任务作为法定目标加以规定，并以纲领性、宣言性的形式反映出来，这是十分必要和正确的。列宁曾经指出：“在任何社会主义革命中，当无产阶级夺取政权的任务解决以后，随着剥夺剥夺者及镇压他们反抗的任务大体上和基本上解决，必然要把创造高于资本主义社会的社会经济制度的根本任务，提到首要地……”① 又说：“整个共产主义宣传归根到底都是要领导实际的国

① 《列宁选集》第3卷，人民出版社1972年版，第509页。

家建设。”①

1956 年 9 月，在我国的社会主义改造基本完成之际，党的第八次全国代表大会就已确定了工作重点的转移，指出：“党和全国人民的主要任务，就是要……把我国尽快地从落后的农业国变为先进的工业国。”其后周恩来同志在第三、第四两届全国人民代表大会的第一次会议上一再提出在本世纪内实现四个现代化的宏伟蓝图。但是 1975 年宪法却没有把它作为法定目标加以规定。1978 年宪法纠正了 1975 年宪法的这个缺点，这是粉碎“四人帮”以后，拨乱反正所取得的伟大胜利。1978 年宪法与 1975 年宪法相比，除了以新时期的总任务取代了“基本路线”之外，在序言的段数未变的情况下，条文增加了一倍，规范性的比重显著增长。现行宪法的规范性和 1954 年宪法相比，虽略为逊色，但同 1975 年宪法相比，则有着长足的进步。五届全国人大三次会议已经决定重修宪法。在这次修改中，若能把纲领性与规范性的比重继续作适当的调整，在宪法中增加规范性的条文并减少序言的纲领性的文字，这样可能会更好一些。邓小平同志今年年初所作的《目前的形势和任务》的报告中关于任务部分的阐述，可以作为规定宪法序言的主要依据，即确认新时期的总任务为法定目标；完成祖国的统一大业；宣布反对霸权主义、坚持无产阶级国际主义的外交路线。这三项任务，再加上总结我国革命和建设经验一项，把序言简化为四段，以简洁的文字表述出来，似乎是可取的。

二、宪法的权威性与宪法规范的明确性

毛泽东同志说过，“一个团体要有一个章程，一个国家也要有一个章程，宪法就是一个总章程，是根本大法。”② 宪法作为国家的总章程、根本大法，是全国人民的最高行为准则，它应该拥有极大的权威。因此，为了维护这种权威，宪法的规范应该十分明确，否则，既不便于贯彻实行，也不便于监督检查，宪法的权威性就会受到损害。斯大林说过：“宪法是根本法，而且仅仅是根本法。宪法并不排除将

① 《列宁选集》第 4 卷，人民出版社 1972 年版，第 371 页。

② 毛泽东：《关于中华人民共和国宪法草案》（1954 年 6 月 14 日）。

来立法机关的日常立法工作，而要求有这种工作，宪法给这种机关将来的立法工作以法律基础。"① 这就是说，宪法是普通法律的立法依据，它的权威高于普通法律，因而对它的规范的明确性的要求也更为严格，否则普通法律没有明确的立法依据，整个国家的法律制度将陷于混乱状况。

宪法规范如不明确，就会损害宪法权威，或者导致权威滥用。但是，宪法是根本法，不是法律大全，它只能对社会制度、国家制度等方面的根本问题作出原则性的、指导性的规定，同时，又由于我国宪法带有纲领性，不可避免地会包含某些宣言式的规定；因此要求我国宪法规定绝对明确、毫无弹性是不切实际的，也是没有必要的。尽管如此，仍然丝毫不能降低我们对宪法规范的明确性的要求。总结我国几部宪法的经验教训，下列两点，似乎应该加以注意：

第一，在宪法中应尽量采用明确的法律语言，少用政治术语和文学词汇。以关于武装力量的规定为例：1954 年宪法规定："中华人民共和国的武装力量属于人民"（第 20 条）。其性质十分明确。1975 年宪法却把它改为"中国人民解放军是……工农子弟兵"（第 15 条）。现行宪法因袭了 1975 年宪法的规定（第 19 条）。"工农子弟兵"用之于一般政治论文与文艺作品是完全可以的，作为宪法的规范就未必妥当。此外，我国宪法中还有一些用政治口号构成的条文，其中有些是不便于监督和检查执行情况的。如："劳动是一切有劳动能力的公民的光荣职责"、"国家实行'抓革命、促生产、促工作、促战备'的方针"等。这些规定很难说是一种明确的宪法规范。

第二，在宪法中应该注意宪法规范与普通法律规范两者之间的配合与衔接。宪法作为国家的根本法，它的地位决定着它只能对社会制度、国家制度等涉及国家全局的问题作出原则规定。国家生活、社会生活中的许多具体问题则必须由普通法律根据宪法原则加以规定，因而在宪法中经常使用"依法……"的处理方法。如现行宪法规定："人民法院的组织由法律规定"，"人民法院审判案件，依照法律的规定实行群众代表陪审的制度"（第 41 条），就属于这种情况。宪法确

① 参见斯大林：《关于〈苏联宪法草案〉的报告》，载《列宁主义问题》，人民出版社 1953 年版，第 618 页。

定某一规范的细节问题由普通法具体规定，这是十分必要而又为世界各国所普遍采用的。但在规定依法处理时，必须使宪法规范与普通法规范密切配合、互相衔接。

三、宪法的修改与宪法规范的连续性

列宁说过：宪法的实质在于：国家的一切基本法律和关于选举机关的选举代议权以及代议机关的权限等法律，都表现了阶级斗争中各种力量的实际对比关系。① 宪法的实质既然在于反映阶级力量的实际对比关系，当一个国家的政治、经济情况发生变化，阶级力量的对比发生变化时，修改宪法就成为必要的、理所当然的事了。我国宪法自1954年宪法制定颁布以后曾进行两次修改，都是与阶级力量的实际对比关系的变化相适应的，因而也是必要的。

一个国家的宪法根据阶级力量对比关系的变化而进行修改，只要这种对比关系的变化没有引起统治与被统治关系的根本性改变，它的内容就应该具有连续性。就我们国家而论，国家的本质决定着宪法不论怎么修改都必须体现出坚持社会主义道路，坚持人民民主专政，坚持中国共产党的领导，坚持马克思列宁主义、毛泽东思想四项基本原则。这四项基本原则在我国宪法的发展过程中是基本上保持了连续性的。但也应看到，在某一特殊阶段内，这个连续性受到了一定程度的破坏。以坚持无产阶级专政为例：1954年宪法规定了“中华人民共和国是工人阶级领导的、以工农联盟为基础的人民民主国家”（第1条）。同时在其他条文中规定了对阶级敌人的镇压、惩办、剥夺政治权利与改造等原则，并赋予了人民群众以广泛的民主权利与自由，强调了国家机关在其组织与活动中必须体现人民民主的原则。这部宪法把对敌人实行专政与对人民实行民主二者很好地结合起来，完整地体现了人民民主专政原则。1975年宪法在总纲中明确规定了我国是“无产阶级专政的社会主义国家”，并且在一定程度上也体现了对敌专政与人民民主相结合的精神。但这部宪法又规定无产阶级必须在上层建筑其中包括各个文化领域对资产阶级实行全面专政（第12条）。

① 参见《列宁全集》第15卷，人民出版社1959年版，第309页。

1975年宪法还规定："大鸣、大放、大辩论、大字报，是人民群众创造的社会主义革命的新形式"（第13条）。这种"全面专政"与"新形式"的民主相结合，给我们国家带来的后果是毋庸赘述的。1975年宪法没有很好地起到巩固无产阶级专政的作用，损害了宪法关于无产阶级专政的连续性的保持。现行的1978年宪法发扬了1954年宪法的优点，改正了1975年宪法的缺点。但是，这部宪法在加强对敌专政、发扬人民民主方面，仍有值得进一步改善之处。例如：它虽然取消了"全面专政"的规定，却仍然保留了"整个社会主义历史阶段的基本路线"，并以它作为新时期的总任务的根据表述在宪法序言里面。另外，这部宪法扩大了人民的民主权利与自由，但没有恢复1954年宪法关于"公民在法律上一律平等"的规定，而且还把1975年宪法的"大鸣、大放、大辩论、大字报"作为一项公民的基本权利保留了下来。

现行宪法是在粉碎"四人帮"之后不久制定的。由于当时历史条件的限制和从那时以来情况的巨大变化，许多地方已经很不适应当前政治经济生活和人民对于建设现代化国家的需要，因而需要对它作比较系统的修改。在三部宪法的制定、修改与实施过程中，我们既积累了丰富的经验，也得到了深刻的教训。这次修改宪法，应该吸取这些经验教训，力求发扬传统的优点，克服犯过的错误，使我国的新宪法增加规范性明确的条文、继续坚持四项基本原则。与此同时，还应该适应发扬民主、加强法制、促进四个现代化建设的需要，适应国家的政治改革与经济改革的需要，在宪法中增加一些新内容。在社会经济制度方面，要改革过于集中的管理体制，扩大企业的自主权和企业职工管理的权力，改单一的计划调节为计划与市场相结合的调节，改主要依靠行政组织、行政办法管理经济为主要依靠经济组织、经济办法和法律办法管理经济。在这方面，南斯拉夫宪法规定在坚持社会所有制、按劳取酬，不准以任何方式通过剥削他人劳动直接或间接地攫取物质利益和其他利益的前提下，对联合基层劳动组织和其他联合劳动组织关于社会生产资料、社会资金的使用，以及根据科学知识和尊重经济规律制定生产计划，依照社会共同需要、劳动组织需要、个人需要与劳动组织的实际情况决定分配准则等问题作了详细规定。对于工人委员会的组织、权利与义务也作了具体规定。这些规定值得我们学习和借鉴。在国家制度方面，要充分发挥人民代表大会制度的优越性。宪法中关于党直接参与国家机关活动的规定，应一律剔除，以免把党降低到国家机关的水平；干部退休制度可以考虑作为宪法规范加以规定。至于人民代表大会制度则应对其组织与活动进行一些必要的改革，如增设专门机构、实行专职代表与兼职代表相结合、以弹劾权作为质询权的补充等，更重要的是规定人民代表的权利和义务，以保障代表能够行使职权，保证代表不违背人民意志。正确处理党政关系是社会主义类型宪法的新课题，有待我们创新改革。发挥人民代表机关的优越性，在南斯拉夫、罗马尼亚、匈牙利宪法中可以得到很多有益的启示。

论宪法监督[①]

宪法监督即对宪法的实施所进行的监督。它指的是保证宪法实施的各种保障措施。

一个国家为了保证它的宪法的实施，必须防止一切违反宪法的活动，处理各种在执行宪法过程中所产生的争议。所有这些保证宪法实施的活动和它所涉及的主管宪法监督的机关、提出违宪诉讼的主体等问题，都属于宪法监督所要研究的范围。

宪法监督的重要性不仅在于保证宪法本身的贯彻执行，更为重要的是宪法是一个国家民主制度的基石和法律制度的核心，严格的宪法监督，对于确保宪法的实施、建立健全法律制度都有着重要的意义。

毛泽东同志说过："世界上历来的宪政，不论是英国、法国、美国，或者是苏联，都是在革命成功有了民主事实之后，颁布一个根本大法，去承认它，这就是宪法。"② 可见宪法以民主制度为前提，它是民主制度的法律化，它既是对民主制度的确认，又是对民主制度的保障。从这个意义上说，宪法是一个国家民主制度的基石。斯大林说过：宪法是根本法，而且仅仅是根本法。宪法并不排除将来立法机关的日常立法工作，而且要求有这种工作。宪法给这种机关将来的立法工作以法律基础。③ 可见宪法是制定其他法律的依据。从这个意义上说，它又是一个国家法律制度的核心。而宪法监督则直接关系到宪法的贯彻实施，关系到一个国家法制的健全。因此，对宪法监督问题必须予以高度重视。

---

① 本文载于《武汉大学学报》1982 年第 1 期。

② 《毛泽东选集》第 2 卷，人民出版社 1952 年版，第 693 页。

③ 参见《斯大林选集》下卷，人民出版社 1979 年版，第 409～410 页。

我国正在修改宪法，新宪法将以把我国逐步建设成现代化的、高度文明的、高度民主的社会主义强国为法定目标，迫切地需要健全社会主义法制，在这个时候研究宪法监督问题，有着十分重要的现实意义。

一

世界上有两种不同类型的宪法，即资本主义国家宪法和社会主义国家宪法。它们的阶级本质不同，表现在宪法监督上也必然有着原则性的区别。这种区别主要表现在以下三方面：

第一，资产阶级宪法的虚伪性决定了它只能以宪法中的局部条文作为宪法监督的对象；社会主义国家宪法的真实性决定了它必然以宪法的全部条文作为宪法监督的对象。

列宁说过：当法律同现实脱节的时候，宪法是虚假的；当它们是一致的时候，宪法便不是虚假的。① 资产阶级宪法都含有虚假的成分，它们往往用“人民主权”、“增进全体国民的福利”等美妙词句掩盖其为剥削者服务的实质。这一部分虚伪的宪法条文，不过是用以装饰门面，资产阶级是决不愿意付诸实施的，因为“人民主权”原则要是真正实现，就意味着它们的政治统治权力要被推翻，这是资产阶级所不能容忍的。既然如此，这些虚假的宪法条文便不能不被排斥在宪法监督范围之外。另外，资产阶级宪法中毕竟有一部分规定是直接维护其政治与经济统治的，如对叛国罪的惩罚、公民权利的限制以及对私有财产的保护等。这一部分宪法条文，资产阶级非认真加以贯彻实施不可，因而也就非严格地实行宪法监督不可。资产阶级宪法的真真假假，虚虚实实，决定着它的宪法监督必然是有选择性的、局部的。

至于社会主义国家的宪法则是实际情况的真实反映，它和现实完全一致，它是无产阶级革命和建设的胜利成果的总结，它体现了广大人民的意志和利益，反映了广大人民的愿望和要求，从它的原则精神到具体条文都必须完全贯彻实施。社会主义国家宪法的真实性，决定

① 参见《列宁全集》第15卷，人民出版社1959年版，第309页。

其宪法监督必然是全面性的。

第二，资产阶级宪法的反人民性质决定其宪法监督必须采取强制手段、重视法律方面的保障措施，社会主义国家宪法的人民性决定其宪法监督除了法律的强制性保障措施之外，非常重视马克思列宁主义的指导、共产党的领导和人民群众的政治觉悟在宪法监督中的作用。

斯大林说过："资产阶级宪法暗中从以下的前提出发：社会是由彼此对抗的阶级，即占有财富的阶级和没有财富的阶级组成的；无论哪一个党执政，对社会的国家领导权（专政）都应当属于资产阶级，宪法所以需要，是为了把合乎资产阶级愿望并有利于资产阶级的社会秩序固定下来。"① 资产阶级宪法对劳动人民来说是一种压迫性和欺骗性的行为规则，必然为劳动人民所反对和鄙弃，这就决定着它的宪法监督只能采用强制手段，只能依靠法的强制以保障宪法的实施。现代资本主义国家无论是法国或意大利、美国或英国无不通过非常明细的宪法监督的法律规范、或数目繁多具有法的效力的司法判例作为强制手段实行宪法监督。

社会主义国家的宪法则是把合乎劳动者的愿望并有利于劳动者的社会秩序固定下来。在社会主义国家里，虽有敌对阶级或敌对分子存在，他们对宪法怀有敌意，不愿遵守，但这些人只是极少数。占总人口中绝大多数的劳动者是衷心拥护、愿意遵守自己的宪法的。因此，社会主义国家的宪法监督固然还需要运用强制手段、运用法律保障，却强调劳动者对宪法的自觉遵守，重视群众性的宪法监督，更重视马克思列宁主义的思想指导和无产阶级政党的政治领导，以教育群众、组织群众增强其遵守宪法、与违宪活动作坚决斗争的自觉性。

第三，资产阶级国家从"三权分立"学说出发，一般由司法机关主管宪法监督，社会主义国家则从民主集中制与"议行合一"原则出发，一般由国家最高权力机关系统主管宪法监督。

"三权分立"是资产阶级创立的关于国家权力的组织原则的理论。它的要点是：国家权力划分为立法、行政、司法三部分，由三个部门行使，它们之间互相牵制，从而使国家权力在既分立又牵制的情况下，以达到互相平衡、协调前进、防止专制主义、保障公民自由的

① 《斯大林选集》下卷，人民出版社 1979 年版，第 400 页。

目的。恩格斯曾经指出："事实上这种分权只不过是为了简化和监督国家机构而实行的日常事务上的分工罢了。"① 把这一学说运用于宪法的制定与宪法的实施，则其实际的分工应该是前者由立法机关主管，后者由司法机关主管。目前许多资本主义国家如美国、日本、加拿大、澳大利亚等都由司法机关主管监督宪法的实施，行使宪法监督权。其具体办法一般是由最高司法机关通过对具体案件的审查，以确定其所适用的法律是否违反宪法。

社会主义国家权力的组织与活动原则是民主集中制、"议行合一"。按照"议行合一"原则，国家最高权力机关有权决定一切国家大事。它既有立法权，又有组织、领导和监督行政机关和司法机关的权力。它的权力来自人民，体现了真正的人民主权原则。把议行合一原则运用到宪法的制定与宪法的实施，则两项权力都应该由国家最高权力机关行使，即国家最高权力机关既主管宪法的制定，又主管宪法监督。目前由国家最高权力机关系统主管宪法监督的有罗马尼亚等社会主义国家。

二

两种不同历史类型国家的宪法监督有着本质上的、原则性的区别。但不可否认其间又存在着历史的联系。列宁指出："为了解决社会科学问题，为了真正获得正确处理这个问题的本领而不被一大堆细节或各种争执意见所迷惑，为了用科学眼光观察这个问题，最可靠、最必需、最重要的就是不要忘记基本的历史联系，考察每个问题都要看某种现象在历史上怎样产生，在发展中经过了哪些主要阶段，并根据它的这种发展去考察这一事物现在是怎样的。"② 下面根据列宁主义的这一原理研究两种宪法监督的历史联系，考察宪法监督的产生、经历阶段、发展趋势及其产生发展过程中所积累的经验。

宪法监督在历史上几乎是和宪法同时产生的。世界上最早的成文宪法是 1787 年的美国宪法和 1791 年的法国宪法。可是，在法国，

---

① 《马克思恩格斯全集》第 5 卷，人民出版社 1958 年版，第 224 ~ 225 页。

② 《列宁选集》第 4 卷，人民出版社 1972 年第 2 版，第 43 页。

1799年的宪法中即规定设立护法元老院，并赋予它以撤销违宪的法律的权力，这是资产阶级国家最早建立的宪法监督机关；在美国，1803年联邦法院首席法官马歇尔在审理治安法官马伯里诉国务卿麦迪逊案的判决中即明确宣布“违宪的法律不是法律”，同时还宣称“阐明法律的意义是法院的职权”，首次开创了美国联邦法院审查国会制定的法律的合宪性的先例。在此以后，法、美两国宪法监督的影响逐步扩大，以致西方各国凡是制定了宪法的都确立了宪法监督制度。

十月革命以后，世界上产生了新型的社会主义国家，出现了新型社会主义宪法，随即确立了新型的宪法监督制度。1918年苏俄宪法即明确规定了全俄中央执行委员会负责监督苏维埃宪法的实施情况。自此以后，各社会主义国家的宪法都有关于宪法监督的规定。

上述两种类型的宪法监督在阶级本质上根本不同，但是在运用法的强制力保障宪法的实施方面却有相似之处。列宁说过：“马克思主义这一革命无产阶级的思想体系赢得了世界历史性的意义，是因为它并没有抛弃资产阶级时代最宝贵的成就，相反地却吸收和改造了两千多年来人类思想和文化发展中一切有价值的东西。”① 列宁的这一论断同样适用于宪法监督。社会主义国家宪法监督就是在吸取和改造资产阶级国家宪法监督的基础上建立起来的。

由于两种宪法监督存在着历史的联系，而且这种联系又是建立在以法的强制力保障宪法实施的基础之上的，因而在宪法监督的法律规范方面，它们都从不同的角度积累了丰富的经验，并且在各自不同的道路上走向了某些可以说是共同的发展趋势。其中较为突出是：宪法监督的主管机关的专门化；宪法监督的法律规范的具体化。

宪法监督的主管机关，已如前面所说，在资产阶级国家里一般是普通法院，在社会主义国家里一般是最高国家权力系统。现在，出现了主管机关专门化的趋势。全世界已有南斯拉夫、法国、意大利、奥地利、埃及、智利等二十余国设立了专门机关主管宪法监督工作。从其国家性质来说，有资产阶级国家，也有社会主义国家；从主管机关名称来说，有的叫宪法法院，如南斯拉夫，有的称宪法委员会，如法

① 《列宁选集》第4卷，人民出版社1972年版，第362页。

国；从总的发展趋势来说，设立专门机关主管宪法监督的国家日益增多。目前有些没有设立专门机关的国家里，也有人建议设立这种机构。例如，在苏联法学界就有人建议在他们国家里设立最高苏维埃宪法委员会专管宪法监督工作，这项建议在理论界颇受重视。

与主管机关专门化相适应的是在宪法中对宪法监督问题作出专章规定。而专章规定所产生的积极后果则是宪法监督的法律规范的具体化，使这方面的法律规范更加明细。总结各国宪法对宪法监督的法律规范的规定，均包含专门机关的组成、职权、行使职权的方式方法以及提起违宪诉讼的主体等，其中许多规定颇有特色和优点。

在主管机关的组成方面，一般都由法官或委员若干人组成，并规定了一定的任期。组成人员的产生，有的由议会选举，如南斯拉夫联邦宪法法院的院长和法官即由联邦议会选出；有的采用任命方式，如法国宪法委员会的九名委员即由共和国总统、国民议会议长、参议院议长各任命三人。此外法国宪法还规定历届前任总统为宪法委员会终身当然成员。组成人员的资格，有的规定须具有被选为联邦议会议员的资格，而且必须年满三十五岁、大学法律系毕业从事法律职业十年以上，捷克斯洛伐克宪法性法令即作了这样明确的规定。

在专门机关的职权方面，各国宪法几乎都把属于宪法监督的各项内容规定为行使职权的范围。其中包括对法律、法令、条例、政令等的合宪性的审查，对国家机关及其工作人员和全体公民的行为的合宪性的审查，对国家机关之间权限争端的处理，还包括对宪法的解释。除此之外，法国宪法规定，宪法委员会有权监督总统选举的合法性，监督公民投票的合法性，在发生争议的情况下，还有权就国民议会议员和参议院议员选举的合法性作出裁决。

在行使职权的方式方法方面，各国宪法多规定专门机关行使职权时采用公开审议、多数决定，只服从宪法的原则。南斯拉夫联邦宪法规定，联邦宪法法院通常在公开讨论的基础上通过决议；决议和裁决的通过须经全体成员多数投票赞成；持异议的联邦宪法法院成员有权利和义务以书面形式陈述和解释自己的意见。捷克斯洛伐克宪法性法令规定：宪法法院成员独立作决定，他们只根据捷克斯洛伐克社会主义共和国宪法和联邦议会的法令作决定。

在提起违宪诉讼的主体方面，各国宪法的规定繁简各不相同，但归结起来不外国家机关及其工作人员、社会团体和公民三类。至于主管宪法监督的专门机关本身则是当然的主体。

宪法监督机关的专门化、宪法监督法律规范的具体化，说明一个中心问题，即世界各国宪法监督正在日益加强，通过法律规范、运用法的强制力保证宪法的实施日益受到重视。这种发展趋势和在发展中积累的经验，有许多值得我国学习、借鉴、参考、利用之处。

三

我国宪法是社会主义类型的宪法，我国的宪法监督当然也是新型的宪法监督。中华人民共和国成立以来我国颁布了三部宪法，其监督实施的法律规范与监督实施的实际情况现简述如下：

1954 年宪法关于宪法监督的规定是：全国人民代表大会行使监督宪法的实施的职权；全国人民代表大会常务委员会行使撤销国务院同宪法、法律和法令相抵触的决议和命令的职权。这部宪法颁布之后，全国人民代表大会随即公布一项决议，确认所有自 1949 年 10 月 1 日中华人民共和国成立以来由中央人民政府制定、批准的现行法律、法令，除同宪法相抵触的以外，一律继续有效。这项决议可以说是宪法监督文件。这些宪法监督的法律规范虽然比较简略，但却有章可循，而且当时党和国家对法制建设非常重视，宪法享有极大权威。因此，在宪法的指引下，我国在短短的时间里取得了基本完成生产资料私有制的社会主义改造的胜利和社会主义建设的巨大成就。

1975 年宪法没有关于宪法监督的规定。这部宪法颁布时“文化大革命”已进入第九个年头。林彪反革命集团虽被粉碎，江青反革命集团却加紧了篡权复辟的步伐。在“文化大革命”中，林彪、江青两个反革命集团相互勾结，利用已经窃据的地位和权力肆意破坏法制、践踏宪法。他们违背宪法的原则精神，炮制所谓“公安六条”并把它凌驾于宪法之上，用以镇压人民，一切法律文件的合宪性的审查已成空话；他们私设公堂、非法刑讯，罗织罪名、制造冤案，宪法赋予公民的权利和自由毫无保障，而他们违反宪法的罪恶活动却根本不受合宪性的审查：他们扶植帮派体系，假“革命”、“造反”之名，行窃夺国家权力之实，把中央机关的权力大部分集中于“文革小组”，地方机关的权力统统归之于“革命委员会”，整个国家机关体系几乎陷于瘫痪，它们之间已无所谓权限争议。总之，属于宪法监督的各种事项事实上已不存在。这部宪法无宪法监督的规定决非偶然。“文化大革命”中我国遭受中华人民共和国成立以来最严重的损失和挫折，其原因很多，原先应起根本法作用的1954年宪法未能监督其实施，后来颁布的1975年宪法很不完善，而且没有宪法监督，无疑是重要的原因之一。

1978年宪法恢复了宪法监督的规定：全国人民代表大会行使监督宪法的实施的职权；全国人民代表大会常务委员会行使解释宪法的职权。宪法监督工作已逐步恢复，宪法的权威便逐步提高。

回顾我国宪法监督的历史，在运用法律规范保障宪法的实施方面，有如下的经验教训：

首先，应该肯定我国宪法把宪法监督的职权赋予全国人民代表大会及其常务委员会行使，是符合我国的体制的。我国宪法规定国家的一切权力属于人民，人民行使国家权力的机关是全国人民代表大会和地方各级人民代表大会。它把宪法的制定权和实施宪法的监督权统一起来，由代表全国人民的全国人民代表大会行使，就能使宪法从制定到执行自始至终体现人民当家作主的权力，体现真正的人民主权与议行合一的原则。这是我国宪法监督的一个突出的优点。

其次，也应该承认我国宪法监督的法律规范过于简略，它对于全国人民代表大会及其常务委员会行使监督宪法的实施职权只作了原则规定，极少有单行法规和其他法律文件加以补充，因而不便执行，也难于检查。

我国的宪法监督除了依靠法的强制力保障宪法的实施之外，十分重视马列主义、毛泽东思想的指导作用，中国共产党的领导作用，人民群众的高度政治觉悟与对宪法的自觉遵守。这是另一个突出的优点，也是保证宪法实施的最有利的条件。

要改进我国的宪法监督，就应当完善宪法监督的法律规范，加强法的强制力以保障宪法实施，加强马列主义、毛泽东思想的宣传教育，坚持党的领导，提高人民觉悟。

四

为了完善宪法监督的法律规范，加强法的强制力在保障宪法实施中的作用，我们应当根据现实情况的需要，吸取本国的经验教训，适当地借鉴外国的经验。

目前，我国正处在一个新的历史时期，为了把我们国家建设成为具有农业、工业、国防和科学技术现代化的、高度文明、高度民主的社会主义强国，我们面临的建设任务、经济改革、民主与法制建设等任务都十分繁重。在这种情况下，全国人民代表大会及其常务委员会需要决定的国家大事必定会繁多而又紧迫。如果设立专门性的宪法监督机关，把原来属于全国人大及其常务委员会的宪法监督职权交给这个专门机关行使，对于减轻最高国家权力机关系统的工作压力、加强宪法监督工作，可能是较为有利的。

但是，在设立专门机关行使宪法监督职权时，必须保持我国宪法监督的固有的优点，在专门机关的组织与活动中充分体现主权在民的原则。我国的根本政治制度是实行民主集中制的人民代表大会制度。全国人民代表大会代表全国人民行使国家最高权力，其他一切国家机关都应由它组织并受它领导和监督，都应向它负责并报告工作。主管宪法的专门机关也不能例外。因此，专门机关的组织与活动的基本原则应该是从属于全国人民代表大会并且实行民主集中制。一方面它应由全国人民代表大会组织起来，并接受全国人民代表大会的领导和监督，如果不是这样，全国人民代表大会制定的宪法自己无权直接监督其实施，也无权领导专门机关监督其实施，就有损于人民代表大会制度的全权性，有损于国家权力属于人民的原则；另一方面，专门机关也应具有一定的独立行使职权的能力，否则难于发挥它的作用。根据这个原则，专门机关的名称以全国人民代表大会宪法委员会为宜，它的组成人员应由全国人民代表大会选举产生，它在行使职权时，对于特别重大的宪法监督问题应随时向全国人民代表大会或全国人民代表大会常务委员会请示汇报，对一般的宪法监督问题的处理，也应定期向它们作综合性的工作报告。

随着专门机关的设置，在宪法中有开辟专章规定宪法监督问题的

必要。对于专门机关的组成、职权、行使职权的程序，以及提起违宪诉讼的主体等，都要有明确的规定，必要时还要用单行法规加以补充。

设置专门机关主管宪法监督工作似乎是一种非常可取的办法，但也不是非采取这种办法不可，因为由全国人民代表大会和它的常务委员会行使监督宪法的实施的职权，已如前面所说，有体现人民主权原则、符合国家体制的优点，不过由于对这方面的法律规范规定得不够具体、明细，以致宪法监督工作做得还不够完善，这个优点未能充分发挥出来。如果保持原来的宪法监督方式，仍由最高国家权力机关系统主管宪法监督工作，并明确而又具体地规定有关宪法监督的各种法律规范，也是可取的。至于具体而又明细的法律规范形式，则既可专章规定于宪法的结尾处，也可用单行法规加以规定。

不论采取何种形式进行宪法监督，不论是否设立专管机关，都必须明确认识我国宪法是在中国共产党领导下，经全国人民代表大会审议通过的，它集中地反映了全国人民的意志。因此，宪法一经通过就成为全国人民的最高行为准则，应该具有极大的权威。任何国家机关、党派团体和公民个人都必须严格遵守，他们的一切活动，不论是普通行为或颁发文件，都必须以宪法为依据，不得违背宪法的基本原则与具体条文。这是在以法律规范保证宪法的实施过程中必须加以特别强调的。

改善和加强我国的宪法监督，采取严格的法律保障措施，以缜密周详的法律规范保证宪法的实施，无疑是十分重要的，但切不可忘记我国的宪法监督是一种新型的、社会主义的宪法监督，不能忽视马列主义、毛泽东思想的指导，中国共产党的领导，人民群众的政治觉悟在宪法监督中的巨大作用和无穷威力。然而在发挥这种作用和威力时，不宜限于一般的宣传号召与原则性的指示，而应结合宪法的具体内容作仔细的思想教育工作。以宪法规定的公民的权利和自由为例，要保证其贯彻实施，就应运用马列主义、毛泽东思想说明它的来源，使人民群众明确权利与自由是中国共产党领导中国人民经过长期的革命斗争，以无数革命先辈的血汗争得的；同时也要说明权利和自由与社会经济文化发展的联系，权利与义务、自由和纪律的关系，个人的权利自由和社会全体成员的权利自由的关系等问题。只有这样，才能教育全体人民，使人民既珍视已经取得的权利和自由，又正确地运用自己的权利和自由，并能自觉地同一切侵犯他人权利和自由的不良倾向与非法活动进行斗争，以捍卫宪法的民主原则，保证宪法的实施。对于宪法的其他规定，也应以同样的原则精神结合规定的具体内容作思想教育工作，以保证我国宪法能够全面地、确切地贯彻实施。

现在，我国宪法的修改工作正在加紧进行，新宪法将要颁布。我们相信新宪法一定以四项基本原则为指导，坚持社会主义道路，坚持人民民主专政，坚持中国共产党的领导，坚持马列主义、毛泽东思想，完善地体现党的方针和政策，反映人民的愿望和要求。我们希望新宪法能规定一套完整的宪法监督制度，以保证从它的原则精神到每一条具体的条文都能得到贯彻实施，从而使我国各族人民沿着新宪法指引的康庄大道奋勇前进。

为什么要修改宪法？[①]

——《宪法修改草案》学习（一）

这次宪法修改草案的公布和交付全民讨论，是我国政治生活中的一件大事。宪法修改草案以党的十一届六中全会的《决议》作为指导思想，认真总结了我国人民长期革命斗争的经验，特别是中华人民共和国成立以来社会主义革命和建设的经验，从当前我国的实际情况出发，对1978年宪法进行了较大的修改。

众所周知，宪法是国家的根本大法，是国家一切普通法律的立法基础与依据，也是整个国家机关和全体公民的最高行为准则。这样的国家根本大法是应该保持相对的稳定性的。为什么我国1978年宪法颁布施行以后，在不到三年时间就提出修改呢？

我们认为，宪法固然需要有相对的稳定性，但这种稳定性不等于对过时的条文完全不能修改；而且，必要的修改，又可以使宪法更加适应社会的需要，因此更具有稳定性。我们知道，从1978年宪法颁布以来，特别是党的十一届三中全会以来，我国已经进入了一个新的历史发展时期，我国的政治、经济和文化等方面发生了巨大变化：

第一，三中全会明确决定把全党的工作重点转移到社会主义现代化建设上来，这一决定成了全党和全国人民同心同德为之奋斗的目标。

第二，三中全会倡导的解放思想，实事求是，在全国蔚然成风，拨乱反正工作迅速全面地开展，许多历史遗留的政治问题和社会问题得到妥善处理，许多重大的理论是非问题已经区分清楚。与此同时，

---

① 本文载于《长江日报》1982年（发表的具体日期已无法查找），与邓波合著。

党中央对我国的阶级状况作了新的科学的分析，指出剥削阶级作为阶级已经消灭以后，阶级斗争还将在一定范围内长期存在；并且在这个科学分析的基础上改订了已经改造成劳动者的绝大多数原地主、富农分子的成分，因而扩大了人民民主的主体，加强了人民民主专政。

第三，在三中全会正确路线的指引下，积极开展了国家体制改革，并且已取得了初步成就。与此同时，还采取了一些加强人民代表大会行使国家权力的能力的措施，进一步改善和健全了人民代表大会制度，从而使社会主义民主与法制得到加强。

第四，在三中全会正确路线的指引下，开展了经济管理体制改革。在所有制与经济成分的问题上，初步纠正了过去存在的越大越公的错误思想，承认各种所有制的经济成分的地位及其各自的优越性；在经济计划问题上，强调在社会主义公有制基础上的计划经济为主，但也重视市场调节的辅助作用；在企业管理问题上，强调企业的管理方面的自主权等。更为重要的是我们的经济管理体制的改革是与“调整、改革、整顿、提高”的方针相结合的，是结合经济调整稳步进行的，因而取得了成绩，积累了经验。

第五，国家采取了一系列切实有效的措施，维护各少数民族的民主权利和经济利益，加强民族团结。为了使各少数民族地区的人民在政治、经济、文化等方面的权利得到保障，国家对民族区域自治地方的自治权特别重视。

以上所说的这些巨大的变化，都应该在宪法中反映出来，因为宪法的根本任务之一，就是要记载已经取得的胜利成果。在这种情况下，对1978年宪法进行修改，是顺理成章、合乎时宜的。

另外，我们这次修改宪法，也是为了更好地总结中华人民共和国成立以来三部宪法的经验教训。大家知道，中华人民共和国成立以来我们曾先后制定了1954年宪法、1975年宪法和1978年宪法。对这三部宪法进行比较，1954年宪法比较完善，它明确规定并保证国家的一切权力真正属于人民，人民享有最广泛的民主。由人民选举产生的全国和地方各级人民代表大会是国家权力机关。一切国家工作人员必须全心全意为人民服务。人民享有充分的权利，而且国家提供必要的物质条件保障这些权利的实现。公民在法律面前一律平等，公民有宗教信仰的自由等。总之，1954年宪法坚持了民主原则和社会主义原则，是我国第一部比较完善的社会主义类型的宪法，也是我们今天宪法修改的基础。相对地说来，1975 年宪法最为不足，它仅三十条，三千多字，但不少规范遗漏、脱节，存在着缺陷。1978 年宪法虽然对 1975 年宪法进行了修改，但这部宪法制定的时候，“四人帮”被粉碎还只有一年多的时间，对“文化大革命”中“左”的思想也没有来得及彻底清理和消除。由于限于当时的历史条件，1978 年宪法也不很完善。我们这次修改宪法，就是根据这三部宪法正反两个方面的经验教训来修改的。宪法修改草案既充分体现了四项基本原则，规定了中国人民在新的历史时期的根本任务，又更充分地体现了社会主义民主、体现了公民的权利与义务，等等。可以这样说，这部宪法修改草案弥补了 1978 年宪法的不足。

总之，为了体现历史发展新阶段中我国各族人民的根本利益和意志，为了完善人民民主专政即无产阶级专政的国家制度，进一步加强社会主义民主和法制，巩固和健全社会主义的经济制度，巩固和发展安定团结、生动活泼的政治局面，以便调动一切积极因素，充分发挥社会主义制度的优越性，加速四个现代化建设的步伐，需要对 1978 年宪法作出修改。所以，1980 年 9 月 3 日五届人大三次会议接受了中共中央的建议，作出了关于修改宪法和成立宪法修改委员会的决议，并且决定由宪法修改委员会主持修改宪法的工作。目前，宪法修改草案已公布并交付全民讨论。通过宪法修改草案的讨论，我们一定能够顺利地完成宪法修改工作，使我国的宪法完全符合新的历史时期的要求，指引我国人民夺取社会主义建设的新胜利！

中华人民共和国的国体——人民民主专政[①]

——谈谈《宪法修改草案》（三）

宪法修改草案第一章《总纲》部分，主要是关于我国的国体等问题的原则规定。国体，就是国家的性质、阶级本质，指社会各阶级在国家中的地位，即哪个阶级在国家中占统治地位，决定着这个国家的阶级性质，掌握着国家权力；哪些阶级和阶层是统治阶级的同盟者；哪些阶级处于被统治的地位等。宪法修改草案第 1 条：“中华人民共和国是工人阶级领导的、以工农联盟为基础的人民民主专政的社会主义国家。”这就是关于我国国体的规定。它表明了我们国家的性质和各阶级在国家中的地位，表明了全国人民在国家的主人翁地位。

宪法修改草案把人民民主专政作为我国国体，含义十分深刻。毛泽东同志曾经指出，对人民内部的民主方面和对反动派的专政方面，互相结合起来，就是人民民主专政。人民是个历史的概念。现阶段，我国的工人、农民、知识分子及其他爱国者，都属于人民的范畴，他们都是人民民主专政中享受民主的主体；而那些敌视和破坏社会主义制度的敌对势力和敌对分子属于敌人的范畴，他们都是人民民主专政中的专政对象。宪法修改草案确立的我国国体的规定，就包括在人民内部实行民主、对敌人实行专政两个方面的内容。在人民内部实行民主，首先就要确立人民是国家的主人，在国家中处于主人翁的地位。正如宪法草案指出的：“中华人民共和国的一切权力属于人民。”当然，一切权力属于人民，并不等于人民内部各个阶级和阶层，在人民

---

① 本文载于《长江日报》1982 年（发表的具体日期已无法查找），与邓波合著。

民主专政中处于同等地位和起同等作用，它是以工人阶级为领导的，而工人阶级对国家的领导是通过自己的先锋队——共产党来实现的。这是人民民主专政的根本标志。我国有八亿农民，工农联盟是人民民主专政的基础，也是我们建设社会主义的根本保证。另外，我们在人民内部实行民主，就是宪法修改草案指出的，人民平等地享有管理政治、经济、文化教育等事业的权利，享有选举、监督国家机关及其工作人员的权利等。宪法修改草案确立的我国国体的另一方面内容，就是对敌人实行专政。这是因为在我国剥削阶级作为阶级已经消灭，但阶级斗争在一定范围内还将长期存在，对于敌视和破坏我国社会主义制度的国内外敌对势力和敌对分子，必须进行斗争，对极少数敌人必须实行专政。这在宪法修改草案《序言》里已作了规定，草案第27条又强调了这方面的内容。

宪法修改草案采用人民民主专政这一概念来确定我国的国体，是符合我国的国情的。我们知道，马克思提出无产阶级专政的口号，是根据当时西欧资本主义比较发达的国家情况提出的，而这些国家的居民基本上是由无产阶级与资产阶级两大阶级构成的；但是，我国的阶级构成与具体历史条件则不同。1949年以前，中国是经济文化非常落后的半封建半殖民地国家。我国资产阶级分为两部分，其中官僚资产阶级在新民主主义革命时期就是革命对象；民族资产阶级具有两面性，在共产党的领导下参加新民主主义革命，在社会主义革命时期拥护宪法，有接受社会主义改造的一面，他们同农民、城市小资产阶级同样参与无产阶级领导的国家政权和国家政治生活。这就决定了革命政权的建立必须具有自己的历史特点。特别在当前，剥削阶级作为阶级已经消灭，专政的对象已经大大缩小，享受人民民主权利的人民的范围相应扩大，在需要充分发扬民主来调动一切积极因素，搞好四化建设的情况下，最广泛的人民民主，则应是无产阶级专政的重要特征。由此，我们的国体采用人民民主专政的提法，是再恰当不过的了。它科学地表达了我们国家政权的性质与职能。

把人民民主专政确定为我国国体，也是我党的一贯思想。毛泽东同志在党的七届二中全会的报告中就针对中国革命的实践与特点提出了“无产阶级领导的以工农联盟为基础的人民民主专政”的主张。后来，他在《论人民民主专政》一文中，又对人民民主专政作了系统的论述。我国国家制度的建立，也正是坚持了人民民主专政这一原则。后来，这一原则又载入了中华人民共和国成立初期起临时宪法作用的《共同纲领》和1954年9月制定并通过的我国第一部宪法。这说明把人民民主专政作为国体，也是符合我国的传统的。

宪法修改草案《序言》中又指出：人民民主专政即是无产阶级专政。这说明在社会主义时期，人民民主专政与无产阶级专政并无实质区别。其实刘少奇同志早在"八大"政治报告中就指出，"人民民主专政实质上是无产阶级专政的一种形式"。这是因为，我们讲的无产阶级专政的最根本的含义就是列宁所讲的，"无产阶级专政就是无产阶级对政策的领导"，是无产阶级的民主，是民主与专政的结合。但是，这样一个理论问题在后来一个阶段被搞乱了，在"文化大革命"期间，林彪、江青反革命集团对无产阶级专政肆意进行歪曲，鼓吹"全面专政"等荒谬理论，否定了人民民主专政的提法。1978年宪法虽然在国体的规定中删掉了"全面专政"的字句，却没有完全消除可能引起的对无产阶级专政的误解。这种表现在政治实践与宪法规范方面的经验教训，都要求我们这次在规定国体的宪法规范时，必须突出和强调无产阶级专政所固有的社会主义民主。由此看来，宪法修改草案把人民民主专政确定为我国国体，不论从历史和现实来看，都是一个科学概念。

总之，宪法修改草案关于国体的规定，是对马克思主义关于无产阶级专政学说的创造性的运用，是法制建设方面的马列主义普遍真理与中国革命和建设具体实践相结合的范例。它既有深刻的理论意义，又有重大的指导实践的作用。

中华人民共和国的政体
——人民代表大会制①

——谈谈《宪法修改草案》(四)

政体是国家政权的组织形式，指统治阶级采取什么样的形式，去组织反对敌人、保护自己的政权机关。宪法修改草案规定：“中华人民共和国的一切权力属于人民。人民行使国家权力的机关是全国人民代表大会和地方各级人民代表大会。”这一规定确认了我国的政体是按照民主集中制原则组织起来的人民代表大会制。

人民代表大会制是我国根本的政治制度。这是因为，全国人民代表大会和地方各级人民代表大会是行使国家权力的机关。人民代表大会制度是直接反映我们国家的阶级本质的制度，也是体现我国社会政治生活的全部面貌的制度。

人民代表大会制是实现我国社会主义民主的基本形式。社会主义民主的实质是人民是社会主义国家的主人，享有当家作主的权力，有权管理国家事务，管理经济和文化事业，管理社会事务，而人民的这种当家作主的权力就是通过人民代表大会制来实现的。因为：全国人民代表大会和地方各级人民代表大会都是通过民主的选举原则和程序由人民选举自己的代表所组成，它们一经组成之后，就代表人民行使国家权力，决定整个国家和各级地方的一切重大事务。在行使国家权力的过程中，它们自始至终都要向人民负责并报告工作，都要接受人民的监督，人民有权罢免自己选出的代表。可见人民代表大会制的全部组织与活动，都是服从于人民的意志和利益，都保证了人民实现其

① 本文载于《长江日报》1982年（发表的具体日期已无法查找），与邓波合著。

当家作主的权力。

人民代表大会制是实行民主集中制的好形式。民主集中制是社会主义国家的政治制度所必须坚持的基本原则。人民代表大会制正是按照这一原则组织起来的制度，其主要表现是：它体现人民主权原则，它由人民选出的代表所组成，并且代表人民行使国家权力；它体现多数决定原则，会议内部采取合议制，少数服从多数，上下级之间的关系是下级服从上级，上级代表的决议对下级人民代表大会有约束力，代表全国人民的全国人民代表大会是最高国家权力机关，它的一切决定，地方各级人大都必须遵守，不能违背。由于人民代表大会制既是民主的，又是集中的，它所实行的民主制是集中指导下的民主制，它所实行的集中制又是民主基础上的集中制，所以，人民代表大会制具有巨大的优越性。

粉碎“四人帮”以后，这个制度立即恢复正常活动。全国人大越开越好，地方各级人大的工作得到加强。省、县两级人民代表大会增设了常设机构，使之能够经常地发挥权力机关的作用；直接选举已推广到县级，进一步扩大了人民代表大会制的民主基础。现在，新公布的宪法修改草案对人民代表大会制作了许多具体明确的规定，又使这个制度得以进一步健全和完善。

宪法修改草案进一步健全和完善人民代表大会制度的主要表现是扩大了全国人大常委会的职权，加强了最高国家权力机关的建设。根据宪法修改草案的规定，全国人大常委会有权制定和修改除应由全国人大制定的法律以外的其他法律；在全国人大闭会期间，有权对全国人大制定的基本法律进行部分修改和补充，有权审查和批准国民经济和社会发展计划，有权审查和批准国家预算在执行过程所必须作的部分调整方案。这些职权是全国人大常委会以前所没有的。宪法修改草案还规定，全国人大常委会在全国人大闭会期间有权根据国务院总理的提名决定各部部长、各委员会主任的任免等；此外，对最高人民法院、最高人民检察院有关领导人员的任免，也有类似规定。这些决定任免权过去是有“个别”两字加以限制的。

根据宪法修改草案的规定：全国人大常委会设委员长会议，它由委员长、副委员长、秘书长组成，处理常委会的日常重要工作；常委会成员不得担任国家行政机关、审判机关和检察机关的职务，以便他

们能集中精力和时间履行自己的职责；增设一些专门委员会，审议和拟定有关议案，这些专门委员会在全国人大闭会期间受常委会的领导。这些新的规定，对于充分发挥全国人大常委会的作用，有着十分重要的意义。

宪法修改草案规定扩大全国人大常委会的职权，是从实际出发的。由于全国人大代表人数多达三千以上，而且大都是兼职的，对国务情况和政府工作不大熟悉，加之每年仅集会一次，每次会期不超过二十天，不便经常工作，行使职权，而要大量减少代表人数，又有实际困难。在这种情况下，扩大人大常委会的职权，把原属于全国人大的一部分职权交由它的常委会行使，实行上能够加强全国人大行使最高国家权力的能力，更好地发挥最高国家权力机关的作用。

宪法修改草案规定扩大全国人大常委会的职权，完全符合社会主义民主原则。宪法修改草案规定：常委会的组成人员由全国人大选举产生；常委会要向全国人大负责并报告工作；全国人大有权罢免常委会的组成人员。这些规定说明常委会在全国人大的监督之下进行工作，它不能违背全国人大所代表的全国人民的意志和利益。

可以肯定，人民代表大会制，将在宪法修改草案被审议通过以后更加完善起来，更加增强行使国家权力的能力，更好地推进四个现代化建设。

中华人民共和国的经济制度①

——谈谈《宪法修改草案》（六）

我国社会主义经济制度是人民民主专政的基础，也是进行现代化建设的重要保证，它的巩固和发展关系着国家和人民的根本利益。我国过去的几部宪法都以显著的地位在《总纲》中规定我国的经济制度。这次宪法修改草案对我国的经济制度也作了更加明确的规定，其基本内容是：

第一，确认和宣布了我国社会主义经济制度的基本原则。草案第6条规定："中华人民共和国的社会主义经济制度的基础是生产资料的社会主义公有制，即全民所有制和劳动群众集体所有制。它消灭了人剥削人的制度，实行各尽所能，按劳分配的原则。"

第二，确认和规定了我国各种所有制构成的经济成分的地位、作用以及国家对它们的基本政策。草案规定：全民所有制的国营经济是国民经济中的主导力量，国家保障其巩固和发展。城乡劳动者集体所有制、各种形式的合作社经济是社会主义经济，国家保护其合法的权利和利益，鼓励、指导和帮助其发展。为贯彻发展社会主义公有制经济的政策，草案规定土地的所有权，矿藏、水流、森林、草原以及其他自然资源的所有权分别归国家所有或依法律规定归城乡劳动者集体所有；宣布社会主义的公共财产神圣不可侵犯。草案还规定城乡劳动者个体经济是社会主义经济的补充，国家对它的基本政策是保护其合法的权利和利益，用法律规定其经营范围，并通过行政管理、通过国营经济和集体经济对它的经济联系，实行指导、帮助和监督。此外，

① 本文载于《长江日报》1982年（发表的具体日期已无法查找），与邓波合著。

草案还规定允许外国投资者在中国投资和进行各种形式的中外经济合作，但必须遵守我国的法律。

第三，根据我国社会主义经济的特点，草案对我国的经济制度还作了一些其他的原则性的规定。如通过各种方式、采取有效措施，不断提高劳动生产和经济效益，发展社会生产力；合理安排积累和消费，兼顾国家、集体和个人的利益，在发展生产的基础上逐步改善人民的物质文化生活；实行计划经济，通过经济计划的综合平衡和市场调节的辅助作用，保证国民经济按比例地协调发展；扩大国营企业和合作企业的不同性质和范围的自主权，实行劳动者参加企业的民主管理等。

宪法修改草案规定的我国经济制度，首先体现了原则性与灵活性的高度统一。马克思主义认为，经济制度是特定社会的生产关系的总和，而生产关系的核心又是生产资料的所有制，因此，经济制度的核心便是生产资料的各种所有制。在我国，在现阶段，有全民所有制、劳动群众集体所有制和个体所有制。全民所有制的国营经济是工人阶级实现对国家的领导的物质基础，是国家走社会主义道路的根本保证；劳动群众集体所有制的合作社经济也是一种社会主义经济，它是引导城乡个体生产者走社会主义道路的重要的经济形式。宪法修改草案明确宣布社会主义公有制是我国经济制度的基础，同时规定国家发展社会主义公有制经济，表现了我国坚定不移地走社会主义道路的原则性；但是，我国是一个人口众多、幅员辽阔、发展不平衡的大国，个体所有制经济在发展生产、便利人民生活等方面有一定的作用，所以宪法修改草案在承认各种经济都有各自的优越性的基础上，确认个体经济是社会主义公有制经济的补充，并且在保证社会主义公有制经济的绝对优势的条件下允许其存在，表现了一定的灵活性，从而体现了原则性与灵活性的统一。

其次，宪法修改草案规定的我国经济制度，体现了尊重客观规律与发挥主观能动性的统一。马克思主义认为社会经济制度是不以人们的意志为转移的客观存在的物质关系，它有本身的产生发展和变化的规律，决不能随心所欲。但是，在社会主义条件下，人们可以认识这些规律并按照这些客观规律的要求发挥主观能动性，自觉地改造社会，从事社会主义建设、巩固和发展社会主义经济制度。只有尊重客观规律性，才能发挥主观能动性，也只有发挥主观能动作用，才能有效地运用客观规律。宪法修改草案根据社会主义经济规律的要求，规定建立适当的经济结构，改善经济管理体制，调整和完善促进社会主义经济发展的方针政策。这样做，既尊重客观规律，又能充分发挥主观能动作用。

宪法修改草案对我国经济制度的规定，肯定了党的十一届三中全会以来我国经济体制改革的成果和方向，也总结了六中全会所总结出来的中华人民共和国成立以来的在经济建设中的经验和教训。这些规定是符合我国国情的。它坚持了社会主义的原则，反映了我国现阶段经济结构的特点，体现了对内搞活经济和对外开放的政策。我们只有深入了解我国经济制度的内容和特点，才能认清宪法修改草案的社会主义本质，充分发挥它所规定的我国经济制度的优越性。

我国公民的基本权利和义务[①]

——谈谈《宪法修改草案》(七)

宪法修改草案第二章规定的公民基本权利和义务，是宪法的一个极其重要的内容，它不仅反映了我国公民在国家生活中的法律地位，而且也体现了我国社会制度和国家制度的社会主义本质。

公民的权利，是指公民依法享有的利益；公民的义务，是指公民对国家和社会应尽的责任。宪法修改草案根据社会主义民主和法制的原则，对我国公民的基本权利和义务作了切实的、明确的规定。草案在1954年宪法的基础上恢复和扩大了公民权利的内容和范围。从条款上看，增加到二十二条，是我国历次宪法中最多的。从内容上看，除了现行宪法规定的选举权和被选举权、言论、出版、集会、结社、游行、示威、宗教信仰自由、公民的人身自由、参加国家管理等权利以外，还恢复了1954年宪法关于公民在法律面前一律平等的规定，而且还扩大了公民在政治、经济、文化教育等各个方面的权利。新增加了诸如草案第37条“公民的人格尊严不受侵犯。禁止用任何方法对公民进行侮辱和诽谤”等保障公民人身自由、人格尊严和人身安全的内容。草案还将历次宪法规定为只是公民权利的劳动权和受教育权修改为也是公民应尽的义务。草案也明确指出了公民有以下一些义务：维护国家统一和各民族团结的义务，保守国家机密、爱护公共财产、遵守劳动纪律、遵守公共秩序、尊重社会公德和优良风俗习惯的义务，子女赡养父母的义务，维护祖国的安全、荣誉和利益的义务，保卫祖国、抵抗侵略的职责和服兵役、参加民兵组织的义务，纳税的

---

① 本文载于《长江日报》1982年（发表的具体日期已无法查找），与邓波合著。

义务等。

草案在公民的基本权利和义务部分里，特别强调了权利和义务不可分离的原则。草案明确规定："公民的权利和义务不可分离。任何公民享有宪法和法律规定的权利，同时又遵守宪法和法律规定的义务。"草案中有关公民的基本权利和义务的规定，也都贯穿着这一原则。公民的权利和义务不可分离，是由我们国家的社会主义本质决定的。在我们国家，人民群众是国家的主人，国家和人民的根本利益是一致的，这也就决定了公民的权利和义务的一致性。马克思曾把这种权利和义务的关系，精辟地概括为"没有无义务的权利，也没有无权利的义务。"在我们社会主义国家里，公民的权利和义务不仅是一致的，也是平等的。不允许少数人只享受权利，而不尽义务；也不会只尽义务，不享受权利。特别不能允许一些无政府主义思想的人，在所谓行使自己"权利"的幌子下为所欲为。针对这种情况，草案增写了"任何组织或者个人都不得有超越宪法和法律的特权"，"公民在行使自由和权利的时候，不得损害国家的、社会的、集体的利益和其他公民的合法的自由和权利"等，实践证明，这些规定都是完全必要的。

宪法草案规定的公民基本权利是具体的、普遍的、实实在在的。它和资产阶级宪法关于公民权利的规定有本质的不同。资产阶级宪法也规定公民有"平等"、"自由"等权利，但是，它对广大劳动人民来说，只是一个谎言和骗局。就拿公民的选举权和被选举权来说，去年美国的大选中，美国的共和党和民主党双方竞选总统的费用就高达八亿至十亿美元。这就看出资产阶级宪法规定的公民有选举权和被选举权的虚伪性。而我们社会主义国家，劳动人民是国家的主人，真正享受着宪法和法律规定的各种权利。仍以选举权为例，根据去年全国普选的统计，选民就占十八周岁以上公民人数的百分之九十九点九以上。显而易见，我国宪法关于公民权利的规定，是无比优越于资本主义国家的宪法的。这次宪法草案对公民基本权利和义务作了如此完备、明确的规定，我们在实践中应当像爱护自己的眼睛一样来珍惜它、捍卫它。

人民代表大会制度的新发展①

人民代表大会制度是我国的政权组织形式。它按照民主集中制原则，在普选的基础上组成全国人民代表大会和地方各级人民代表大会，作为人民行使国家权力的机关，并且由它产生、领导和监督其他国家机关。这样的组织形式即是我国的根本政治制度。

人民代表大会制度是我国人民在长期革命斗争中创造和发展起来的。人民代表大会制度直接体现我们国家的人民民主专政的本质和政治生活的全貌，是我国实现社会主义民主的基本形式。它具有便于吸引人民群众参加国家管理；便于使国家机关联系群众、接受群众的监督；便于实现国家权力的统一，实现“议行合一”；便于适应革命和建设事业的需要等优越性。

中华人民共和国成立以来，人民代表大会制度经历了曲折的发展过程。人民代表大会制度在我国的社会主义革命和社会主义建设的伟大事业中发挥了很大的促进作用。但在“文化大革命”中，它遭受了严重的挫折和破坏。粉碎“四人帮”后，特别是党的十一届三中全会以来，发扬民主，加强法制，人民代表大会制度迅速得到恢复和正常的发展。

宪法修改草案总结了我国人民代表大会制度的历史经验，在原有的基础上对全国人大、地方各级人大、国务院以及其他国家机关作出了许多新的规定。这一宪法修改草案通过以后，将使整个人民代表大会制度得到进一步健全和完善。宪法修改草案的这些新的规范，主要有以下几个方面：

---

① 本文载于《政治与法律》1982 年第 1 期，与许崇德合著。

一、提高和加强了全国人民代表大会

全国人大常务委员会是全国人大闭会期间行使最高国家权力的机关，草案扩大了全国人大常务委员会的职权。首先，它规定全国人大和全国人大常务委员会行使国家立法权，制定法律和法令。这就是说，全国人大和全国人大常务委员会两者都是我们国家的立法机关。草案规定，全国人大制定和修改刑事、民事、国家机构的和其他的基本法律。除此之外的其他法律都由全国人大常务委员会制定和修改，同时在全国人大闭会期间，对全国人大制定的基本法律，全国人大常务委员会还有权进行部分修改和补充。其次，草案规定在全国人大闭会期间，全国人大常务委员会有权审查批准国民经济和社会发展计划、国家预算在执行过程中所必须作的部分调整方案。再次，草案规定在全国人大闭会期间，全国人大常务委员会根据国务院总理的提名，有权决定各部部长、各委员会主任、审计长和秘书长的任免。这些规定说明了全国人大常务委员会的职权比过去扩大了，它在整个国家机构体系中的地位和作用也比过去加强了。

宪法草案所作的这些变革，完全符合我国人民代表大会制度的实际情况。全国人大代表三千多人，每个代表都有自己专门的本职工作，全国人大每年只开一次会议，会期一般两周左右。代表如此之多，会期如此之短，需要处理的国家重大事务又十分繁重。以立法为例，随着我国政治、经济、文化的发展，需要制定的各种法律日益增多，而每立一个法，都需要反复地付出极大的工作量。如果草率从事，不作调查，不作研究，不经过从群众中来到群众中去的“实践、认识，再实践、再认识”的过程，那是立不出好法来的。又如，国民经济和社会发展计划经全国人大审查批准之后，由于我国人口众多，经济文化发展迅速，故必须根据在执行过程中随着客观情况的发展变化而加以调整，使计划更准确、更切合实际。这样的工作必须及时开展，我国的社会主义现代化建设才能顺利进行。

如何完善全国人大，过去众说纷纭。一种说法是把代表人数大幅度地减少；另一种说法是采用专职代表制；再一种说法是把会期延长；还有一种说法是采用两院制，分摊议事和工作。但这些方案对我们国家来说，是不适宜的，事实上也难以实现。现在宪法草案扩大全国人大常务委员会的权力，这是从当前实际情况出发的最为适宜的办法。其实，提高和加强全国人大常务委员会的地位和作用，在社会主义国家是早有先例的。1918 年《俄罗斯社会主义联邦苏维埃共和国宪法》（简称苏俄宪法）曾经规定：“俄罗斯社会主义联邦苏维埃共和国的最高权力属于全俄苏维埃代表大会，而在代表大会闭会期间则属于全俄中央执行委员会。”同时还规定“全俄苏维埃中央执行委员会为俄罗斯社会主义联邦共和国最高立法、号令及监督机关”。根据苏俄宪法，全俄苏维埃中央执行委员会的权力甚至比我国现在的宪法草案所赋予全国人大常务委员会的权力还要大。苏俄宪法是在列宁领导下制定的，它在建立和巩固社会主义制度的斗争中起过重大的作用。列宁首创的先例，无疑是可以提供给我们在政治制度改革的进程中学习和参考的。何况宪法草案还规定，全国人大常务委员会委员长、副委员长、委员等均由全国人民代表大会选举，全国人大常务委员会作为全国人大的一部分，必须向全国人大负责并报告工作，全国人大对全国人大常务委员会的成员有罢免权。这样，就把全国人大常务委员会置于全国人大的领导与监督之下，从而保障了社会主义民主形式的完整性。

二、最高国家权力机关增设专门委员会

宪法草案明确规定了人民代表的权利，也规定专门委员会是国家权力机关内部的辅助性组织。根据我国 1954 年宪法，全国人民代表大会设有民族委员会、法案委员会、预算委员会、代表资格审查委员会四个常设性专门委员会。其中民族委员会和法案委员会于全国人大闭会期间受全国人大常务委员会的领导并协助全国人大常务委员会进行工作。

专门委员会就它们的工作范围与工作性质而言，只是协助全国人大及其常务委员会从事具体的业务活动，但是对于不能经常召开会议进行工作的最高国家权力机关来说，这些专门委员会的辅助作用确实是必不可少的。随着社会主义建设事业的蓬勃发展，国家权力机关的立法活动和政府的行政事务日益增多，全国人大及其常务委员会所要担负的立法工作与监督政府的任务日趋繁重。在这种情况下，迫切地

需要尽可能地增设各种专门委员会才能适应新的形势，但又由于我们对于发挥专门委员会的作用问题，在过去并没有积累更多的经验，所以只能逐步增设，不宜一下子全面铺开。因此，宪法草案规定，全国人民代表大会设立民族委员会、法律委员会、财政经济委员会、教育科学委员会、外事委员会和其他需要设立的专门委员会。这个规定既适应我国的实际需要，又完全是从我国的具体条件出发的。

宪法草案规定全国人大设立的各种专门委员会将同时受全国人大和全国人大常务委员会的领导。这些专门委员会将进一步吸收学有专长、经验丰富的代表参加，使他们有更好的条件经常地发现问题、研究问题、提出各种建议。增设各种专门委员会，必将有助于全国人大及其常务委员会正确地处理一些专业性较强的立法工作。同时，它把全国人大开会时对政府的监督以及其他工作与闭会期间的经常性工作结合起来，使全国人大及其常务委员会的一部分工作趋于经常化、专业化。这对于增强最高国家权力机关的能力，具有重大的意义。

全国人民代表大会由代表组成，所以代表的活动及其职责至关重要。草案关于人民代表的权利问题的新内容，主要是因其代表身份而产生的某些不同于普通公民的权利，即通常所说的代表的豁免权。在这方面，我国过去的几部宪法曾经作过一些规定，并在实践中收到一定的成效。这次宪法草案又在原宪法的基础上对代表的权利增加了一项新的内容，即明确地规定了对人民代表的言论和表示意志的特殊保障。人民代表在会议期间发表言论和所作的表决不受追究，这就大大地增强了全国人民代表大会的社会主义民主性。它体现了我们的国家和人民对于代表的充分信任和支持。更为重要的是，它有助于人民代表能够更自由地履行自己的职责。

三、恢复了国家主席的建制，强化了国务院的领导体制

人民代表大会制度作为一个完整的制度，即作为政权的组织来说，它不仅包括了人民代表大会本身的组织与活动，而且也包括它所组织、领导和监督的其他国家机关。以人民代表大会为政治基础的全部国家机关是一个紧密相联的整体。如果只加强人民代表大会本身的民主集中制，而它的执行机关处于效率不高的状态，那么，人民代表

大会制度的优越性，也是无法表现出来的，因此，宪法草案关于恢复国家主席与强化国务院的规定，同样标志着我国人民代表大会制度的新的发展。

从中华人民共和国成立之日起，我国就有国家主席的建制。1949年设有中央人民政府主席，领导中央人民政府委员会的工作，当时的中央人民政府委员会是合议制组织，是国家的首脑机关，而主席则是这个首脑机关的代表。1954年宪法规定设中华人民共和国主席，和全国人民代表大会常务委员会结合起来行使国家元首的职权，并由主席对外代表中华人民共和国。后来撤销了国家主席的建制，这是在“文化大革命”那种极不正常的情况下的做法。国家主席的建制撤销以后，国家元首由谁担任，对外由谁代表国家，在1975年和1978年两部宪法中都无明确规定。

十亿人口的社会主义伟大国家理应有自己的元首。宪法草案恢复国家主席的建制，明确由主席对内对外代表国家，标志着我国政治生活趋于正常化，标志着安定团结的政治局面已经恢复。设国家主席，对于整个国家工作的开展是有很大好处的。

全国人民代表大会行使国家权力的能力的加强，除了本身能够正确有效地制定法律，作出决议，决定国家的大政方针之外，还有赖于一个强有力的政府去把它们付诸实施。宪法草案在组织上改变了国务院的体制，突出了国务院总理的地位和责任；限定了国务院副总理的人数，规定了总理的任职和连任的期限。草案还规定国务院设国务委员作为国务院常务会议的组成人员，以便他们能分工管理国家的行政工作，同时还增设审计长和审计机关，以加强对各级政府和它所属的财政、金融、企业、事业单位的财政、财务收支活动进行审计监督。这些规定均是对我国国家行政机关的重大改革，它有助于精简机构，克服官僚主义，提高行政效率，从而有利于提高和加强国务院执行全国人民代表大会及其常务委员会所制定的法律和决议的能力，归根到底，使整个人民代表大会制度得到了加强。

四、健全和改善了地方各级人民代表大会和人民政府

粉碎“四人帮”以后，我们国家曾多次着手对地方各级人民代

表大会和人民政府进行改革。例如在县和县以上地方各级人民代表大会设立常务委员会，作为本级人民代表大会的常设机关；县、不设区的市、市辖区、人民公社、镇的人民代表大会代表，由选民经过充分的民主讨论，无记名投票直接选举；将地方各级革命委员会一律改为人民政府（公社改为管理委员会）；省、自治区、直辖市的人民代表大会及其常务委员会有权制定与颁布地方性法规，等等。宪法草案在总结经验的基础上，肯定了这些行之有效的制度，并且以法条的形式再次加以确认。

宪法草案恢复了 1954 年宪法规定的乡人民代表大会和人民政府的建制，改变了我国从 1958 年开始实行的政社合一的体制，从而既有利于乡人民代表大会和乡人民政府专门行使国家权力，加强人民民主专政；又有利于作为经济组织的人民公社组织经济、管理生产，避免以行政手段过多地干预经济活动，以至出现过去屡见不鲜的瞎指挥现象。为了加强城乡基层政权，高度地发扬民主，新宪法草案还确认并增写了多年以来行之有效的农村村民委员会和城镇居民委员会的条款，规定居民委员会和村民委员会是基层的群众性自治组织。居民委员会、村民委员会可以下设人民调解、治安保卫、公共卫生等委员会，办理本居住地区的公共事务和公益事业，调解民间纠纷，协助维护社会治安，并向人民政府反映群众意见和要求，提出建议和进行监督。这些规定对增进基层人民群众的民主生活，加强基层政权建设有极大益处。

人民代表大会制度是我国人民民主专政的组织形式，它担负着完成国家任务的重大职责。今后，全国人民的奋斗目标是逐步把我国建设成为具有现代化工业、现代化农业、现代化国防和现代化科学技术的高度民主的、高度文明的社会主义国家。这一奋斗目标已经载入宪法草案，成为全国人民的法定目标和最高行为准则。而人民代表大会制度一定能够肩负起动员人民、组织人民、同心协力去完成这一伟大目标的重任。

我国政权性质的宪法规范的历史考察[①]

——兼论宪法修改草案对政权性质的规定的正确性

政权问题是革命的首要问题。我国人民在取得革命胜利的基础上，总是在宪法性文件或宪法中以特殊重要的地位规定国家政权的性质。现在，新的宪法修改草案又在总纲第一条中对我国政权性质作了明确规定。对这些规定政权性质的宪法规范作一番历史的考察，进行比较研究，将有助于了解我国政权性质的发展变化，总结我国政权建设的经验教训，更有助于加深对宪法修改草案的理解。

一

政权性质即毛泽东同志所说的国体。它只是指的一个问题，就是社会各阶级在国家中的地位，即一个国家内部存在哪些阶级，哪个阶级掌握国家权力，哪些阶级是它的同盟者，哪些阶级是被统治者。

既然政权性质问题指的是社会各阶级在国家中的地位，那么，探索政权性质的根源便应该首先寻求阶级借以存在的基础。列宁指出："所谓阶级，就是这样一些大的集团，这些集团在历史上一定社会生产体系中所处的地位不同，对生产资料的关系（这种关系大部分是在法律上明文规定了的）不同，在社会劳动组织中所起的作用不同，因而领得自己所支配的那份社会财富的方式和多寡也不同。"② 阶级借以存在的基础是一定的社会生产关系、生产资料所有制形式以及由

① 本文载于《法学研究》1982 年第 3-4 期。

② 《列宁选集》第 4 卷，人民出版社 1972 年版，第 10 页。

此决定的人们在生产过程中的相互关系和产品的分配方式。阶级是一定的社会经济制度的产物，离开社会经济制度，阶级便失去存在的依据。历史上产生了奴隶制、封建制和资本主义的经济制度，才随之产生了奴隶、奴隶主、农民、封建主、工人、资本家等阶级，才产生与之相适应的不同历史类型的国家。由此可见，决定政权性质的首要因素是社会经济制度。

政权性质还受其他因素的影响与制约。如果一个国家在革命过程中，阶级关系方面存在某些特点，革命胜利后建立的国家就必然具有与这些特点相适应的某些特性。资本主义国家是资产阶级取得革命胜利之后建立起来的。资产阶级革命的一般情况是整个的封建主阶级作为反革命势力与革命相对抗，因此这种革命胜利后建立起来的国家一般都由资产阶级独掌统治权。但是，英国资产阶级革命过程中，有一部分封建主、贵族已经资产阶级化，他们与资产阶级结成联盟反对封建专制制度。正如恩格斯所指出的："英国的'贵族'不但不反对工业生产的发展，反而力图间接地从中取得利益；而且经常有这样一部分大地主，由于经济的或政治的原因，愿意同金融资产阶级和工业资产阶级的首脑人物合作。"① 由于革命过程中存在这种特点，英国在1688年"光荣革命"后建立的政权便具有资产阶级与封建贵族妥协、由两个阶级分享政权的特性。

既然政权性质指的是社会各阶级在国家中的地位，那么同一历史类型的国家在其发展的各个阶段中，如果阶级结构、阶级关系发生变化，政权性质也必然随着产生一定程度的变化。例如前面所说的英国，资产阶级革命胜利之初所建立的是资产阶级与封建贵族分享政权的国家，是带有某些特性的资产阶级专政的国家。后来由于资产阶级采取各种经济的、法律的、政治的政策措施向封建贵族步步进逼，迫使封建贵族步步退让，到了现在，英国在事实上已不再是由两个阶级分享政权，而是由资产阶级独享政权了。回顾英国政权性质发展变化的这段历史，究其根源是英国资产阶级有意识地采取各种政策措施，促使阶级结构和阶级关系发生变化所引起的。由此可见，政权性质与国家在其发展阶段中实行的政策、采取的措施所引起的阶级结构与阶

① 《马克思恩格斯选集》第3卷，人民出版社1972年版，第393页。

级关系的变化有密切的联系，受它的影响和制约。

政权性质、社会各阶级在国家中的地位，是由社会经济制度所决定的并且受国家借以产生的革命进程中的阶级关系的特点以及国家建立以后的政策措施等因素的影响和制约。这就决定着我们在研究政权性质的宪法规范时，既要研究宪法中规定政权性质的专门条款，也要研究宪法中关于经济制度、基本政策等方面的规定，把它们联系起来加以考察，才能得出正确的结论。

我国以往的宪法性文件、三部宪法以及目前交付全民讨论的宪法修改草案都有专门条款规定政权性质。现将这些宪法规范抄录如下：

1949 年颁布的起临时宪法作用的中国人民政治协商会议共同纲领第 1 条规定，中华人民共和国为新民主主义即人民民主主义的国家，实行工人阶级领导的、以工农联盟为基础的、团结各民主阶级和国内各民族的人民民主专政。

1954 年宪法第 1 条规定，中华人民共和国是工人阶级领导的、以工农联盟为基础的人民民主国家。

1975 年宪法第 1 条规定，中华人民共和国是工人阶级领导的以工农联盟为基础的无产阶级专政的社会主义国家。

1978 年宪法第 1 条规定，中华人民共和国是工人阶级领导的以工农联盟为基础的无产阶级专政的社会主义国家。

新颁布的宪法修改草案第 1 条第 1 款："中华人民共和国是工人阶级领导的、以工农联盟为基础的人民民主专政的社会主义国家。"

此外，共同纲领和宪法修改草案在序言中还对政权性质作了解释性的规定。共同纲领序言宣布："中国人民民主专政是中国工人阶级、农民阶级、小资产阶级、民族资产阶级及其他爱国民主分子的人民民主统一战线政权，而以工农联盟为基础，以工人阶级为领导。"

宪法修改草案序言宣布："工人阶级领导的、以工农联盟为基础的人民民主专政，实质上即无产阶级专政……"

比较对照上述规定政权性质的宪法规范，可概括出四个引人注目的要点：

第一，政权性质的表述有人民民主专政与无产阶级专政之分：共同纲领和宪法修改草案规定我国政权性质为人民民主专政，文字表述十分清楚；1975 年宪法和 1978 年宪法规定政权性质为无产阶级专

政，文字表述也非常明确。至于1954年宪法对政权性质的规定，则在文字上的表述是“人民民主国家”。按照马克思主义关于国家学说的原理，任何国家都是民主与专政的统一体，是由对统治阶级实行民主与对被统治阶级实行专政两者互相结合的，所以“人民民主国家’也就是人民民主专政国家。1954年宪法规定的政权性质，实际上也是人民民主专政。

第二，宪法规范中所规定的人民民主专政，又有增加解释与否之别：共同纲领把人民民主专政解释为统一战线的政权；宪法修改草案把人民民主专政解释为：“即无产阶级专政”。至于1954年宪法则对人民民主国家未作解释。

第三，规定政权性质的宪法规范本身多数附带确认了社会性质：共同纲领确认我国是新民主主义社会；1975年宪法、1978年宪法、宪法修改草案确认我国是社会主义社会。至于1954年宪法则对我国的社会性质未作说明。

第四，所有关于政权性质的宪法规范，不论其规定为人民民主专政或无产阶级专政，一律指明它是以工人阶级为领导、以工农联盟为基础。

仔细思考上述四个要点，更可引出两个值得进一步深入研究的问题：

其一，共同纲领、1954年宪法、宪法修改草案都规定我国政权性质是人民民主专政，其中宪法修改草案又宣布人民民主专政即无产阶级专政，那么草案的规定与共同纲领、1954年宪法规定的人民民主专政的内容相比有无变化？

其二，宪法修改草案规定我国政权性质为人民民主专政，同时又宣布人民民主专政即无产阶级专政。为什么不像1975年宪法和1978年宪法那样直接规定我国政权性质为无产阶级专政？

为了弄清这两个问题，必须于各个专门条款以外再分析研究与它们有关的其他条款。

二

共同纲领除明文规定我国政权性质为人民民主专政以外还规定了

与政权性质有密切关联的社会性质、政权任务等问题。

从社会性质来说，共同纲领规定中华人民共和国是新民主主义即人民民主主义的国家，指明了当时的中国社会是新民主主义社会。新民主主义社会应该有它自身的社会经济结构和特定的经济政策。在这个社会里存在生产资料的公有制和私有制，以及由这两种所有制构成的国营经济、合作社经济、农业和手工业者个体经济、私人资本主义经济和国家资本主义经济等经济成分。共同纲领确认了这些所有制及其构成的经济成分的存在。不仅如此，共同纲领还明确认定了这些经济成分的性质、地位和作用，规定了国家对它们的基本政策。共同纲领规定国营经济为社会主义性质的经济，是整个社会经济的领导力量，凡属有关国家经济命脉和足以影响国计民生的事业，均应由国家统一经营；合作社经济为半社会主义性质的经济，为整个国民经济的一个重要组成部分，人民政府扶助其发展，并给以优待；至于私营经济，则规定“凡有利于国计民生的私营经济事业，人民政府应鼓励其经营的积极性，并扶助其发展。”在规定这些具体政策的同时，共同纲领还规定了经济建设的根本方针是“公私兼顾，劳资两利，城乡互助，内外交流”以达到“发展生产，繁荣经济”的目的，并且特别强调各种社会经济成分在国营经济领导之下，分工合作，各得其所。

从政权的任务来说，共同纲领规定的国家任务是反对帝国主义、封建主义和官僚资本主义，为中国的独立、民主、和平、统一和富强而奋斗。为实现这个任务，共同纲领规定必须取消帝国主义在中国的一切特权，没收官僚资本为国家所有，保护国家的公共财产和合作社财产，保护工人、农民、小资产阶级和民族资产阶级的经济利益及其私有财产，发展新民主主义的人民经济，稳步地变农业国为工业国。

政权的任务决定着当时的专政对象只能是勾结帝国主义、背叛祖国、反对人民民主事业的反革命战争罪犯和其他怙恶不悛的反革命首要分子，一般的反动分子、封建地主和官僚资本家。

共同纲领的这些规定所反映出来的特点之一是：在经济方面承认资本主义经济合法存在，并在一定条件下扶助其发展，消灭资本主义经济的问题并没有提到日程上来；在政治方面民族资产阶级属于人民的范畴，它是政权中享受民主的主体，而不是实行专政的对象。

毛泽东同志对新民主主义国家曾经作过精辟的分析，他指出："这种新民主主义共和国，一方面和旧式的、欧美式的、资产阶级专政的、资本主义的共和国相区别……另一方面，也和苏联式的、无产阶级专政的、社会主义的共和国相区别"，①它只能是在无产阶级领导下的一切反帝反封建的人们联合专政的民主共和国。共同纲领宣布为"人民民主统一战线政权"的人民民主专政，就是这种无产阶级领导下的一切反帝反封建的人们的联合专政，即几个革命阶级的联合专政。

1954年宪法以共同纲领为基础，又是共同纲领的发展。说它以共同纲领为基础，是因为共同纲领规定的基本原则行之有效，实践证明其正确性，因而为宪法所确认；说它是共同纲领的发展，是因为共同纲领规定的某些任务已经完成，不再为宪法所规定，而且还因为它总结了共同纲领实施以后五年中的新胜利，增添了新规定，加进了新内容。

1954年宪法以共同纲领为基础又是共同纲领的发展，表现在政权性质的规定上也十分明显。这部宪法规定："中华人民共和国是工人阶级领导的、以工农联盟为基础的人民民主国家。"正如前面所说，人民民主国家就是人民民主专政国家，从形式上看似乎与共同纲领的规定并无区别，但是，这时候的人民民主专政的内容已经有了发展变化。

1954年宪法规定的人民民主专政，从民主的主体与专政的对象来说，仍然没有改变，民族资产阶级仍然是民主的主体，不是专政的对象；从这个专政借以建立起来的社会经济制度来说，仍然包含着资本主义经济。但是，这部宪法明确规定了我们国家建设社会主义的目标。这部宪法在序言中宣布"从中华人民共和国成立到社会主义建成，这是一个过渡时期。国家在过渡时期的总任务是逐步实现国家的社会主义工业化，逐步完成对农业、手工业和资本主义工商业的社会主义改造。"这部宪法在总纲中还规定"中华人民共和国依靠国家机关和社会力量，通过社会主义工业化和社会主义改造，保证逐步消灭剥削制度，建立社会主义社会。"把国家在过渡时期的总任务和建立

① 《毛泽东选集》第2卷，人民出版社1952年版，第636页。

社会主义社会作为法定目标用宪法规范加以确认，这是共同纲领中所没有的。不仅如此，1954 年宪法对完成过渡时期总任务、建立社会主义社会的方针政策及其具体步骤还作了明确规定，其中对资本主义工商业的政策是利用、限制和改造，即通过行政机关的管理、国营经济的领导和工人群众的监督，利用它们有利于国计民生的积极作用，限制它们不利于国计民生的消极作用，鼓励和领导它们转变为各种不同形式的国家资本主义经济，逐步以全民所有制代替资本家所有制。这种利用、限制、改造政策与共同纲领中所规定的“公私兼顾，劳资两利”和“分工合作，各得其所”也有很大差别。

1954 年宪法规定的国家任务和经济政策反映到阶级结构与阶级关系方面的特点是要逐步消灭资产阶级。正是由于具有这个特点，它在政权性质的规定中，只反映了工人阶级是国家的领导阶级，工农联盟是国家的基础，没有明确反映资产阶级在国家中的地位。民族资产阶级作为人民民主国家中享受民主的主体只是通过宪法序言宣布的统一战线的“各民主阶级”才反映出来的。

1975 年，我国修改并且颁布了宪法。但是，这时“文化大革命”已进入第十个年头，正值国家处于严重困难的时刻，“四人帮”窃取了一部分国家权力横行霸道，极左思潮恶性膨胀。这部宪法在制定过程中受到“四人帮”的干涉破坏。这部宪法虽然规定“中华人民共和国是工人阶级领导的以工农联盟为基础的无产阶级专政的社会主义国家”，确认我国的政权性质为无产阶级专政。但它以所谓整个社会主义历史阶段的基本路线作为指导思想，歪曲了无产阶级专政。在专政方面，它规定“无产阶级必须在上层建筑其中包括各个文化领域对资产阶级实行全面专政”；在民主方面，它称颂“大鸣、大放、大辩论、大字报，是人民群众创造的社会主义革命的新形式”。这种“全面专政”与称之为‘四大”的大民主相结合的结果是，混淆了敌我矛盾与人民内部矛盾的界限，混淆了民主的主体与专政的对象的界限，使无产阶级专政偏离了马克思主义的道路。

1975 年宪法颁布后一年多的时间，“四人帮”被粉碎，接着我们国家在 1978 年制定、颁布了宪法。这部宪法取消了 1975 年宪法中的某些错误规定。反映在政权性质的规范方面，它在规定我国为无产阶级专政国家的同时，取消了 1975 年宪法中的“全面专政”的规定，但是，由于历史条件的限制，没有来得及总结中华人民共和国成立以来社会主义革命和建设的经验教训，也没来得及清除和清理“文化大革命”的“左”的思想，因而这部宪法也不很完善。表现在政权性质方面，它虽然坚持了无产阶级专政，并且取消了“全面专政”的规定，却又保留了“四大”民主，确认公民有运用大鸣、大放、大辩论、大字报的权利。此外，这部宪法还保留着整个社会主义历史阶段的基本路线、坚持无产阶级专政下的继续革命等规定，也不利于无产阶级专政的正确运用，因而也没有把无产阶级专政完全引上马克思主义的轨道。

1978 年宪法颁布以后，特别是党的十一届三中全会以后，我国的政治、经济、文化等各方面有着巨大的发展变化。这就使 1978 年宪法的缺陷显露得更为突出，使党和人民要求修改宪法的愿望更加强烈。在这种情况下，我国进行了修改宪法的工作，颁布了宪法修改草案。

三

宪法修改草案对政权性质的规定与共同纲领、1954 年宪法相比照，它恢复了人民民主专政的规定，但又不是单纯的恢复，而是具有新的发展的新规定。因为它不是共同纲领所规定的与新民主主义社会相联的、统一战线政权的人民民主专政，而是与社会主义社会相联系的、无产阶级专政的特殊表现的人民民主专政。

宪法修改草案对政权性质的规定与 1975 年宪法、1978 年宪法相比照，它既坚持了无产阶级专政，又反映了中国无产阶级专政的特点，取消了前面两部宪法在这方面的一些错误规定。

宪法修改草案对政权性质的规定，符合我国历史发展的特点与现实情况的需要，具有重大的理论意义与实践意义。

从历史发展来看：无产阶级专政是马克思在《哥达纲领批判》中首次正式提出的。马克思在这一光辉著作中写道：“在资本主义社会和共产主义社会之间，有一个从前者变为后者的革命转变时期。同这个时期相适应的也有一个政治上的过渡时期，这个时期的国家只能

是无产阶级的革命专政。"① 马克思在这里所说的无产阶级的革命专政，指的是典型的资本主义国家内无产阶级通过革命建立起来的国家政权。在那里阶级结构与阶级关系都比较简单，不论是革命进行时期还是政权确立以后，都表现为整个资产阶级对抗无产阶级。在这种情况下，称革命政权为无产阶级专政自然是十分确切、非常恰当的。

1949年以前，中国是半封建半殖民地国家。要过渡到共产主义，首先要过渡到新民主主义。当时中国的资产阶级分为官僚资产阶级与民族资产阶级两部分。官僚资产阶级是极端的反革命派，在新民主主义革命中就是革命的对象。民族资产阶级则具有两面性，既有革命的一面，又有妥协的一面。他们在新民主主义革命中，在共产党领导下，在一定的时期、一定的程度上参加了革命。毛泽东同志根据中国社会的历史特点和人民革命的特点，提出了人民民主专政的理论。他在《将革命进行到底》一文中最早提出要"在全国范围内建立无产阶级领导的以工农联盟为主体的人民民主专政的共和国"。② 其后又在《论人民民主专政》一文中对人民民主专政作了系统的论述。他指出"对人民内部的民主方面和对反动派的专政方面，互相结合起来，就是人民民主专政"。③ 他还具体说明了人民民主专政中民主的主体是工人阶级、农民阶级、小资产阶级、民族资产阶级；专政的对象是帝国主义的走狗，即地主阶级和官僚资产阶级以及代表这些阶级的国民党反动派及其帮凶们。④

在社会主义革命时期，毛泽东同志发展了他的人民民主专政思想，他指出："人民这个概念在不同的国家和各个国家的不同的历史时期，有着不同的内容"，⑤ 并且指出："在现阶段，在建设社会主义的时期，一切赞成、拥护和参加社会主义建设事业的阶级、阶层和社会集团，都属于人民的范围；一切反抗社会主义革命和敌视、破坏社会主义建设的社会势力和社会集团，都是人民的敌人。"⑥ 在社会主

---

① 《马克思恩格斯选集》第3卷，人民出版社1972年版，第21页。

② 《毛泽东选集》第4卷，人民出版社1960年版，第1314页。

③ 《毛泽东选集》第4卷，人民出版社1960年版，第1412页。

④ 参见《毛泽东选集》第4卷，人民出版社1960年版，第1412页。

⑤ 毛泽东：《关于正确处理人民内部矛盾的问题》（1957年2月27日）。

⑥ 毛泽东：《关于正确处理人民内部矛盾的问题》（1957年2月27日）。

义革命时，民族资产阶级有剥削工人阶级取得利润的一面，又有拥护宪法、接受社会主义改造的一面，因而属于人民的范畴，在政治上有一定的地位。这样就使人民民主专政获得进一步发展，成为无产阶级专政的一种特殊的表现形式。

人民民主专政思想是毛泽东思想的重要组成部分，它是马克思主义无产阶级专政学说与中国革命实践相结合的产物，也是对马克思主义无产阶级专政学说的丰富与发展。宪法修改草案恢复人民民主专政的规定，符合我国人民革命与政权建设的历史特点。它指明了我国政权建设的发展变化。它将为全世界殖民地、半殖民地人民革命的政权建设与宪政工作提供理论基础与指导思想。

从现实需要来看，首先是我国有坚持无产阶级专政的需要。我国当前的阶级与阶级关系的实际状况是：一方面消灭了剥削阶级，地主阶级作为一个阶级已经被消灭，作为阶级的资本家阶级已经不再存在，这些阶级中的大多数人已改造成为自食其力的劳动者，我们社会主义国家的主人是社会主义的工人、农民、知识分子以及拥护社会主义的爱国者、拥护祖国统一的爱国者，这些社会主义的主人的政治觉悟也大大提高，组织程度也大大加强了；另一方面还有反革命分子，破坏社会主义建设的犯罪分子以及剥削阶级的某些残余。另外在国外还存在着敌视中国反对社会主义制度的反动势力。宪法修改草案宣布在我国，剥削阶级作为阶级消灭以后，阶级斗争还将在一定范围内长期存在，中国人民对敌视和破坏我国社会主义制度的敌对势力和敌对分子，必须进行斗争。坚持无产阶级专政的需要就是在这个基础上提出来的。

在坚持无产阶级专政的过程中，必须充分发扬社会主义民主，这也是现实的需要。恩格斯说过："共产主义是关于无产阶级解放的条件的学说。"① 列宁也曾指出："整个共产主义宣传归根到底都是要领导实际的国家建设。"② 列宁还说："在任何社会主义革命中，当无产阶级夺取政权的任务解决以后，随着剥夺剥夺者及镇压他们反抗的任务大体上和基本上解决，必然要把创造高于资本主义社会的社会经济

① 《马克思恩格斯选集》第1卷，人民出版社1972年版，第210页。

② 《列宁选集》第4卷，人民出版社1972年版，第371页。

制度的根本任务，提到首要地位；这个根本任务就是提高劳动生产率”。① 在上述马克思列宁主义原理的指导下，我们国家实行了工作重点的转移，把建设现代化工业、农业、国防和科学技术的社会主义强国作为新时期的总任务以国家根本法的形式加以规定。要完成这一任务，就必须充分发扬社会主义民主，以调动一切积极因素，动员和组织全体人民同心同德努力奋斗。宪法修改草案规定我国政权性质为人民民主专政，有利于发扬人民民主，适应现代化建设的需要。

宪法修改草案规定我国政权性质为人民民主专政，并且宣布人民民主专政即无产阶级专政，有利于把对人民内部的民主和对敌人的专政很好地结合起来，有利于坚持无产阶级专政。这个规定既符合我国国情，符合我国历史特点与现实需要，又能防止无产阶级专政的歪曲和滥用。这个规定非常恰当，十分正确。

理论一经掌握群众，就会变成物质力量；宪法一经贯彻实施，就会发挥巨大的威力。宪法修改草案在全民讨论、修改之后，将由全国人民代表大会审议通过，成为国家的根本法、人民的最高行为准则。认真学习、深入领会宪法修改草案关于政权性质的规定，一定能增强我们坚持无产阶级专政，发扬社会主义民主的自觉性，为完成我们无产阶级专政的国家所肩负的历史任务而共同奋斗。

① 《列宁选集》第3卷，人民出版社1972年版，第509页。

加强农村基层政权建设的重大措施[①]

宪法修改草案改变了目前我国农村基层政权的体制，决定恢复乡的建制，召开乡人民代表大会，建立乡人民政府。这是在农村发扬社会主义民主，加强人民民主专政的一项重大措施。

中华人民共和国成立后，我国一直保持着乡一级政权。至1958年，在人民公社化运动中，全部撤销了乡的建制，实行政社合一。20多年来，农村的社会主义事业，总的来说是得到了相当程度的发展的。但另一方面，政社合一的体制却显露了不少弊病。主要是政社合一容易产生以行政手段去指挥生产的情况，不利于集体经济的健康发展；又因为公社忙于日常生产工作，所以也不利于发挥基层政权的作用。

最近颁布的宪法修改草案决定今后实行政社分开，恢复乡政权，这是对几十年来农村基层政权工作的经验总结，广大的农村干部和社员群众对于这个重大决策反映是积极的。我们经过初步的调查研究，认为恢复乡政权有下列四点好处：

（1）有利于加强党的领导。政社分开，建立乡党委，可以更好地体现党的领导作用。过去公社党委的工作无所不包，事无大小都要书记出马。浙江农村有句口头禅："老大难，老大难，老大出面就不难。"所以什么事都要"老大"（书记）出面，包括夫妻吵架、盖公共厕所等事都要找书记管。党委成员不能集中精力抓大事，也无法深入第一线进行系统的调查研究工作。将来农村基层体制改革以后，乡党委负责全乡的党务，全力以赴地抓党的方针政策的落实，抓党的组

① 本文载于1982年许崇德、何华辉合著的《宪法论文集编》，与许崇德（第一作者）合著。

织建设、思想建设和政治工作；并且对政府的工作进行经常研究，对乡政府进行必要的监督；同时党委也研究经济工作，对集体经济组织进行指导和帮助，保证集体经济组织的自主权。这样党委从过去的事务圈里解脱出来，抓好大事，党的领导就能进一步加强了。

（2）有利于人民民主专政在农村基层的巩固和加强。政社合一，政权和生产由公社统管，实际上是放松和削弱了政权工作：公社在名义上设置有民政助理员、公安员、调解委员等职务，而实际情况是公社干部没有自己的专业，可以说都是管生产的干部。因为公社通常采用的是“干部分片包队”的工作方法，一个干部下队，把这一片的一切工作都包了，这些干部往往由于生产问题的重担压在头上，因此顾不上别的工作，对于政权建设更是无法考虑了。体制改革之后，国家行政工作、政法工作就有专门的政府机关来抓了。乡政府具有极大的权威从事行政管理工作，法律法令和乡人民代表大会的决议将得到切实的执行，人民的权利和社会的安定将得到更好的保证。

（3）有利于维护集体经济的自主权。实行政社合一，农村的集体经济，特别是生产队的自主权事实上得不到保证。由于经济组织和政权机构不分，因此公社往往很容易用行政手段去任意干预生产队的生产活动和其他经济活动。过去某县曾发生过强迫命令毁掉麦田的事件，某公社发生过拔掉瓜秧的事件等，都充分说明了政社不分开，公社与政权结合在一起，就不可能切实保障生产队的自主权。另外，政社分开，也有利于经济组织提高经营管理的科学性，有利于干部的专业化、知识化。过去公社领导干部由于什么事情都抓，因此他们不可能达到专业化、知识化。而体制改变之后，诸如此类的情况将得到纠正，所以它是有利于生产发展的。

（4）有利于减轻农民的负担。政社合一，农民的负担加重了，当然有些是合理的负担，例如民办教师、赤脚医生的适当补贴等；但有一些是不合理的负担，像民兵训练、计划生育、党政干部补贴、地方性的公共设施的经费等。由于政和社的财务收支混在一起，所以本来不应由农民直接负担的费用，也由社队直接扣除了。另外，政社合一使得经济组织机关化了，有的公社层次很多，部门繁杂，人浮于事。某公社有一个大队，从党支部委员、管委会成员到生产队正副队长、记工员、植保员、出纳员、保管员、赤脚医生、民办教师等共

173 人领取补贴。去年全大队补贴工分 36400 分，折合现金 29120 元，每个社员要负担近 20 元。又例如，有一个公社光是由事业经费和社办企业利润中开支的人员就达 65 人，加上县属编制的公社事业人员和行政干部的自行车补贴费、误餐费、水电费，以至一部分办公费都得公社开支。光这两笔费用，去年一年就支付了 25400 元。其他像用于挖河、造桥、修路等本来应该由地方承担的公共事业开支，在“民办公助”的口号下，也向社员摊派。今后政社分开，政府和经济组织在财务上分清，必将有利于减轻农民负担。

以上四点是我们对于政社分开的好处所作的初步说明。当然有一些同志对政社分开抱怀疑的态度，他们的想法大致有两种，一种认为，恢复乡的建制后，乡政府只是一个空架子。政府的工作仍然要通过公社，事事必须依靠公社去推行，所以认为设乡政府是徒然增加了层次。其实这种看法不对。因为将来政社分开，成立乡政府后，像 1979 年颁布的地方各级人民代表大会和地方各级人民政府组织法第 36 条所规定的人民公社管理委员会的职权，必将基本上归乡政府去行使，而集体经济组织则不再具有任何带有国家政权性质的权威和职能，它的任务只是组织生产。二者的性质和职责是十分清楚的，所以乡政府成立后，不会成为空架子，也不是增多了层次。

还有一部分同志认为，恢复乡建制之后，多了一套班子，干部就要增加，国家行政开支就要增多。这种看法也是不对的。第一，乡政府建立后，将本着精简的原则，用人不会太多。第二，政社分开后，人民公社只是作为集体经济组织存在了。根据宪法草案第 19 条，将“由它的全体劳动者选举和罢免管理人员”。因此，我们认为，公社干部将不再是国家干部，他们不领取国家工资，只是从集体经济组织中获取报酬，所以不发生增加国家行政开支的问题。同时，这样的公社干部与原先的干部不同，原先公社的干部是拿国家固定工资的，旱涝保收，他们和公社没有直接的经济利害关系，生产抓好抓坏，不负经济责任。今后公社干部不由国家养，干部的个人收益与公社的兴旺与否发生着直接的紧密联系，他们就不会搞官僚主义，不会搞浪费，而一定会精打细算，勤勤恳恳地为社员服务了。

当然也还必须看到，现在的农村与 1958 年以前设立乡政权时候的情况已经有了很大的不同，何况政社合一的体制已经延续了 20 多

年，农村的那一套管理方法、人们头脑里的观念以及各种组织之间的相互关系已经形成了很深的习惯，因此，改革起来并不是轻而易举的。同时，有一些问题，就我们作为社会科学工作者来说，也应当去作进一步的研究，以供有关部门参考。这些问题有：

（1）乡的行政区域以多大为适宜？基层的干部和群众对这个问题大体上有两种意见：一种意见是按照现在公社的规模设乡。它的优点是改起来简便，只要把现在公社机构中管政法的那一部分独立出来另组成乡政府即可。但缺点是规模过大，政府高高在上，容易脱离群众。另一种意见是以现在的生产大队或者几个大队的联合为基础建乡。小乡的优点是接近群众，便于组织选举，便于群众监督政府，发扬社会主义民主。但缺点是规模过小，力量单薄不便于兴办事业。今后到底是大乡还是小乡？应当考虑。

（2）上级政府的领导体制如何适应恢复乡政权之后的新情况？设乡的建制，不光是农村基层的事，也必然影响到上级国家机关的工作和体制。今后政社分开，县委抓乡的党委，县政府领导乡政府，但作为经济组织的人民公社，它们的日常工作由谁指导？值得研究。还有，作为县的派出机关的区公所是否应该继续设立？这也是一个问题。

（3）乡与社的关系是什么？政社分开后，乡党委应统一领导本乡范围内的政权工作和经济工作，这是没有问题的。但乡政府与公社的关系是什么？乡政府对经济组织是否可以进行行政干预？如果可以的话，那么在什么范围内干预？干预到什么程度？这些问题都值得研究。

（4）乡政权管不管企业事业？目前农民有一些顾虑，他们担心将来政社一旦分开，社办企业便要转归政府所有，或者乡政府要从社队企业中收走大部分利润，影响社员的分配和收益。而现在社队企业占公社总收入的1/3，甚至超过农业的收入。我们认为，政社分开，今后社队企业的所有权不应改变。至于乡政府能不能像城市的街道办事处那样，举办一些手工业、加工业、运输业、修理业等小型企业以及学校、医院、文化站等事业呢？如果可以举办的话，那么资金又如何筹集呢？这些问题也都是值得研究的。

（5）乡政府的编制应该多大？中华人民共和国成立初期，乡长、

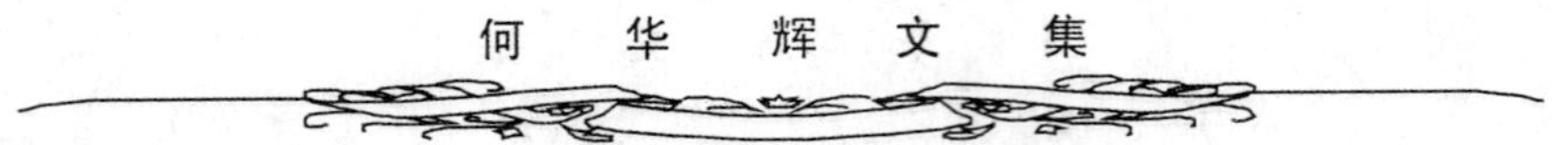

乡文书二三十个干部，这样精简的编制现在恐怕不够了。但目前公社机构过于庞大，正式编制有十一二人的，也有二十多人的，加上事业人员数字就相当大了。采取这样大的编制，恐怕无论如何是不行的。总之，今后乡政府的编制要根据社会主义现代化建设的需要，但仍应坚持精简的原则。

恢复乡的建制关系到巩固人民民主专政，发展社会主义经济的重大问题，也关系到在农村基层大大地发扬社会主义民主的问题。现在宪法修改草案已经作了原则性的规定，至于一系列具体的问题尚需要认真地加以研究解决。可以相信，农村基层体制的改革必然会像全国的体制改革一样搞得很好，八亿农民的积极性一定会进一步激发出来。

略论我国一九七五年宪法①

1975年1月17日，第四届全国人民代表大会通过中华人民共和国宪法（以下简称1975年宪法）。这是中华人民共和国成立后的第二部宪法。当时，“文化大革命”已经是第九个年头了，宪法作为历史经验的总结，它的精神自然同“文化大革命”的精神在基本上是一致的。粉碎“四人帮”后，中国人民拨乱反正，开始作大量的工作。1975年宪法随即被修改，足见它对于社会主义发展的新时期是不能适用的。1978年3月5日，新的现行宪法一经颁布，1975年宪法即告失效。故1975年宪法的存在，总共只有三年。现在，1975年宪法已经是一个历史文件，把它作为法学研究的对象，在学术上进行一点探讨，对于我国宪法学的发展以及当前宪法修改的工作，可能是有益的。

一、宪法的指导思想

对任何一部宪法的历史评价，不能不首先注意到该部宪法的指导思想问题。同我国1954年经过全民讨论而产生的第一部宪法相比，1975年宪法修订过程的民主性显然欠缺。尤为重要的是，1975年宪法的指导思想很难说能代表人民的意愿。第四届全国人民代表大会《关于修改宪法的报告》中曾经明白地说：我们在长期斗争过程中已经有了一条整个社会主义历史阶段的基本路线。这是我们的“生命线”，坚持了基本路线就能够胜利。“这就是我们的主要经验，也是

① 本文载于《法学杂志》社1981年版的《法学论集》，与许崇德（第一作者）合著。

我们这次修改宪法的指导思想”。

随着中华人民共和国成立以来民主革命任务的完成和社会主义改造、社会主义建设的发展，随着剥削制度的消灭和剥削阶级分子的逐步改造，国内的阶级关系以及阶级斗争的形势早已发生了深刻的变化。1975 年宪法以所谓基本路线作为指导思想，是不符合我国社会发展的客观规律的。在 1975 年宪法通过前的相当长一个时期内，林彪、“四人帮”利用党内本来存在着的“左”的倾向，大肆破坏。他们鼓吹什么同一切阶级敌人斗争的焦点就是坚持不坚持基本路线，宣扬阶级斗争无时不有、无处不有，越来越尖锐化，到处充满着你死我活的敌我斗争。他们挑动全面内战，对广大群众和干部实行反革命的阶级斗争。所以，宣布以基本路线为宪法的指导思想，无异是对以前那一套理论与实践的肯定。按此继续下去，势必使我们国家离开马列主义、毛泽东思想的正确轨道。同时，它也将否定宪法之为宪法。道理很简单，因为急风暴雨式的群众的阶级斗争是不大遵守宪法的。事实上，在“文化大革命”中，作为根本法的宪法就没有起多少作用。宪法的指导思想引起宪法作用的消失，这就是 1975 年宪法本身的矛盾所在。

二、宪法的体系结构

1975 年宪法的指导思想决定了它不需要明确而周详的规范，甚至亦无须考虑宪法能否在实际中实施贯彻的问题，因而它在内容构成方面的表现是简单化、纲领化。1975 年宪法从 1954 年宪法的一百零六条删减到三十条，就是鲜明的例证。

1954 年宪法由序言、总纲和其他三个专章组成。这样的结构是很合适的。因为当时我国尚处在由多种经济成分向单一的社会主义经济基础过渡的进程中，社会主义制度在许多方面还没有定型，很难把一切问题都条文化，列成专章，所以，采取序言、总纲到具体章节的写法是合理科学的。但是体系结构的科学性只能是相对的。时间过了二十年，客观情况已经有了极大的变化，加之 1975 年宪法的全部条文只有三十条而仍旧沿袭原先的框架结构，那就未必是科学的了。

纵观世界各国宪法的演变，大致都有这样一种趋势，即在革命胜

利初期的宪法中，宣言性、总纲性的成分往往比较显著。例如1791年后，法国资产阶级把《人权宣言》列入宪法，十月革命胜利后，俄国无产阶级把《被剥削劳动人民权利宣言》列入1918年苏俄宪法，等等。待到政权日益巩固、社会渐趋稳定之后，则宪法的条文化、规范化趋于加强，专章专节更为分明；同时，宣言性、总纲性的成分则相对地减少，或者消失。然而我国从1954年宪法到1975年宪法的发展，却不是这样。兹试列表如下：

项目 宪法	序言	总条文数	总纲的条文数	总纲条文占全部条文的比重
1954年宪法	934个字	106条	20条	18．86%
1975年宪法	800个字	30条	15条	50%

从上面可以清楚地看到，在总条文数悬殊的情况下，1975年宪法中序言和总纲的分量，大大超过了1954年宪法序言、总纲所占的比重。本来由于历史的原因1954年宪法中宣言性、总纲性的成分占适当的比重是可以的，但是1975年宪法不仅没有能加强条文化、规范化，反而扩大了序言和总纲的比重，使整个文件具有更多的宣言性，这是不可取的。其所以如此，当然同修改宪法的指导思想分不开。

三、宪法的序言和总纲

无论从内容或者形式来看，序言和总纲在1975年宪法中无疑占有极其重要的地位。序言的中心内容是强调社会主义历史阶段始终存在着阶级、阶级矛盾和阶级斗争，存在着社会主义同资本主义两条道路的斗争，存在着资本主义复辟的危险性，存在着帝国主义进行颠覆和侵略的威胁。这是这部宪法的基础和出发点。

总纲反映了我们国家无产阶级专政的根本性质，确认了单一的社会主义经济基础。从这一点来说，1975年宪法仍不失为一部社会主义的宪法。另一方面，与1954年宪法相比较，1975年宪法的总纲又具有自己的特点，尤其是下列两个问题，值得讨论：

（一）关于国体问题：1954年宪法第1条曾规定我们国家为人民民主国家，而没有叫人民民主专政国家，其意义是颇为深刻的。民主与专政是一个事物的两个方面，二者相互依存，不可分割。所以人民民主也就是人民民主专政。列宁说过，"民主是一种国家形式，一种国家形态",① 人民民主亦即人民当家作主的国家形态。它是人民的国家，只对少数人实行专政，因此，宪法称人民民主时，在含义上已经包括了对敌对阶级的专政了。人民民主国家的一切权力属于人民，人民只是对极少数剥削者施行专政，故在我们国家里，民主与专政这两个矛盾的方面并不是半斤八两，等量齐观的。人民有几亿之众，显然民主是矛盾的主要方面。何况国家本身乃是阶级专政的工具。讲国家，就已经意味着专政了。所以1954年宪法称中华人民共和国为人民民主国家是很科学的。

1975年宪法则不同，它规定了我们国家是无产阶级专政国家。当然，我国的人民民主专政实质上就是无产阶级专政。问题是1975年宪法为什么不像1954年宪法那样，称中华人民共和国为无产阶级民主国家（或者称社会主义民主国家），而要叫无产阶级专政国家呢？尽管民主国家与专政国家的称谓只是侧重面有所不同，并无本质差异，但是，如果联系到1975年宪法的指导思想和基本精神，那么提出这样的问题，就并非毫无意义。

1975年宪法不仅对当时的中国社会有它自己的阶级估量，而且对于无产阶级专政的含义的理解也与马克思列宁主义的基本概念完全不同。为了对后者有所说明，这里需要从1975年宪法中摘录两段条文。一是总纲第13条："大鸣、大放、大辩论、大字报，是人民群众创造的社会主义革命的新形式"，这就是修改宪法的报告中所说的"充分的民主"。另一段条文是总纲第12条："无产阶级必须在上层建筑其中包括各个文化领域对资产阶级实行全面专政"。总之，1975年宪法关于民主与专政的具体条文，对无产阶级专政的国家性质作了歪曲的理解和错误的注释。

---

① 《列宁选集》第3卷，人民出版社1960年版，第257页。

（二）与1954年宪法不同，1975年宪法总纲语句的政治化极其明显。1975年宪法大多直接采用政治口号来制成宪法条文，既缺乏明确的规范性，在实际中又难以具体执行，更无法对它的实施进行监督，从而判别某种行为是否违宪。1975年宪法的这种语言形式也是当时“文化大革命”精神的一种表现。

以上两个方面是1975年宪法所特有的，因而是暂时的现象。那种过多的政治语言，在现行宪法中已经不存在。“全面专政”，已予纠正。“四大”今年已经从宪法中取消了。

四、宪法对于国家机构的规定

1975年宪法保留了1954年宪法的第二章国家机构，但条文却从原先的六十四条缩减到十条，而且内容变化较大。发生原则性改变的，首先要算是删去中华人民共和国主席这一节了。

早在中华人民共和国成立初期，当时中央人民政府即设有主席。后来，1954年宪法把国家主席专列一节，作为国家机构体系中的一个独特的组成部分。根据1954年宪法，主席和全国人大常委会结合起来行使国家元首的职权。1954年宪法还明确规定，主席对外代表中华人民共和国，统率全国武装力量，担任国防委员会主席，并有权召开最高国务会议，自任会议主席。

1975年宪法取消了国家主席的建制。总结历史，到底主席制度的优点是什么？缺点是什么？兴废的得失是什么？这些问题在宪法学、政治学的理论上还没有进行过探讨，甚至没有提出过。显然，若不解决这方面的问题，要给1975年宪法作出比较准确的评价，那是有困难的。

尽管如此，我们还是可以觉察到，在1975年宪法删去了关于主席的条文之后，整个一章国家机构体系所显露出来的明显的漏洞没有得到弥补。例如：

1．谁对外代表中华人民共和国？这在1954年宪法中是有明文规定的；但就1975年宪法来看，找不到答案。

2．我国的国家元首是谁，这在1954年宪法草案报告中有说明，所以是清楚的；但根据1975年宪法，应属于元首的职权分散给了某些有关机构行使，因而谁是国家元首就不清楚了。

3. 1975 年宪法不设主席之后，原来归主席行使的职权有一部分不能落实。这就是说，某几项国家权力无人负责行使了。

4. 原先主席在必要时可以召开由国家主席、副主席、全国人大常委会委员长、国务院总理和其他有关人员参加的最高国务会议，提出对于国家重大事务的意见。1975 年宪法不设主席之后，最高国务会议便不复存在。另外，国防委员会也不复存在。国家权力活动的这些好形式，一律随之而消失了。

5. 1975 年宪法把原属国家主席行使的权力规定由党中央行使，规定：全国人民代表大会“根据中国共产党中央委员会的提议任免国务院总理和国务院的组成人员”（第 17 条）。这样宪法把党中央挪入了国家机构体系之中，而把党降低到国家机关的水平。

其次，1975 年宪法关于地方政权的规定，也有一些特殊内容，其中之一就是规定建立地区一级政权。中华人民共和国成立以来，地区（以前称专区）从来不作一级政权，不设人民代表大会和人民政府。它的行政机构（过去叫专员公署）仅仅作为省人民政府的派出机关。而 1975 年宪法却改变过去的做法，明确规定地区设人民代表大会和革命委员会，任期三年（第 21 条）。这个改变反映了当时欲把全国专区建设成独立的工业体系的设想。这是不符合现代化建设的经济要求的。1978 年通过的现行宪法，重新规定地区的行政机构是省人民政府的派出机关，恢复了原先的地方制度。

关于地方政权的另一个突出的内容，是把地方各级革命委员会载入宪法。革命委员会是“文化大革命”初，造反派“夺权”的产物，是在地方各级党政机关瘫痪的基础上建立起来的实行“一元化领导”的“临时权力机构”。第四届全国人民代表大会修改宪法时，这个被称做新生事物的革命委员会，被根本大法所确认。1975 年宪法规定：“地方各级革命委员会是地方各级人民代表大会的常设机关，同时又是地方各级人民政府”。一身而二任，首先它是权力机关的常设机关，同时又是行政机关，所以，“一元化”仍得到了保持。宪法又规定：“地方各级人民代表大会和它产生的地方各级革命委员会在本地区内，保证法律、法令的执行，领导地方的社会主义革命和社会主义建设，审查和批准地方的国民经济计划和预算、决算……”根据这个规定，革委会有着与地方各级人民代表大会同等的权力。既然两个机构行使的职权完全相同，那么从理论上说，其中的一个就失去存在

的意义了。从实际情况来看，由于地方各级人民代表大会一直没有召开，因此，这个被称为常设机关的革命委员会就是事实上的地方国家权力机关。

关于审判和检察机关，1954 年宪法的条文共有十二条，而 1975 年宪法只写了一条。原先根据 1954 年宪法的规定最高人民法院院长由全国人大选举产生。而 1975 年宪法改变为“各级人民法院院长由本级人民代表大会的常设机关任免”。这就是说，最高人民法院院长改由全国人大常委会任免，地方各级人民法院院长均由本级革命委员会任免了。这不仅表明人民法院地位的下降，同时也显示了革命委员会的权威。

原来写在 1954 年宪法上的人民陪审员制度、公开审判原则、辩护制度、民族平等原则、独立审判原则等，在 1975 年宪法中被一律抹掉。按照宪法的指导思想，人民法院只能是专政的武器。在基本路线指引下，审判工作中的那些民主和平等原则，实际上统统被视为资产阶级或者修正主义的东西而被抛弃了。

1975 年宪法规定：“检察机关的职权由各级公安机关行使”，从而以根本法的形式取消了我国人民检察院的存在。原来检察院对于人民法院的审判活动是否合法，实行监督。而根据 1975 年宪法，人民法院必须接受公安机关的监督了。公安机关作为行政机关，对审判机关实施监督，表明了行政权力的扩大，这是不适当的。另一方面，原来检察院对于公安机关侦查的案件，进行审查，决定是否逮捕、起诉或者免予起诉；并对于公安机关的侦查活动是否合法，实行监督。而按照 1975 年宪法，既然检察职权由公安机关行使，那就是说，公安机关侦查的案件由公安机关自己审查，自己决定是否逮捕、起诉或者免予起诉；并且，公安机关自己监督自己的侦查活动是否合法，显然，其结果等于没有审查，取消监督。

五、宪法规定的公民的基本权利和义务

本章同样受到了基本路线的精神影响。

第一，就顺序看，1975 年宪法先列公民的义务，然后才列公民的权利的条款。这一宪法的规定表明，国家对公民的要求与公民对国

家的服从是第一位的；而国家对于公民权利的保护则是第二位的。这是一种极左的观点。宪法在承认权利与义务统一的基础上，理应侧重于保障人民的权利。有的法学家把宪法看做对公民权利的保障书，这在一定程度上颇有道理。1975 年宪法反其道而行之，实不可取。

第二，1954 年宪法曾把公民的通信自由写在“住宅不受侵犯”的同一条文之中，与人身自由相联结，这非常正确。因为公民的通信活动基本上是私人的事情，应当受法律保护。各国宪法也都把通信看做属于人身自由的范围。但 1975 年宪法作了改变，竟把通信作为政治自由，同言论、出版、集会、结社、游行、示威等并列。由于公民通信的内容未必涉及政治，故这种改变，很不恰当。又如，凡不享有政治权利的公民，没有选举权，没有发表政见以及参加游行、示威等权利，这是当然的。但如果连他们同亲友通信的自由都没有了，这是不利于他们改造的。

第三，1975 年宪法把 1954 年宪法规定过的“公民在法律上一律平等”的重要原则删去，这也是极左的表现。众所周知，法律之成为法律，它本身已经包含了阶级的不平等。至于法律作为尺度，则对于每个人都是一样的。否认“法律上一律平等”的原则，势必不利于法律权威的树立。

一般地说，社会主义越是发展，人民的民主权利和自由也就应该越加扩大，越有保障。1954 年宪法公布时，社会主义还只是开始。但宪法能规定公民的广泛的权利以及实现这种权利的保证。而二十年后的 1975 年宪法，却把 1954 年宪法规定过的公民在法律上一律平等，公民的住宅不受侵犯，迁徙自由，国家关怀青年的发展，公民有进行科学、文艺和其他文化活动的自由等，一律砍去，并把原宪法中为了实现公民经济与文化方面的权利而规定的各项有效保证通通删掉。这种做法，既不符合社会主义发展的规律，也违背社会主义民主原则，违背人民群众的愿望。

1975 年宪法是在“文化大革命”这一特定历史条件下制定出来的，它记录了“文化大革命”八年多以来的主要的东西。对于它的缺陷，必须放到特定的历史条件下去认识。对 1975 年宪法进行认真剖析，从中吸取教训，有利于我国今后社会主义法律制度的逐步完善。

国体的新规定 政体的新发展[①]

——读宪法修改草案的一点体会

宪法的根本任务是总结已经取得的胜利成果，而“一切革命的根本问题是国家政权问题”。[②] 因此，中国人民总是用宪法把已经取得的革命胜利成果记载下来，并在宪法中确认已经建立的国家政权。现在，中国人民根据新的历史时期已经取得的胜利和现实情况的需要，修改了现行的1978年宪法，公布了新的宪法修改草案，再一次总结了革命胜利成果，确认了国家政权问题，并且对国家政权问题的规定有着新的内容和新的发展。

一

国家政权包括内容与形式两方面的问题。它的内容是国体，即社会各阶级在国家中的地位；它的主要形式是政体，即统治阶级用以反对敌人保护自己的政权机关。两者中国体是国家政权的核心问题。

回顾中华人民共和国成立以来的宪法史，以往的宪法性文件和宪法对国体的规定，大致可以分为两种：一是人民民主专政，二是无产阶级专政。1949年起临时宪法作用的中国人民政治协商会议共同纲领规定，我国的国体是人民民主专政；1954年宪法规定我国是人民民主国家，按照马克思主义的国家学说，国家是在统治阶级内部实行民主、对被统治阶级实行专政两者互相结合的统一体，所以它所规定的国体也是人民民主专政；1975年宪法和1978年宪法把国体问题的

① 本文载于《武汉大学学报》1982年第4期，与许崇德合著。

② 《列宁全集》第24卷，人民出版社1957年版，第18页。

规定由人民民主专政改变为无产阶级专政；至于宪法修改草案，则在总纲中规定我国国体是人民民主专政，并在序言中宣布人民民主专政即无产阶级专政。

共同纲领规定我国国体为人民民主专政，同时在规定国体的条文中还确认了我国社会是新民主主义社会。如果把这个条文与它规定的政权任务、经济政策等方面的条文联系起来加以考察，即可看出我国当时社会阶级结构与阶级关系的特点之一是：民族资产阶级在政权中是享受民主的主体，不是实行专政的对象；国家还扶助其发展，消灭这个阶级的问题还没有提到日程上来。因此共同纲领宣布“中国人民民主专政是中国工人阶级、农民阶级、小资产阶级、民族资产阶级及其他爱国民主分子的人民民主统一战线的政权”。这种统一战线政权，按照毛泽东同志在《新民主主义论》中的说法，是“几个革命阶级的联合专政”。①

1954年宪法规定我国的国体，如前面所说，也是人民民主专政。这部宪法在序言中宣布：“从中华人民共和国成立到社会主义社会建成，这是一个过渡时期。国家在过渡时期的总任务是逐步实现国家的社会主义工业化，逐步完成对农业、手工业和资本主义工商业的社会主义改造。”这部宪法在总纲中还规定“中华人民共和国依靠国家机关和社会力量，通过社会主义工业化和社会主义改造，保证逐步消灭剥削制度，建立社会主义社会。”宪法把过渡时期的总任务、消灭剥削制度、建立社会主义社会作为法定目标，反映在阶级结构和阶级关系方面是要逐步消灭资产阶级。因此这部宪法规定：“中华人民共和国是工人阶级领导的、以工农联盟为基础的人民民主国家。”其中没有明确反映民族资产阶级的地位。民族资产阶级作为政权中享受民主的主体只是通过宪法序言宣布的统一战线中的“各民主阶级”反映出来的。

宪法修改草案规定的人民民主专政与共同纲领规定的人民民主专政是有区别的。它不是与新民主主义社会相联系的各个革命阶级联合的专政而是与社会主义社会相联系的无产阶级专政。因此，宪法修改草案关于我国国体的规定是具有新内容的新规定。

---

① 参见《毛泽东选集》第2卷，人民出版社1952年版，第636页。

1975年和1978年颁布的两部宪法都规定，中华人民共和国是工人阶级领导的、以工农联盟为基础的无产阶级专政的社会主义国家。确认无产阶级专政为我国国体。1975年宪法是在“文化大革命”进行了九年之后制定的，它受到“四人帮’的干扰和破坏。这部宪法以社会主义整个历史阶段的基本路线作为指导思想，歪曲了无产阶级专政。在专政方面，它规定“无产阶级必须在上层建筑其中包括各个文化领域对资产阶级实行全面专政”；在民主方面，它规定“大鸣、大放、大辩论、大字报，是人民群众创造的社会主义革命的新形式”。这种“全面专政”与称之为“四大”的大民主相结合，使当时的无产阶级专政偏离了马克思主义道路。它混淆了敌我矛盾与人民内部矛盾的界限，混淆了民主主体与专政对象的界限。1978年宪法是在粉碎“四人帮”以后不到两年的时间制定的，由于当时历史条件的限制，来不及总结中华人民共和国成立以来社会主义革命和建设的经验教训，也来不及彻底清理和清除“文化大革命”中某些“左”的思想对宪法的影响，以至反映出一些已经过时的政治理论观点。这部在国体问题上因袭了1975年宪法规定的宪法，虽然取消了所谓“全面专政”，却保留了“四大”民主。因而也没有把无产阶级专政完全引上马克思主义的轨道。

宪法修改草案把1978年宪法规定的无产阶级专政修改为人民民主专政，同时又宣布人民民主专政即无产阶级专政。这决不是什么文字表述方式的差异，而是包含重大意义的新规定。它的重大意义表现在以下两个方面：

第一，它符合我国历史发展的特点，具有深刻的理论意义。

无产阶级专政是马克思在《哥达纲领批判》中最初正式提出来的。马克思指出：“在资本主义社会和共产主义社会之间，有一个从前者变为后者的革命转变时期。同这个时期相适应的也有一个政治上的过渡时期，这个时期的国家只能是无产阶级的革命专政。”① 马克思的这个论断是针对比较发达的资本主义国家而言的，这些国家阶级结构基本上由无产阶级与资产阶级所构成，阶级斗争主要表现为无产阶级与整个资产阶级的对抗。因此，称这些国家无产阶级所夺得的政

① 《马克思恩格斯选集》第3卷，人民出版社1972年版，第21页。

权为无产阶级专政，十分确切。但是，中国有自己的历史特点，1949年以前，中国是半封建半殖民地国家。中国的资产阶级分为官僚资产阶级和民族资产阶级两部分。官僚资产阶级反对革命，他们在新民主主义革命中就是革命对象。至于民族资产阶级，在工人阶级的领导下，曾经参加民族民主革命。毛泽东同志根据中国社会历史特点和人民革命的特点，最早在《将革命进行到底》一文中提出了人民民主专政问题，指出：要“在全国范围内建立无产阶级领导的以工农联盟为主体的人民民主专政的共和国”。① 1949 年 7 月 1 日，毛泽东同志发表了《论人民民主专政》一文，对人民民主专政作了系统的论述。指出人民“在中国，在现阶段，是工人阶级，农民阶级，城市小资产阶级和民族资产阶级。这些阶级在工人阶级和共产党的领导之下，团结起来，组成自己的国家，选举自己的政府，向着帝国主义的走狗即地主阶级和官僚资产阶级以及代表这些阶级的国民党反动派及其帮凶们实行专政”。② 并且指出：“对人民内部的民主方面和对反动派的专政方面，互相结合起来，就是人民民主专政”。③ 人民民主专政确立以后，中国共产党领导中国人民进行了社会主义革命和社会主义建设。这时，毛泽东同志发展了他的人民民主专政思想，指出：“人民这个概念在不同的国家和各个国家的不同的历史时期，有着不同的内容。”④ 还说：“在现阶段，在建设社会主义的时期，一切赞成、拥护和参加社会主义建设事业的阶级、阶层和社会集团，都属于人民的范围；一切反抗社会主义革命和敌视、破坏社会主义建设的社会势力和社会集团，都是人民的敌人。”⑤ 在社会主义革命时期，民族资产阶级有剥削工人阶级取得利润的一面，又有拥护宪法、接受社会主义改造的一面，因而属于人民的范畴，在政治上有一定的地位。这就构成了我国无产阶级专政的特点。人民民主专政思想，是毛泽东思想的重要组成部分，它是马克思主义无产阶级专政学说与中国具体

① 《毛泽东选集》第 4 卷，人民出版社 1960 年版，第 1314 页。
② 《毛泽东选集》第 4 卷，人民出版社 1960 年版，第 1412 页。
③ 《毛泽东选集》第 4 卷，人民出版社 1960 年版，第 1412 页。
④ 毛泽东：《关于正确处理人民内部矛盾的问题》（1957 年 2 月 27 日）。
⑤ 毛泽东：《关于正确处理人民内部矛盾的问题》（1957 年 2 月 27 日）。

实践相结合的产物。宪法修改草案规定我国国体为人民民主专政，既符合中国新民主主义革命和社会主义革命两个发展阶段的历史特点，又反映了马克思主义无产阶级专政学说上的丰富与发展，它在理论上是有深刻意义的。

第二，它适应我国现实情况的需要，具有重大的实践意义。

我国现在的阶级结构和阶级关系已经发生重大变化，作为阶级的地主阶级已经消灭，作为阶级的资本家阶级已经不再存在，我们社会主义国家的主人是社会主义的工人、农民、知识分子，以及拥护社会主义的爱国者、拥护祖国统一的爱国者。但是我国还有反革命分子，破坏社会主义的犯罪分子以及剥削阶级的某些残余，因此宪法修改草案宣布“在我国剥削阶级作为阶级消灭以后，阶级斗争还将在一定范围内长期存在。中国人民对敌视和破坏社会主义制度的国内外敌对势力和敌对分子必须进行斗争”，从而肯定我国必须坚持无产阶级专政。

另一方面，现在中国人民的总任务是逐步把我国建设成为具有现代化工业、农业、国防和科学技术的，高度民主的，高度文明的社会主义国家。为完成这一任务，必须调动一切积极因素，组织和动员全国人民，同心同德、努力奋斗。这就必须发扬社会主义民主。因此，在坚持无产阶级专政过程中，必须把这个专政所固有的社会主义民主表现出来并加以强调。

宪法修改草案规定我国国体为人民民主专政，就是为了更好地坚持无产阶级专政，发扬社会主义民主，以适应实际情况的需要。

二

国体是国家政权的核心问题，但政体在国家政权中也很重要。马克思主义创始人十分重视对政体问题的研究。马克思在总结法国无产阶级革命经验的基础上指出：“工人阶级不能简单地掌握现成的国家机器，并运用它来达到自己的目的。”① 从而提出了打碎旧的国家机器的原理。他还赞扬巴黎公社“是一个高度灵活的政治形式”，“是

① 《马克思恩格斯选集》第 2 卷，人民出版社 1972 年版，第 372 页。

终于发现的、可以使劳动在经济上获得解放的政治形式”。① 这就是说马克思认定无产阶级专政的国家必须有不同于剥削者国家的政体，这种政体应该是巴黎公社式的。毛泽东同志也十分重视政体在国家政权中的作用，他说：“没有适当形式的政权机关，就不能代表国家。”②

宪法修改草案把政体摆在重要位置，它在总纲第 2 条中规定：“中华人民共和国的一切权力属于人民。人民行使国家权力的机关是全国人民代表大会和地方各级人民代表大会。”它确认了我国的政体是人民代表大会制度。

人民代表大会制度是我国人民在长期革命斗争中建立起来的，它是我国革命政权建设经验的总结。这个制度不是依靠任何旧法律和其他制度建立起来的，而且它一经确立就能建立其他制度，凡是属于国家制度范围内的一切制度都必须由它创建，或者经它所授权的机关制定，并经它批准才能生效。所以我们说人民代表大会制度是我国根本的政治制度。

人民代表大会制度按照民主集中制原则进行组织活动。全国和地方各级人大都由民主选举产生；它们代表人民行使国家权力，决定全国和地方的一切重大事务；它们在行使国家权力的过程中，自始至终要联系人民群众、接受人民监督、向人民负责，人民对代表有罢免权。全国和地方各级人大采用合议制，会议内部实行少数服从多数的原则；他们的上下级关系是：下级人大不能作出与上级人大相违背的决议，全国人大制定的法律、作出的决定，地方各级人大都必须遵守，不能违背。民主集中制在人民代表大会制度中的运用过程，实际上是发扬民主、集中多数人意见的过程，所以我们说人民代表大会制度是实现社会主义民主的基本形式。

我国的人民代表大会制度自 1954 年宪法正式确立起，有将近三十年的历史。这其间，我们国家经历了艰苦曲折的道路，在革命和建设事业中，既有取得胜利的成功的经验，也有遭受损失与挫折的教训。人民代表大会制度也同样经过了艰苦曲折的历程。总结它的经验

---

① 《马克思恩格斯选集》第 2 卷，人民出版社 1972 年版，第 378 页。

② 参见《毛泽东选集》第 2 卷，人民出版社 1952 年版，第 638 页。

教训，最根本的一条就是要从它的组织与活动方面进一步加以健全和完善，加强它行使国家权力的能力。宪法修改草案在这方面作出了若干新规定使我国的政体得到新的发展。

首先是扩大全国人大常委会的职权，增强全国人民代表大会行使最高国家权力的能力。

宪法修改草案规定全国人大常委会有权制定和修改除应由全国人民代表大会制定的法律以外的其他法律；在全国人民代表大会闭会期间有权对全国人民代表大会制定的基本法律进行部分的修改和补充；有权审查和批准国民经济和社会发展计划以及国家预算在执行过程中所必须作的部分调整方案。这些职权是它以前所没有的。全国人大常委会在全国人民代表大会闭会期间，有权根据国务院总理的提名，决定各部部长、各委员会主任、审计长、国务院秘书长的任免。这项决定任免权，在现行宪法中有“个别”二字的限制。

宪法修改草案规定扩大全国人大常委会的职权，是从现实情况出发，根据实际需要作出来的。我国的全国人大代表有三千多人，大都兼职，各有自己的工作岗位，平日忙于本职工作，对国务情况和政府工作不太熟悉，而且全国人民代表大会每年只开会一次，会期不超过二十天。在这种情况下，把原来属于全国人大的一部分职权交由它的常设机构全国人大常委会行使，能够克服实际工作中存在的困难，使全国人大更好地发挥其最高国家权力机关的作用，加强其作为最高国家权力机关的作用，加强其行使最高国家权力的能力。

为了便于全国人大常委会行使其扩大了的职权，宪法修改草案还规定全国人大增设一些专门委员会审议和拟定有关议案，这些专门委员会在全国人大闭会期间受全国人大常委会的领导；规定由委员长、副委员长、秘书长组成委员长会议，处理全国人大常委会的重要日常工作；规定全国人大常委会的组成人员不得担任国家行政机关、审判机关和检察机关的职务。

宪法修改草案规定扩大全国人大常委会的职权，加强它的组织，对加强最高国家权力机关行使国家权力的能力，在实践上完全必要。但是，全国人大就性质与地位而言，是代表全国人民的，是行使最高国家权力的机关，而全国人大常委会只是它的常设机关，在扩大了的全国人大常委会的职权中，有的甚至是对全国人大作出的决定进行补充、修改和调整，似乎超过了全国人大的职权，这在理论上与一切权力属于人民的社会主义民主原则是否矛盾？要回答这个问题，首先要了解全国人大和全国人大常委会的关系，根据宪法修改草案的规定，全国人民代表大会选举并且有权罢免全国人民代表大会常务委员会的组成人员；全国人民代表大会常务委员会对全国人民代表大会负责并报告工作。可见全国人大常委会是在全国人大监督之下行使职权的，它不能违背全国人大及其所代表的全国人民的意志和利益，因而也就没有损害全国人大的最高国家权力机关的地位，没有违背一切权力属于人民的社会主义民主原则。

其次是改进了国家机关体系的组织与活动，提高了人民代表大会制度行使国家权力的实际效果。

马克思在谈论巴黎公社时说过：它不应当是议会式的，而应当是兼管立法和行政的机关。说明无产阶级专政国家的政体应该实行"议行合一"原则。我国的人民代表大会制度是巴黎公社式的政体，也应该实行议行合一，而且应该比巴黎公社的议行合一有所发展。人民代表大会制度所实行的议行合一应该既包括代表机关的代表以模范行动带领选民或选举单位执行代表机关的决议；也包括由代表机关组织的其他机关执行它所作出的决议。由于实行议行合一原则，我国的人民代表大会制度的健全与否便与其他国家机关有密切联系。其他国家机关的效能提高，能保证人民代表大会制度行使国家权力的实际效果。

草案对改善国家机关体系的组织与活动、提高人民代表大会制度行使国家权力的实际效果，作了许多规定。其中最重要的是恢复国家主席建制和明确国务院及其所属部委的工作责任制度。

我国自中华人民共和国成立以来就有设立国家主席的传统习惯。1975 年修改宪法不再设国家主席，既未总结国家主席建制的利弊得失，也没说明不设国家主席的理由。撤销国家主席建制以后，国家机关体系的运转产生了许多弊病：如国家元首是谁，谁对外代表国家，很不明确；有些原属于国家主席的职权，改由党的机关行使，出现党政不分现象等。实践证明，设置国家主席十分必要。宪法修改草案根据实际需要恢复国家主席建制，并且规定国家主席对内对外代表国家，根据全国人民代表大会或全国人大常委会的决定公布法律，任免国务院组成人员，批准和废除同国外缔结的条约和重要协定，向全国人大提名国务院总理人选等。国家主席建制的恢复，是我国政治生活正常化的表现，它能够使全国人大及其常委会与国务院的关系更加协调，对提高全国人大实现国家权力的效能，加强人民代表大会制度有重要作用。

宪法修改草案对国务院的组织与活动作了重要修改，在组织方面，减少了副总理人数，增设国务委员；在原有的国务院全体会议之外，增设由总理、副总理、国务委员、秘书长组成的国务院常务会议；增设审计长。在活动方面，明确规定了国务院实行总理负责制，各部、委实行部长、主任负责制。国务院组织与活动的规定，是民主集中制在国家行政机关的具体运用。常务会议、国务院全体会议、部务会议、委员会会议，充分发扬民主；在此基础上，由总理、部长、委员会主任集中行使国家行政权。这样既能集思广益发扬集体的智慧和作用，又能分清职责，提高行政效率，从而使全国人民代表大会及其常务委员会所制定的法律、所作出的决定都能够切实贯彻执行，保证全国人大能够有效地行使最高国家权力。

宪法是民主制度的法律化，是已经取得的民主的确认和总结。修改现行宪法，制定新宪法，就是已经向前发展了的社会主义民主的胜利总结。宪法修改草案对国体的新规定，对政体的新发展，标志着我国的人民民主专政将进一步巩固，我们的人民代表大会制度将进一步发展。我们国家将在社会主义的康庄大道上阔步前进。

略论高度的社会主义民主的理论与实践[①]

——学习十二大报告的体会

胡耀邦同志在中国共产党第十二次全国代表大会上代表党中央作了《全面开创社会主义现代化建设的新局面》的报告，其中专题阐述了建设高度的社会主义民主问题，强调指出："建设高度的社会主义民主，是我们的根本目标和根本任务之一。"他的报告具有深刻的理论意义与指导实践的作用，认真学习，深入体会，将鼓舞我们为实现这一根本目标、根本任务，为振兴中华而努力奋斗。

一、民主的类型和内容

民主一词渊源于古希腊，它的原意是人民的权力。列宁说过："民主是一种国家形式"。② 古代奴隶制国家、中世纪封建制国家曾经有过和它们相适应的奴隶制、封建制民主，但那种民主只是奴隶主阶级、封建主阶级的民主，奴隶、农奴没有权力可言，那种民主表现为对奴隶、农奴的公开的残暴和赤裸裸的专横。近代资产阶级国家有资产阶级民主。这种民主在形式上与以往的奴隶制、封建制民主有所不同。资产阶级宣扬社会全体成员人人平等地享有民主权利，他们用民主形式的普遍化掩盖民主的阶级内容。列宁对这种民主既给予了公正的历史评价，也给予了深刻的揭露。列宁指出："资产阶级民主同中世纪制度比较起来，在历史上是一个大进步，但它始终是而且在资本

① 本文载于《法学研究》1982 年第 6 期。

② 《列宁选集》第 3 卷，人民出版社 1972 年版，第 257 页。

主义制度下不能不是狭隘的、残缺不全的、虚伪的、骗人的民主，对富人是天堂，对被剥削者、对穷人是陷阱和骗局。”① 一切剥削者国家的民主不论其形式如何，都是剥削阶级的权力，而不是人民的权力。

社会主义国家出现以后，有了社会主义的民主；只有这种民主才真正具有人民权力的含义，正如列宁所赞扬的那样：“无产阶级民主比任何资产阶级民主要民主百万倍”。② 社会主义民主是人类历史上最高类型的民主。

社会主义民主是真正的人民权力，它包含着三方面的内容：

第一，实行人民代表制，由人民代表机关代表人民行使国家权力。代表机关由人民按民主的选举程序选出的自己的代表组成，代表机关一经组成，即成为行使国家权力的全权性机关，并且在行使国家权力的过程中，自始至终向人民负责，接受人民的监督。这种代表机关在我国就是全国人民代表大会和地方各级人民代表大会。人民代表大会制度是我国实行社会主义民主的基本形式，因为在我们十亿人口的大国里，一切国家大事如果都要由人民直接决定，势必产生困难，因而必须实行人民代表大会制度代表人民行使国家权力，实现社会主义民主。

第二，由人民直接掌握管理国家、管理政治、经济、文化等各方面的权力，特别是监督国家机关工作人员的权力。这些由人民直接掌握的权力在我国表现为宪法和法律所规定的公民权利。

第三，在基层社会生活中，人民所享有的自治权利。这种权利近似于直接民主。

要实行社会主义民主、保障人民的权力，必须健全社会主义法制，把民主建设和法制建设紧密地结合起来。

二、发扬社会主义民主与健全社会主义法制

社会主义法制是社会主义国家的法律和法律制度的总和，它包括

---

① 《列宁选集》第 3 卷，人民出版社 1972 年版，第 630 页。

② 《列宁选集》第 3 卷，人民出版社 1972 年版，第 634 页。

宪法、刑法、民法等法律，也包括立法、司法、监督守法等方面的制度。党的十一届三中全会提出“有法可依，有法必依，执法必严，违法必究。”以此概括我国的社会主义法制，非常通俗，十分精辟。在社会主义法制中宪法是它的核心，因为它是国家的根本法，一切其他法律都必须根据它的精神和原则制定，一切法律制度都必须根据它提供的准则建立。

社会主义民主与社会主义法制是紧密相联的。民主是法制的前提，没有人民的权力，没有社会主义民主作事实根据，就不可能产生反映人民意志的社会主义法律和体现人民意志的法律制度。列宁说过：“如果没有政权，无论什么法律，无论什么选出的机关都等于零”。① 法制是民主的保障。如果没有反映人民意志的社会主义法律和体现人民意志的法律制度，就难于确立健全的社会主义民主制度，也难于保证人民的权力不受侵犯。列宁在论述法制是实现国家权力、实现民主的手段时曾经说过：“意志如果是国家的，就应该表现为政权机关所制定的法律，否则‘意志’这两个字只是毫无意义的空气震动而已。”②

正是由于社会主义民主与社会主义法制有着密切的关系，胡耀邦同志在报告中强调社会主义的民主建设必须同社会主义的法制建设紧密地结合起来，使社会主义民主制度化、法律化。

近年来，我国社会主义法制建设成效显著。除制定颁布了刑法等重要法律之外，最近又通过了新宪法。新宪法进一步健全了人民代表大会制度，增强了人民代表大会代表人民行使国家权力的能力；扩展了关于公民基本权利的规定，新添了关于基层社会生活的群众自治的规定。所有这些都丰富了社会主义民主的内容，增进了人民当家作主人的权力。新宪法宣布它是具有最高法律效力的国家根本法，规定一切国家机关和人民武装力量，各政党各社会团体、各企业事业组织都必须遵守宪法和法律，任何组织和个人都不得有超越宪法和法律的特权。所有这些都为维护社会主义法制的统一和尊严，为健全社会主义法制，保障社会主义民主奠定了良好的基础。

---

① 《列宁全集》第 11 卷，人民出版社 1959 年版，第 98 页。

② 《列宁全集》第 5 卷，人民出版社 1959 年版，第 75 页。

"徒法不足以自行"，中国古有名训。要用法制保障民主，除加紧制定法律之外，更重要的是贯彻并执行法律。要加强法制教育，使人民群众具备法律知识，具有守法的美德，并在知法守法的基础上善于并且敢于和一切违法犯罪现象作斗争。

三、民主、专政与阶级斗争

世界上任何历史类型的民主都是与专政相结合的，我国的社会主义民主也是如此。毛泽东同志在《论人民民主专政》一书中对我国民主与专政的结合曾作过科学的论述。他指出"对人民内部的民主方面和对反动派的专政方面，互相结合起来，就是人民民主专政。"①

民主与专政是国家政权中的两个对立面，但它们又是统一的、相辅相成的。在我国社会主义国家里，只有充分地发扬人民民主，才能有效地实行对反动派的专政；也只有对反动派实行有效的专政，人民的民主才有保障，才能得以充分发扬。这就说明：在建设高度的社会民主过程中，必须根据国内的阶级状况与阶级斗争形势，正确地区分民主的主体与专政的对象，正确地处理民主、专政与阶级斗争问题。

1956 年党的第八次全国代表大会曾经根据我国社会主义改造已经基本完成的事实，宣布我国的剥削阶级作为一个阶级已被消灭，阶级矛盾已经不再是主要矛盾，同时还指明阶级斗争依然存在。八大的论断合乎实际情况，因而是科学的、正确的，它应该成为我国社会主义民主建设的重要理论依据之一。但是，由于各种原因，八大的路线未能贯彻执行。后来在阶级与阶级斗争问题上，出现了所谓党的基本路线，以阶级斗争为纲，一个阶级推翻一个阶级的革命等错误理论和口号，导致阶级斗争扩大化，社会主义民主受破坏和践踏。

1976 年粉碎江青反革命集团以来，特别是党的十一届三中全会以来，我们党取得了拨乱反正的重大胜利，纠正了关于阶级、阶级关系和阶级斗争方面的"左"的理论错误，制止了阶级斗争扩大化的错误行动，平反了大量冤假错案，恢复了正常的民主生活，并已为进一步建设高度的社会主义民主扫清了道路，创造了条件。

---

① 《毛泽东选集》第 4 卷，人民出版社 1960 年版，第 1412 页。

现在，胡耀邦同志在代表党中央所作的报告中坚持马克思主义的阶级观点，分析了我国现阶级的阶段状况与阶级斗争形势。他指出在剥削阶级作为阶级被消灭之后，阶级斗争仍然长期存在，并分析了存在的原因和斗争的主要表现。他说明阶级斗争将长期存在的原因是由于历史上剥削制度、剥削阶级的各方面的遗毒不可能在短期内清除干净，我们祖国的统一大业没有最后完成，国际资本主义势力以及某些敌视我国的敌对势力还会对我国进行侵蚀和破坏。他指明阶级斗争的主要表现是人民同蓄意破坏和推翻社会主义制度的敌对分子的斗争，这种斗争在经济、政治、文化与社会生活领域里表现出来，目前在经济领域内的严重犯罪活动对社会主义事业产生巨大的危害，就是新的历史条件下的阶级斗争的表现。胡耀邦同志还强调指出在某些条件下阶级斗争还有可能激化。根据这些分析，他提醒我们必须作好长期斗争的精神准备，在建设高度的社会主义民主过程中坚持人民民主专政，绝不容许危害社会主义的敌对分子进行破坏活动。

在民主建设中，除正确处理敌我问题之外还要正确处理人民内部问题，实行民主集中制。

四、民主、集中与自由、纪律

社会主义的民主制是和集中制相结合的，这种结合即是民主集中制。毛泽东同志对民主集中制曾作过精辟论述。他说：“它是民主的，又是集中的，就是在民主基础上的集中，集中指导下的民主。”①

从国家的性质和职能来说，我们不仅能够而且也有必要实行民主集中制。我国是工人阶级领导的、以工农联盟为基础的人民民主国家。在我们国家里，人民和国家、部分和整体的根本利益都是一致的，因而能发扬民主，充分反映人民的意志，也能实行集中，统一人民的意见和要求。在我们国家里，为了组织经济文化建设、防止外来侵略颠覆活动，也有必要不断地扩大民主的规模，发挥人民的政治积极性与劳动热情，有必要实行高度的集中，以统一人民的力量，集中人民的智慧。

---

① 毛泽东：《论党》。

从实现社会主义民主的过程来说，人民权力的实现是一个复杂的过程。首先，必须反映出人民的意见，而人民的意见往往因其认识事物的能力、考虑问题的方式等因素而各不相同，有的正确，有的错误。一般地说多数人的意见是正确的，应该采纳，但是对少数人的错误意见不能置之不顾，应该作解释说服工作。同时多数人的正确意见形成决定之后，也应该区别轻重缓急，确定执行的步骤计划。这些都要求领导机关实行集中处理。因而发扬民主的过程也必须与实行集中的过程相结合。

列宁说过："民主就是承认少数服从多数的国家"。① 民主集中制就民主角度而言，是汇集多数人的意见；就集中的角度而言，是集中多数人的意见，两者的运用方式与程序虽然各有不同，但实质上都是尊重多数人的意见。因此，我们可以说民主集中制的本质就是社会主义的民主制，是社会主义民主制的一种独特的运用方式，其目的是为了更好地发扬社会主义民主。

社会主义民主既然必须与集中相结合，而民主、集中的本质都是尊重多数人的意见，因此，在建设高度的社会主义民主过程中，必须反对形形色色的惟我主义，反对不尊重多数人意见、损害人民权力的极端民主化、分散主义、地方主义等不良倾向。同时，在建设高度的社会主义民主过程中，也必须反对借口实行集中制而独断专行。社会主义的集中制与民主制的结合，在其运用方式上应该表现为集体领导制。脱离集体领导的集中必然损害社会主义民主，这一点应该特别予以重视。

社会主义的集中制实际上也是社会主义民主制中的领导问题。中国共产党是中国工人阶级的先锋队，它最理解中国人民的利益和要求，最善于把人民的目前利益和长远利益结合起来，因而也最善于集中人民的意见，体现最大多数人的最高利益。因此，在高度的社会主义民主的建设工作中，必须坚持党的领导，坚定不移地在党的领导下开展工作。

与民主、集中相联系的是自由与纪律的问题。毛泽东同志说，

① 《列宁选集》第 3 卷，人民出版社 1960 年版，第 241 页。

"在人民内部，民主是对集中而言，自由是对纪律而言。"① 他把自由与纪律问题也归入民主集中制，指出"这种民主和集中的统一，自由和纪律的统一，就是我们的民主集中制。"② 在建设高度的社会主义民主的过程中，人民无疑应该享有广泛的自由，但也应该受纪律的约束。

五、社会主义民主与物质文明

物质文明是人类改造自然界所取得的物质成果，它表现为物质生产的进步与物质生活的改善。物质文明的程度取决于经济发展状况，物质文明的建设实际上就是经济建设。

列宁说过，"任何单独存在的民主都不会产生社会主义，但在实际生活中民主永远不会是'单独存在'，而总是'相互依存'的，它也会影响经济，推动经济的改造，受经济发展的影响等。这是活生生的历史辩证法。"③ 在这里列宁说明了社会主义民主与社会主义经济之间的辩证关系：一方面是经济对民主起决定作用，另一方面是民主对经济起着反作用。民主与经济的这种关系决定着高度的社会主义民主建设与社会主义物质文明建设的关系，即物质文明建设对民主建设起决定性的影响作用，民主建设对物质文明建设起支持保证作用。

早在党的第八次全国代表大会上党中央就提出要集中力量解决先进的社会主义制度同落后的社会生产力之间的矛盾，把我国尽快地从落后的农业国变为先进的工业国。1964 年、1975 年周恩来同志在第四届、第五届人大第一次会议上先后两次提出：我们一定要在本世纪内把我国建设成为具有现代农业、现代工业、现代国防和现代科学技术的社会主义强国。但是，由于极左思潮的干扰、"四人帮"的破坏，这一思想未能贯彻。"文化大革命"中江青反革命集团竟把发展社会主义生产当做惟生产力论加以批判，由于他们的破坏，我国的社会主义建设受到中华人民共和国成立以来最严重的挫折和损失。

---

① 毛泽东：《关于正确处理人民内部矛盾的问题》（1957 年 2 月 27 日）。
② 毛泽东：《关于正确处理人民内部矛盾的问题》（1957 年 2 月 27 日）。
③ 《列宁选集》第 3 卷，人民出版社 1972 年版，第 238 页。

粉碎江青反革命集团以后，党的十一届三中全会果断地决定把党和国家的工作重点转移到经济建设上来，这才使我国经济渡过了最困难的时刻，走上稳步发展的健康轨道。在党的十二大会议上，胡耀邦同志指出：把社会主义现代化经济建设继续推向前进是全面开创新局面的各项任务中的首要任务，建设高度的社会主义民主是我们的根本目标、根本任务之一；社会主义物质文明的建设要靠继续发展社会主义民主来保证和支持。这样就不仅摆正了经济建设、物质文明建设与民主建设在整个社会主义建设事业中的地位，而且也指明了这两种建设彼此之间的关系。

社会主义民主的发展，要有一定的物质条件保证，当人们为求得温饱而疲于奔命时，就会像列宁所说的那样“无暇过问民主”，因此经济建设、物质文明建设应该置于首要地位。但是，物质文明建设需要充分鼓舞人民的政治热情、调动人民的劳动积极性，以增强人民的主人翁责任感，争取在建设中多作贡献，这就必须充分地发扬社会主义民主，使人民在民主生活中接受教育、提高觉悟。同时，物质文明建设需要有安定的社会环境，需要保卫建设成果免遭破坏，这也必须充分地发扬社会主义民主，以加强对敌人的专政。可见没有社会主义民主的保证和支持，社会主义物质文明的建设是难以顺利进行的。这就是列宁所说的活生生的历史的辩证法。

与物质文明紧紧相联的是精神文明。精神文明的建设与民主建设的关系也很密切。

六、社会主义民主与精神文明

精神文明是人类改造主观世界所取得的成果，它表现为教育、科学，文化知识的发达和人们思想、政治、道德水平的提高。

精神文明的建设基本上包括文化建设和思想建设两个方面。马克思、恩格斯在《共产党宣言》中曾经指出：“共产主义革命就是同传统的所有制关系实行最彻底的决裂；毫不奇怪，它在自己的发展进程中要同传统的观念实行最彻底的决裂。”① 就是要树立共产主义的思想观念。在精神文明建设中，以共产主义的思想观念教育人们，是核

① 《马克思恩格斯选集》第1卷，人民出版社1972年版，第271～272页。

心问题。很明显，如果没有共产主义思想指导，我们的一切建设工作包括精神文明建设工作就会偏离社会主义方向，失去共产主义理想和目标，就会不能抵制各种腐蚀和侵袭，甚至走上邪路。

社会主义民主建设与社会主义精神文明建设两者之间的关系，是一种相互影响、共同促进的关系。毫无疑问，我们的民主建设需要人民有高度的文化修养、高尚的政治道德品质才得以顺利开展。精神文明建设是民主建设的保证和支持。同样我们的精神文明建设也需要民主建设的保证和支持。马克思主义认为共产主义思想不能从工人中自发地产生出来，要经过斗争，从斗争中接受教育。而民主建设的重要目的之一就是从斗争中加强人民群众的自我教育，使之在生活实践中建立人与人之间的平等关系，个人、集体、国家之间的正确关系，树立共产主义理想和为共产主义献身的精神。不仅如此，民主建设本身具有加强专政、加强对敌人的强制力量的作用，它能够有效地反对、制止、制裁敌对分子对文化建设、思想建设的破坏活动，保证精神文明建设的顺利进行。

七、目的与手段

民主作为一种国家形式，作为一种上层建筑，对于经济基础来说，它只是一种手段。恩格斯曾经指出："假如无产阶级不能立即利用民主来实行直接侵犯私有制和保证无产阶级生存的各种措施，那末，这种民主对于无产阶级就会毫无用处。"① 所以恩格斯看来，民主"这种形式和一切政治形式一样，只是一种手段。"② 毛泽东同志也曾说过，"马克思主义告诉我们，民主属于上层建筑，属于政治这个范畴。这就是说，归根结蒂，它是为经济基础服务的。"③ 他还说："民主这个东西，有时看来似乎是目的，实际上，只是一种手段。"④民主作为一种手段服务于经济，这是一条根本的唯物主义原理。

但是，我们也不能否认：当无产阶级、广大劳动人民还在受资产

① 《马克思恩格斯选集》第1卷，人民出版社1972年版，第220页。

② 《马克思恩格斯选集》第4卷，人民出版社1972年版，第443页。

③ 毛泽东：《关于正确处理人民内部矛盾的问题》（1957年2月27日）。

④ 毛泽东：《关于正确处理人民内部矛盾的问题》（1957年2月27日）。

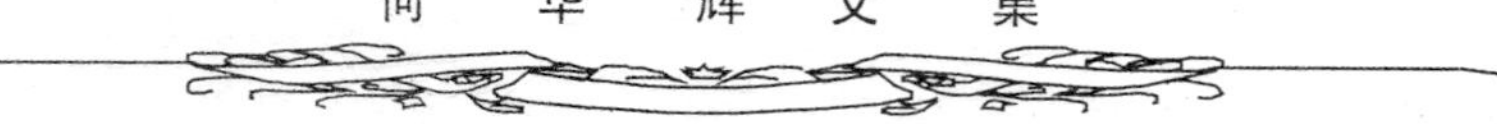

阶级的统治和压迫、处于毫无权利时，民主作为一种人民的权力，与无产阶级已经夺得政权时相比，不能不有所区别。马克思、恩格斯在《共产党宣言》中早就指出："工人革命的第一步就是使无产阶级上升为统治阶级，争得民主。"① 列宁、毛泽东也曾强调革命的首要问题是政权问题。这就是说无产阶级不夺取政权、争得民主，不完成工人革命的第一步，就谈不上共产主义，谈不上消灭私有制，也谈不上进行社会主义经济建设。因此，在特定的条件下，即在无产阶级政党未夺取政权的条件下，民主也可以说是目的。

胡耀邦同志在报告中把经济当做开创新局面的首要任务，指出物质文明建设要靠继续发展社会主义民主来保证和支持，我们在努力发展社会主义民主的过程中，所采取的一切措施，都必须有利于社会主义制度的巩固，有利于促进社会生产和其他建设事业的发展。所有这些，说明他是把社会主义民主作为手段看待的，是从唯物主义的基础与上层建筑的原理出发的。

胡耀邦同志在报告中同时也把民主建设提到了几乎是中华人民共和国成立以来所未有的高度，他指出建设高度的社会主义民主是我们的根本目标和根本任务之一。通过学习和思考，我的体会是：第一，民主问题关系到国家的前途和命运。第二，社会主义民主本身有它的产生、巩固与发展过程，我们的民主建设已经取得了重大成就，但还有亟待改进与提高之处，因此有必要把建设高度的社会主义民主作为一种根本目标与根本任务，以期引起全党全国人民的高度重视。

胡耀邦同志在报告中关于民主建设问题的论述，可以说是把民主的手段论与目的论结合起来了。这一论述既符合马克思主义原理，又符合中国的实际情况，符合人民的愿望与要求。它丰富与发展了马克思列宁主义、毛泽东思想关于社会主义民主的理论。

胡耀邦同志代表党中央在党的第十二次全国代表大会上所作的报告，全面精辟地阐明了有关建设高度的社会主义民主的问题，为我们弄清社会主义民主的理论，进行民主建设实践都具有重大的指导作用。在十二大精神的鼓舞下我们的社会主义民主将更加完善，它的作用将更加显著，它的威力将更加强大。

---

① 《马克思恩格斯选集》第1卷，人民出版社1972年版，第272页。

我国新宪法同前三部宪法的比较研究①

中华人民共和国成立以后我国制定了四部宪法，即最近五届人大第五次会议颁布的新宪法和以前的1954年宪法、1975年宪法、1978年宪法。对新宪法和以前的三部宪法作一番比较研究，将有助于总结我国制宪工作的历史经验，有利于了解我国社会主义宪法发展的进程，有利于加深理解新宪法的精神实质。

一

马克思主义教导我们，研究任何问题都要把它放在特定的历史条件下加以考察。因此，要比较研究我国的几部宪法，首先必须研究它们产生的背景和历史条件。

列宁说过："宪法的实质在于：国家的一切基本法律和关于选举代议机关的选举以及代议机关的权限等等的法律，都表现了阶级斗争中各种力量的实际对比关系。"② 宪法集中地表现阶级力量对比关系，如果阶级力量的实际对比发生变化，宪法一般就会随着改变。另一方面，斯大林又说过：宪法"是已经走过的道路的总结，是已经取得的成就的总结"，"是把事实上已经获得的和争取到的东西登记下来，用立法程序固定下来。"③ 随着掌握国家权力的统治阶级取得的胜利成果的重大发展，宪法也将会产生相应的变化。1954年是我国人民在中国共产党领导下取得反对帝国主义、封建主义和官僚资本主义的

① 本文载于《中州学刊》1983年第1期，与许崇德（第一作者）合著。

② 《列宁全集》第15卷，人民出版社1959年版，第309页。

③ 《斯大林选集》下卷，人民出版社1979年版，第399页。

人民革命胜利后的第五年。中国人民沿着《共同纲领》的道路前进，取得了相当巨大的成就。当时我国早已结束了在外国帝国主义统治下的殖民地和附属国状态，巩固了国家的独立自主的地位，没收了官僚资本主义的企业之后，建立了社会主义的国营经济，国营经济是国民经济中的领导力量。我国经过了国民经济恢复时期，到1952年底，已经恢复了被帝国主义和国民党反动派所破坏了的国民经济，开始了第一个五年计划，并着手有系统地进行社会主义改造；在完成了土地制度改革的基础上，农民开始组织起来。1954年，我国已有了社会主义性质的农业生产合作社和半社会主义性质的初级合作社，一部分手工业者也开始组织起来。一部分资本主义工商业转变成了各种不同形式的国家资本主义企业。同时，我国的阶级结构也在不断发生变化。工人阶级早已是国家的主人，它的队伍越来越扩大。农民阶级已开始从经济不稳定的个体农民，逐步走上合作化的道路。知识分子阶层经过思想改造，已能够为劳动人民服务。民族资产阶级虽然还掌握一部分生产资料，但在国家的领导下参加各种爱国运动和经过“三反”、“五反”的斗争，思想有所改变，表示愿意并开始接受社会主义改造。至于地主阶级分子和官僚资产阶级分子，由于他们赖以存在的经济基础早已被摧毁，除了一部分人还在梦想恢复已经失去的天堂外，大部分敌对阶级分子只好规规矩矩接受改造。

总之，1954年，我国正处在从新民主主义到社会主义的转变时期，经济上的特点是在国营经济领导下，多种经济成分并存；政治上的特点是人民民主专政的政权已经巩固，但剥削阶级还存在，阶级斗争仍很激烈。1954年宪法就是在这种历史条件下产生出来的一部比较完善的宪法。它一方面巩固了许多伟大的成果，另一方面又表现了极为明显的过渡性的特点。

1975年，“文化大革命”已经进入了第九个年头。由于林彪、江青反革命集团的破坏，我国遭受到中华人民共和国成立以来最严重的挫折和损失，社会主义经济几乎陷于停滞状态。只是由于工人、农民和广大群众的努力，我们的生产才稍有缓慢的增长。当时的政治状况是：许多工人阶级的先进分子，包括无产阶级革命家和优秀工人，横遭迫害，丧失了参加国家管理的权利，其中有的甚至被剥夺了自由和生命。农民阶级虽然已经完成了集体化的转变，但在“割资本主义尾巴"、"穷过渡"、"瞎指挥"的压力之下，发展农业生产、建设社会主义的积极性受到压抑。知识分子则成了"臭老九"、"反动权威"，被排斥于社会主义事业的行列之外。加上各种假革命、假社会主义理论和反马克思主义思潮的毒害，真善美与假恶丑的是非标准被搅得混乱不堪。而林彪、江青反革命集团却窃夺了党和国家的部分权力，扶植党羽，搅起社会上的沉渣，猖狂于一时。在这样的历史条件下颁布的1975年宪法不能不带有时代的烙印和缺陷。当然，由于人民的抵制和斗争，这部宪法仍不失为是一部社会主义的宪法，但另一方面，它又不可避免地表现了不少极左的东西。

1978年宪法是在江青反革命集团被粉碎之后一年多一点的时间里颁布的。当时国内的情况是：一方面人心振奋，政治形势重新开始朝着有利于人民的方向发展；另一方面，"左"的遗毒尚未完全清除，许多理论是非问题尚待澄清。在这样的历史条件下产生的1978年宪法不能不带有一定的局限性。

新宪法是在党的十一届三中全会、六中全会，党的十二大的正确路线、方针、政策的指引下，全国人民经过艰苦的努力，指导思想上完成了拨乱反正的艰巨任务，工作中取得重大胜利的基础上制定的。我们在思想上重新确立了马克思主义的实事求是的思想路线，政治上实现了安定团结、生动活泼的政治局面，社会主义民主和法制正在逐步健全，各民族的平等团结关系重新获得加强，爱国统一战线有了进一步的扩大，人民民主专政空前巩固。1979年起，全国的工作重点转到了经济建设上来以后，我国经济已经走上了稳步发展的健康道路。新宪法就是在我国取得了历史性伟大变革的重大胜利的历史条件下产生出来的。新宪法是三十多年来的历史经验的总结，是全国人民在党的领导下取得一系列伟大成果的记录，也是全面开创社会主义现代化建设新局面的伟大纲领。

要深刻地了解宪法条文的制宪精神，不能离开历史。我们只有同历史背景联系起来，才能较准确地理解每一部宪法的特点。几部宪法的形式，比如说结构体系，甚至某些条文，粗看起来，可以说差别并不很大，或者说只有繁简之分。但是，如果把它们放到一定的具体历史条件下去考察，那么，我们就可以看出它们之间的原则上的不同。

二

宪法产生的时代背景、历史条件不同，决定了中华人民共和国成立以来的几部宪法在具体指导思想上的差别。

毛泽东同志说过：1954 年宪法有两条优点，“一条是总结了经验，一条是结合了原则性和灵活性”。① 这两条优点就是这部宪法的具体指导思想。它是马克思主义的普遍原理在我国宪法问题上的运用。毛泽东同志所说的总结经验，主要是总结我国革命和建设的经验。他所说的原则性就是坚持人民民主原则和社会主义原则，即确认中华人民共和国是工人阶级领导的、以工农联盟为基础的人民民主国家，宣布从中华人民共和国成立到社会主义社会建成，这是一个过渡时期。国家在过渡时期的总任务是逐步实现社会主义工业化，逐步完成对农业、手工业和资本主义工商业的社会主义改造。我国坚持人民民主专政、坚持走社会主义道路的原则是坚定不移的。至于 1954 年宪法的灵活性，指的是坚持人民民主和走社会主义道路的形式和步骤可以灵活多样。在政治方面，例如，在人民民主专政条件下，确认了“以中国共产党为领导的各民主阶级、各民主党派、各人民团体的广泛的人民民主统一战线”的存在，并且肯定了它在动员和团结全国人民完成国家过渡时期总任务和反对敌人的斗争中，将继续发挥作用；又如，我们的国家是统一的民主集中制的国家，但是在中央的统一领导下，各少数民族聚居的地方可以实行民族区域自治，享有自治权；我们是坚持走社会主义道路的，但是对资本主义工商业的社会主义改造，可以采取各种不同的国家资本主义形式，逐步以全民所有制代替资本家所有制，而不是用立即剥夺的方法等。这种根据国情、把原则性和灵活性高度地结合起来的做法，使 1954 年宪法成为体现马克思列宁主义普遍原理与中国革命实践相结合的典范。

1975 年宪法的指导思想也同样是由当时的政治历史的具体情况决定的。四届人大《关于修改宪法的报告》曾经指出：我们在长期斗争过程中已经有了一条整个的“社会主义历史阶段的基本路线”。

---

① 毛泽东：《关于中华人民共和国宪法草案》（1954 年 6 月 14 日）。

这是我们的"生命线"，坚持这条基本路线就能够胜利，"这就是我们的主要经验，也是我们这次修改宪法的指导思想。"这个指导思想，很不符合我国社会发展的客观规律，从而是极不科学的。所谓基本路线，就是阶级斗争无时不有，无处不有。"无产阶级专政下继续革命"就是进行"一个阶级推翻一个阶级的革命"，不断地搞"文化大革命"。这种"理论"完全建立在对我国阶级状况的错误估计的基础之上，从而是反科学的、有害的。早在1956年，党的八大已经正确地指明阶级矛盾不再是社会的主要矛盾，国家的任务是迅速地变落后的农业国为先进的工业国。江青反革命集团利用修改宪法的机会宣布以基本路线为指导思想，企图以宪法的形式全盘否定"八大"的正确路线，他们的阴谋是很明显的。同时，1975年宪法以所谓基本路线为指导思想，实际上也是否定了宪法本身的地位与作用。事实上1975年宪法在实际中并没有起多少作用。宪法的指导思想引起宪法自身的被否定，这就是该宪法不可克服的矛盾之所在。

1978年宪法的指导思想在当时的《关于修改宪法的报告》中曾有明确的说明：新宪法应该高举毛主席的伟大旗帜，完整地、准确地体现马克思列宁主义关于无产阶级专政的学说，完整地、准确地体现毛主席关于无产阶级专政下继续革命的学说，充分地反映中国共产党的十一大路线和抓纲治国的战略决策，总结同"四人帮"斗争的经验，清除"四人帮"的流毒和影响，巩固和发展无产阶级文化大革命的胜利成果。这是这次修改宪法的指导思想。对这个指导思想应作一分为二的看待。它有正确的一面，特别是在序言中所宣布的："在本世纪内把我国建设成为农业、工业、国防和科学技术现代化的伟大的社会主义强国。"但是这个指导思想也存在着不确切的一面，例如它提到要"巩固和发展无产阶级文化大革命的成果"等。由于历史条件的局限所造成的指导思想中包含的这些缺点，使1978年宪法未能摆脱"左"倾思潮的影响，因而它虽然确认了建设四个现代化的伟大目标，却未能充分提出切实地达到这一目标的正确的步骤与措施，以利于引导全国人民顺利地开展社会主义现代化建设。

新宪法的指导思想是科学的指导思想。坚持社会主义道路，坚持人民民主专政，坚持中国共产党的领导，坚持马列主义、毛泽东思想，这就是新宪法的指导思想。邓小平同志早就说过："四项基本原则必须坚持，决不允许任何人加以动摇，并且要用适当的法律形式加以确定。”（1980年12月25日在中共中央工作会议上的讲话）在总结历史经验的基础上，新宪法序言宣布：今后国家的根本任务是集中力量进行社会主义现代化建设。中国各族人民将继续在中国共产党领导下，在马克思列宁主义、毛泽东思想指引下，坚持人民民主专政，坚持社会主义道路，不断完善社会主义的各项制度，发展社会主义民主，健全社会主义法制，自力更生，艰苦奋斗，逐步实现工业、农业、国防和科学技术的现代化，把我国建设成为高度文明、高度民主的社会主义国家。这个新的历史时期的总任务就是新宪法的指导思想的具体体现。

宪法的指导思想反映了每一个历史阶段中，我们党和国家的整个指导思想以及由此而产生的基本方针和基本政策。在研究宪法的时候，必须注意研究它的指导思想，研究宪法所反映的当时党和国家的整个指导思想。只有这样，才能理解宪法的作用以及它的每一个条文在每一历史阶段中所包含的基本精神。

三

新宪法和以前的三部宪法虽然都是社会主义类型的宪法，但是，由于它们产生的历史条件不同，它们的指导思想不同，因而它们的具体内容是有所差异，甚至是有很大差异的。现就几个主要方面略加比较研究：

第一，关于国家性质。

从1954年到现在，我们国家的性质总的来说，都是无产阶级专政。但是正如前面已经论述的，各个时期的阶级状况并不完全相同，代表各种阶级的政治力量的对比关系有着变化发展，加之指导思想的正确程度也有所不同，种种因素决定了几部宪法对国家性质的表述有着不同的特点。1954年宪法规定我国是工人阶级领导的、以工农联盟为基础的人民民主国家；1975年宪法规定我国是工人阶级领导的、以工农联盟为基础的无产阶级专政的社会主义国家；1978年宪法的规定与1975年宪法相同；新宪法在总纲中规定我国是工人阶级领导的、以工农联盟为基础的人民民主专政的社会主义国家，同时在序言中宣布人民民主专政实质上即无产阶级专政。

从条文的表述加以比较，第一个差异是1954年宪法在国家性质的规定中，仅限于说明国家的阶级本质，而没有说明社会的性质，其余的三部宪法都标明了我国是社会主义社会。这表明1954年宪法制定时，我国尚处在从新民主主义向社会主义社会的过渡阶段。第二个差异是1954年宪法只规定“人民民主”，那是因为当时在我们国家里，民族资产阶级还存在。1975年宪法和1978年宪法则规定为“无产阶级专政”，这样的规定，从原则上说是对的，但是它不足以鲜明地反映我国的特点，特别是1975年宪法写入了“全面专政”，因而容易使人们对无产阶级专政的概念产生误解。而新宪法则规定为“人民民主专政”，它既强调了无产阶级专政中所固有的人民民主这个最大多数人享有民主的本质，又反映了中国无产阶级专政的历史特点，符合中国的实际情况，即在工人阶级领导的、以工农联盟为基础的社会主义国家里，还存在着全体社会主义劳动者和拥护祖国统一的爱国者，包括台湾同胞、港澳同胞、海外侨胞在内的广泛的统一战线。

第二，关于社会经济制度。

1954年宪法确认我国有国家所有制，即全民所有制；合作社所有制，即劳动群众集体所有制；个体劳动者所有制；资本家所有制。同时还规定了各种所有制所构成的经济成分的性质、地位和国家对它们的基本政策，从而正确地反映了当时社会经济的特点以及社会经济发展变化的方向。1975年宪法在我国生产资料私有制的社会主义改造已经完成的基础上确认两种主要的生产资料所有制，即社会主义的全民所有制和社会主义的劳动群众集体所有制。它还确认了全民所有制的国营经济在国民经济中的领导地位，宣布了社会主义的公共财产不可侵犯。这些都是正确的。但是，这部宪法对个体经济的规定限制过严，忽视了它在我国国民经济中的作用，而且这部宪法对个人财产的保护只限于公民的“劳动收入”和储蓄、房屋以及其他生活资料的所有权，至于公民的某些合法的收入和不作为剥削手段的生产资料所有权不在保护之列。1978年宪法对社会经济制度的规定在所有制和对各种经济成分的政策方面大体上沿用了1975年宪法；在保护个人财产方面，改国家保护公民的“劳动收入”为“合法收入”，基本上恢复了1954年宪法的规定。在其他方面，这部宪法并无多少特点可以铺陈。

新宪法仍然肯定了全民所有制和劳动群众集体所有制是我国社会主义经济制度的基础。它根据我国的实际情况，特别肯定了存在于城镇和农村中的正在蓬勃发展的各种行业、各种形式的合作经济，强调国家保护城乡集体经济组织的合法权利和利益。同时，它强调在法律规定范围内的城乡劳动者个体经济是社会主义公有制经济的补充，国家保护个体经济的合法权利和利益；此外，新宪法还增加了外资企业和中外合资企业的规定；增加了扩大国营企业的自主权，工人参加企业管理和集体经济组织的民主管理的规定；强调了我国实行以计划经济为主、市场调节为辅的方针等，所有这些都将有利于推进国家的经济建设。新宪法强调在建设高度的物质文明的同时，要努力建设高度的社会主义精神文明，规定了通过发展社会主义的教育、科学、文化、卫生、体育等事业，加强文化建设；通过在公民中进行共产主义思想道德教育等途径，反对各种腐朽思想，加强思想建设。上述关于社会主义精神文明建设的一系列规定，构成了新宪法的一大特色。

第三，关于公民的基本权利。

1954 年宪法首先确认了公民在法律上一律平等的原则，规定公民享有广泛的民主权利与自由，并且规定逐步扩展实现这些权利与自由的物质保障条件，真实地体现了人民民主的原则。

1975 年宪法关于公民权利与义务的规定，先列公民的义务，然后是规定公民的权利。而且关于公民的自由和权利在内容方面比 1954 年宪法大为删减。1978 年宪法虽然比 1975 年宪法有所改善，但是，“公民在法律上一律平等”的重要原则仍然没有得到重新确认。

新宪法关于公民基本权利的规定真实地体现了社会主义民主原则。它恢复了 1954 年宪法的许多重要内容，而且增写了不少新的规定。它针对“文化大革命”中出现的损害人民生命自由的行为，对公民的人身自由作了许多保护性的规定；实事求是地规定了各种切实可行的权利和自由以及实现这些权利和自由的物质保障条件；它强调公民应当正确地运用宪法规定的权利，要求公民在享受权利的同时，履行宪法和法律所规定的义务。此外，新宪法在结构上和前三部宪法不同，它把公民的基本权利和义务的规定从国家机构之后移到了国家机构的前面，使之与总纲直接相联，更体现了对公民基本权利的重视，体现我国国家制度与社会制度的民主本质。

第四，关于国家机构。

1954 年宪法规定了我国的政权组织形式是人民代表大会制度，并按照民主集中制的原则建立起一套完整的国家机关体系，使其能够有效地实现人民民主专政的国家职能。1975 年宪法则反映了“文化大革命”中我国国家机构在组织上的不正常状态：“国家主席”的建制被取消，在“文化大革命”中产生的各级革命委员会被写进了宪法；关于审判机关进行审判的社会主义民主原则的规定全部被删掉，各级人民检察院一律被撤销。1978 年宪法虽然纠正了 1975 年宪法的许多缺陷，但是并不彻底。

新宪法关于国家机构的规定，吸取了 1954 年宪法的许多优点，并且大大地加以发展。其突出的表现有以下几点：一、扩大了全国人大常委会的职权，加强了它的地位和作用，在全国人大中增设了专门委员会，使全国人大和它的常委会能更有效地行使最高国家权力；二、恢复了国家主席的建制，使我国最高权力的组织与分工，更协调，而且符合我国的传统习惯和人民的愿望；三、我国的行政机关从国务院到地方各级人民政府，都实行首长负责制，以利于加强责任，提高行政效率；四、设立国家的中央军事委员会领导全国的武装力量，以利于统一指挥和加强人民军队的革命化、现代化、正规化建设；五、规定国家主席、副主席；全国人大常委会委员长、副委员长；国务院总理、副总理、国务委员；最高人民法院院长；最高人民检察院检察长连续任职不得超过两届；六、适当地加强了地方政权机关的职权，以利于在中央的统一领导下，发挥地方的主动性和积极性，加速国家建设；七、扩大了民族自治地方自治机关的自治权，加强了民族区域自治制度，以利于国家的统一与民族的团结，促进各民族的共同繁荣。通过这一系列的改革，我国国家机构将更能担负起实现人民民主专政国家职能的任务。

通过以上简单的分析对比，我们可以得出这样的结论：新宪法是我国历史上最完善的一部社会主义宪法。新宪法是中国人民革命和建设经验的总结，也是中国人民制宪工作和行宪工作的经验总结，它最符合于全国人民的利益和要求。我们一定要认真地学习它，严格地遵守它，努力维护它的统一和尊严。

完善社会主义民主的形式 促进社会主义民主的发展①

建设高度的社会主义民主是党和国家在新的历史时期的根本目标之一。新宪法以国家根本法的形式确认了这一根本目标，宣布要把我国建设成为高度文明、高度民主的社会主义国家。因此，探索发展社会主义民主的途径和形式具有重大现实意义。

（一）

民主是人民的权力，即人民当家作主。从这个词的原意来说，它指的是民主制。它应该包括内容和形式两个方面的含义：体现国家阶级本质的特定的阶级内容和与之相适应的表现形式。民主的内容同形式相比，内容决定着形式。历史上任何阶级只有在争得了民主之后，才有可能根据自己的需要和阶级力量的对比、本国的历史传统、民族特点等因素决定实现本阶级的民主的形式。但是，形式对于内容也有重要的影响。它可以促进特定阶级的民主的发展，也可导致这种民主的衰亡。我们既应重视对民主内容的揭示，也应重视对民主形式的研究。历史上有过奴隶制、封建制的民主，现代国家中还存在资本主义的民主。这些民主从内容上说，都不是真正的人民权力，都是剥削者阶级的权力。从形式上说，它们随着阶级关系的变化而变化。古代奴隶制民主国家（如古希腊、雅典城邦）的民主表现为直接民主形式，由全体奴隶主和自由民参加的人民大会行使国家最高权力，这种形式适合于当时小国寡民的城邦，利于奴隶主对奴隶的统治。中世纪欧洲

① 本文载于法律出版社 1983 年出版的《宪法学论文集》。

的城市共和国起初还保持着直接民主形式，但随着封建制国家版图的扩大与居民的增多，开始产生了间接民主形式。当然，就整个奴隶社会和封建社会来说，即使是奴隶主和封建地主享受的民主，也只是星辰点点，而长期存在着的却是君主帝王的独裁统治。近代资产阶级国家出现以后，产生了以议会制为核心的间接民主形式。这种民主形式经过演变发展，主要是经过工人阶级和劳动人民争取民主的斗争，到了后来，就和奴隶制、封建制的民主形式有所不同，它宣扬社会全体成员都是享受民主的主体，不公开剥夺被压迫的劳动者阶级的民主权利；它建立了一套比较完整的普选制度和议会制度。资产阶级民主形式的普遍化与完整化，掩盖了民主的阶级内容，掩盖了资产阶级统治国家的实质，使它具有虚伪性和欺骗性。

从古代的直接民主形式到近代的议会制间接民主形式，表现各有不同，但都对特定阶级本质的国家、对特定阶级内容的民主起过重大作用。恩格斯曾经赞扬雅典的民主形式，说它“是多么适合雅典人的新的社会状况”！他认为这种民主形式促进了雅典“财富、商业和工业的迅速繁荣”。① 列宁也曾说过：“民主共和制是资本主义所能采用的最好的政治外壳，所以资本一掌握……这个最好的外壳，就能十分巩固十分可靠地确立自己的权力，以致在资产阶级民主共和国中，无论人员、无论机构、无论政党的任何更换，都不会使这个权力动摇。”② 这些都说明剥削者阶级所采用的民主形式对他们实现国家权力、促进本阶级民主的发展乃至整个国家的发展确有重大作用。

社会主义民主是人类历史上最高类型的民主。从内容上说，它和以往一切剥削者阶级的民主有着本质的区别。它是无产阶级、广大劳动人民享受的民主，是真正的人民的权力。从形式上说，它也是以间接民主作为主要的形式，但它以真正的人民代表取代了资产阶级的议会制。马克思列宁主义经典作家十分重视社会主义民主问题。马克思、恩格斯指出：“工人革命的第一步就是使无产阶级上升为统治阶级，争得民主。”③ 很明显，无产阶级不争得民主，工人革命就谈不

---

① 《马克思恩格斯选集》第4卷，人民出版社1972年版，第115页。

② 《列宁选集》第3卷，人民出版社1972年版，第181页。

③ 《马克思恩格斯选集》第1卷，人民出版社1972年版，第272页。

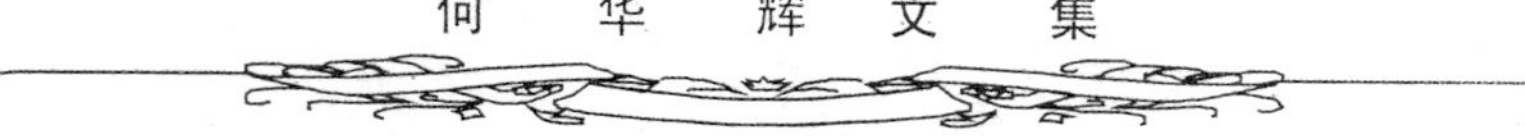

上其他的步骤，就不能实现自己的理想。无产阶级革命导师对争得社会主义民主之后，采用什么形式实现这种民主也非常重视。列宁指出："彻底发展民主，找出这种发展的形式，用实践来检验这些形式等等，都是为社会革命进行斗争的任务之一。"① 在这里，列宁把实现社会主义民主的形式问题提到了重要地位。至于采用何种形式来实现社会主义民主，马列主义经典作家更有详细论述。马克思总结了巴黎公社的经验后指出：公社是"可以使劳动在经济上获得解放的政治形式"。② 由于巴黎公社存在的时间很短，马克思所肯定的这种实现社会主义民主的形式在实践中未能充分发展，在理论上也未能进一步发挥。直到1917年列宁才在总结俄国两次革命经验的基础上指出："工人代表苏维埃是革命政府唯一可能的形式"，③ 但是，列宁在社会主义民主形式问题上并没有局限于俄国的经验。他强调指出："一切民族都将走到社会主义，这是不可避免的，但是一切民族的走法却不完全一样，在民主的这种或那种形式上，无产阶级专政的这种或那种类型上，在社会生活各方面的社会主义改造的速度上，每个民族都会有自己的特点。"④

可以得出结论：实现社会主义民主的形式问题，是马克思列宁主义关于国家学说中的重要组成部分，不容忽视。

民主问题关系到党、国家、民族的前途和命运。新宪法宣布我国要发展高度的社会主义民主，完全符合历史的要求和人民的愿望。但由于受"左"的思潮的影响，忽视民主形式的思想倾向仍然存在。有人认为既然社会主义民主已经是人民当家作主，就不必拘泥于形式；甚至还有人认为斤斤计较于形式是资产阶级搞虚假民主的表现，是搞形式主义的东西。这种思想倾向如果不加克服，势必对发展社会主义民主起阻碍作用。因此，重温马克思列宁主义关于民主问题的学说，宣传民主形式对发展社会主义民主的重大作用是很重要的。

---

① 《列宁选集》第3卷，人民出版社1972年版，第238页。
② 《马克思恩格斯选集》第2卷，人民出版社1972年版，第378页。
③ 《列宁选集》第3卷，人民出版社1972年版，第15页。
④ 《列宁全集》第3卷，人民出版社1958年版，第64～65页。

（二）

我国根据自己的历史特点和民族特点，在长期革命斗争中总结了自己的政权建设经验，确认了人民代表大会制度作为实现社会主义民主的基本形式。

中国人民在中国共产党领导下，在争取新民主主义革命胜利、争得民主的过程中，虽然由于各个时期的阶级关系有所不同，而具体任务也有差异，但在政权建设方面都为创建人民代表大会制度创造了条件，积累了经验。在这个基础上，毛泽东同志在《新民主主义论》一文中即已指出："中国现在可以采取全国人民代表大会、省人民代表大会、县人民代表大会、区人民代表大会直到乡人民代表大会的系统，并由各级代表大会选举政府。"① 1954 年我国颁布的第一部宪法明文规定："中华人民共和国的一切权力属于人民。人民行使权力的机关是全国人民代表大会和地方各级人民代表大会。" 从此正式确立了人民代表大会制度是我国的根本政治制度。

人民代表大会的全部组织与活动都要接受人民的监督。

第一，人民代表大会由人民选出的代表所组成。根据宪法和选举法的规定，除依照法律剥夺政治权利的人以外，凡年满十八周岁的我国公民不分民族、种族、性别、职业、家庭出身、宗教信仰、教育程度、财产状况、居住期限，都有选举权和被选举权。尽管各级人民代表大会代表的产生有由选民直接选举和由选举单位间接选举之分，但都是根据人民的意志选举出来的，都是人民派遣到人民代表大会中的为人民所信赖的代表。

第二，人民代表大会代表人民行使国家权力，人民代表大会通过举行会议和代表的活动行使职权。全国人民代表大会对国家的一切重大事务享有最高决定权，它有权修改宪法、制定和修改基本法律并监督它们的实施；选举、罢免它的常务委员会的组成人员并赋予它的常务委员会以制定其他法律等职权；审查和批准国民经济和社会发展计划和计划执行情况报告；审查和批准国家预算和预算执行情况报告；

① 《毛泽东选集》第 2 卷，人民出版社 1972 年版，第 638 页。

决定战争和和平问题；选举中华人民共和国主席、副主席；决定国务院总理的人选；选举中央军事委员会主席；选举最高人民法院院长；选举最高人民检察院检察长并且监督他们的工作；总之，凡属应当由最高国家权力机关行使的职权，它都有权行使。地方各级人民代表大会有权在国家宪法和法律规定的权限内决定本地区的重大事务，组织本级人民政府、人民法院和人民检察院并且监督它们的工作。全国人民代表大会和地方各级人民代表大会是代表人民行使国家权力的全权性的机关。

第三，人民代表大会向人民负责、接受人民监督。人民代表在整个任期之内和行使职权过程之中，始终同选民或选举单位保持着密切关系。根据宪法的规定，选民或原选举单位有权依照法律规定的程序罢免由他们选出的代表。

从上述三点中可以看出：人民代表大会的代表来自人民，人民代表大会代表人民全权行使国家权力，它对人民负责并接受人民的监督。因此，它是实现人民当家作主、实现社会主义民主的主要形式。我国人口众多，幅员广阔，如果一切国家大事都要由全体人民直接讨论决定，势必产生困难。因此，采取间接民主的形式，由人民代表大会代表人民行使国家权力、实现社会主义民主是完全必要的。但是，它不是实现社会主义民主的惟一形式。根据宪法规定：我国人民有权依照法律规定通过各种途径和形式管理国家事务，管理经济和文化事业，管理社会事务，我国公民享有广泛的政治权利和自由，享有社会经济文化权利，城乡人民享有基层社会生活的自治权利。可见，我国实现社会主义民主的形式是多种多样的。

人民代表大会制度正式确立以来将近三十年了。历史已经证明：人民在夺取政权、争得民主之后,社会主义民主的发展乃至整个国家社会主义事业的发展在很大的程度上取决于社会主义民主形式的健全和发展。人民代表大会制度作为我国实现社会主义民主的基本形式,它的进一步完善对发展我国的社会主义民主,在现阶段具有重要的作用。

（三）

新宪法总结了我国实行社会主义民主制的经验，坚持了人民代表大会制度。它保持了1954年宪法中关于“中华人民共和国的一切权力属于人民。人民行使权力的机关是全国人民代表大会和地方各级人民代表大会”的规定。同时，它又作出了关于进一步充实和健全这一制度的新规定，把这一制度推进到一个发展的新阶段。新宪法对人民代表大会制度的组织与活动原则的充实和发展，主要表现为更为完善地贯彻了民主集中制原则。新宪法规定：“中华人民共和国的国家机构实行民主集中制的原则。”民主集中制原则是我国整个国家机构，也是人民代表大会所一贯遵循的组织与活动原则。这个原则是由民主与集中两个对立面统一起来的。它在实施过程中，必须发扬民主。在高度民主的基础上实现高度的集中。从这个意义上说，民主与集中的对立统一是以民主为基础的，民主集中制也就是社会主义民主制。尽管民主集中制就是社会主义民主制，但民主与集中的具体运用方式毕竟有所差别，而且这种差异往往表现在国家机关体系的各个不同部分的组织与活动之中。例如国家权力机关在决定全国和各级地方的一切重大事务时，采取合议制；国家行政机关在执行权力机关的决定，管理全国和各级地方的行政事务时，则采取首长负责制，并把首长负责制和集体领导结合起来。然而不论具体运用方式有何种差异，一切国家机关都必须贯彻新宪法所规定的三条基本准则，即全国人民代表大会和地方各级人民代表大会都由民主选举产生，对人民负责，受人民监督；国家行政机关、审判机关、检察机关都由人民代表大会产生，对它负责，受它监督；中央和地方的国家机关的职权划分遵循在中央的统一领导下，充分地发挥地方的主动性、积极性的原则。

新宪法所规定的国家机构实行民主集中制的三条基本准则，就发扬民主而言，各级人民代表大会由人民选举产生，对人民负责，受人民监督，它们和人民相联系，体现人民当家作主的权力，而各级其他的国家机关则由同级人民代表大会决定其产生、组成和活动；从体制上说人民当家作主的权力是通过人民代表大会体现出来的；就实行集中而言，各级国家机关的权力集中于同级人民代表大会，全国一切国家机关的权力集中于全国人民代表大会。就中央和地方的关系而言，也是既要有充分的民主，充分发挥地方的主动性、积极性，又要有高度的集中，必须服从中央的领导。由此可见，新宪法所规定的三条基本准则是以人民代表大会制度为核心的。它是对人民代表大会的组织

与活动原则，即对民主集中制内容的具体规定。

民主集中制原则的充实和发展，使具体的组织与活动更加健全和完善。新宪法关于健全人民代表大会制度组织的规定主要表现为：在全国人民代表大会常务委员会中设立委员长会议处理重要的日常工作；在全国人民代表大会中增设专门委员会，研究、审议和拟订有关议案；在县级以上的地方各级人民代表大会设立常务委员会，讨论、决定本行政区内各方面工作的重大事务，监督本级其他国家机关的工作，处理其他日常工作；实行各级人大常务委员会组成人员专职化，使之集中精力行使职权，扩展人民代表大会代表的直接选举到县一级，使县一级人民代表更接近人民，接受人民监督。新宪法关于加强人民代表大会制度方面的规定，主要表现为：扩大全国人民代表大会常务委员会的职权，加强全国人大对其常委会的监督，从实际上增强最高国家权力机关行使国家权力的效能，维护全国人大的权威性，维护社会主义民主的完整性，扩大省级地方人民代表大会的职权，以便因地制宜地发挥地方的主动性和积极性；扩大民族自治地方自治机关的自治权，以利于民族自治地方工作的开展，维护和加强民族之间的平等、团结、互助关系，促进各民族的共同繁荣。所有这些规定都贯穿着一个总的精神，即加强人民代表大会制度行使国家权力的职能。

新宪法对人民代表大会制度的新发展，进一步完善了我国实现社会主义民主的基本形式。认真贯彻执行新宪法，我国的社会主义民主将获得巨大发展。

（四）

我国的社会主义民主，不但由人民代表大会制度这一间接民主形式完全体现出来，而且还要有直接的民主形式。列宁说过：“人民需要共和国，为的是教育群众走向民主。需要的不仅仅是民主形式的代表机关，而且要建立由群众自己从下面来管理整个国家的制度，让群众实际地参加各方面的生活，让群众在管理国家中起积极的作用。”①新宪法根据这一列宁主义原理，明确规定“人民依照法律规定，通

① 《列宁全集》第24卷，人民出版社1958年版，第153～154页。

过各种途径和形式，管理国家事务，管理经济和文化事业，管理社会事务”。为了充分实现人民管理各种事务的权利，新宪法还具体规定了公民的各种基本权利和自由；规定了企业实行民主管理；规定了人民群众在社会基层生活中的自治权利。

新宪法关于公民基本权利的规定，体现了社会主义的共同的本质，它表现为公民权利的广泛性、真实性、平等性和公民权利与义务的一致性。此外，它还表现出两个适合中国国情的特色：

第一，扩展公民基本权利的范围和内容。新宪法关于公民基本权利的规定，范围广泛，内容充实。其中独具特色的是关于保障人身自由与维护人格尊严的规定。新宪法规定：公民的人身自由不受侵犯，禁止非法拘禁和以其他方法非法剥夺或者限制公民的人身自由，禁止非法搜查公民的身体，公民的人格尊严不受侵犯，禁止用任何方法对公民进行侮辱、诽谤和诬告陷害。新宪法的这一规定对保障人民的民主权利，使之不受侵犯，对维护社会主义民主制，使之免遭践踏，将起重大作用。

第二，确认公民行使权利的准则。尽管国家的本质不同，但世界上任何国家公民的权利都有一定的限度，或者受社会经济文化发展状况的制约，或者受法律的限制。我国新宪法对公民基本权利的规定也不例外。但是在这方面我国独具特色，即规定了公民行使权利的准则。根据新宪法的规定，我国公民在行使自由和权利的时候，不得损害国家的、社会的、集体的利益和其他公民的合法的自由和权利。这一规定从表面上看似乎是对公民行使权利的消极限制，实际上它体现了国家、社会、集体与个人利益的一致性，体现了人民之间的利益的一致性，它也是对人民权利的积极保护。它将促进公民权利的扩展，促进社会主义民主制的发展。

人民群众在基层社会生活中的自治权利，本身就是一种直接民主形式。中华人民共和国成立初期我国即已建立城市居民委员会、农村村民委员会组织。它们在维护社会治安、办理公益事业等方面起了良好的作用。但是，用国家根本法对它加以确认和规定还是第一次。新宪法对居民委员会和村民委员会的性质、组成和职责作了明确而又具体的规定：它们的性质是城市和农村按居民居住地区设立的群众性自治组织，它们设立人民调解、治安保卫、公共卫生等委员会，它们的

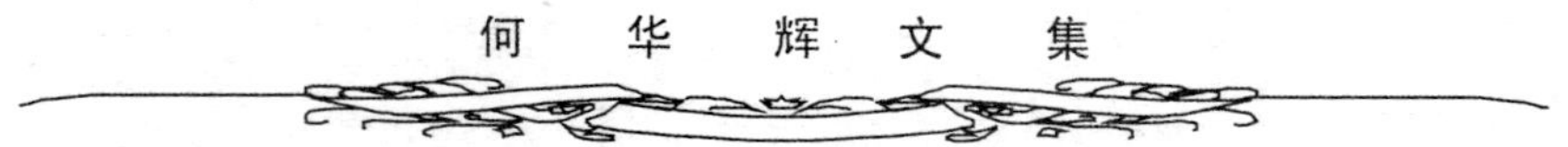

主任、副主任和各委员会的委员由居民选举产生，它们的职责是办理本居住地区的公共事务和公益事业，调解民间纠纷，协助维护社会治安，向人民政府反映群众意见、要求和提出建议。

新宪法规定设立居民委员会、村民委员会，确认人民群众在基层社会生活中的自治权利，这是我国宪法史上的创举，意义十分重大。首先这种被确认的自治权利，将引起人们高度重视，在实际生活中逐步丰富和发展，人们将把它推进到更高的阶段；其次，这种权利的实际运用，将使人民群众在实践中进行民主生活的自我教育和自我训练，增强其运用民主权利的习惯和能力。此外，这种权利的实际运用，也将使人民群众按照民主的方法处理各种内部关系，增强团结，共同为发展社会主义民主作出新贡献。概括地说，实现社会主义民主的直接民主形式将因此而更加完善。

新宪法关于实现社会主义民主的各种形式的规定，完全符合我国的国情，适应人民的需要。认真贯彻实施新宪法，实现社会主义民主的形式将日益完善，社会主义民主将日益发展，社会主义建设事业将突飞猛进！

建立新的比较宪法学刍议[①]

比较宪法学在我国是一门亟待恢复和重新建立的科学。本文拟就这门科学的产生、历史发展、现实状况和重新建立它的必要性以及这门科学的理论指导和研究方法以及它所应该包含的基本内容谈点初步的看法和设想。

一

比较宪法学是宪法学和比较法学的分支科学。它的产生和两者都有密切的联系。

用比较的方法研究政治和宪法，早在古希腊时代就已开始了。但是，那时的宪法还不是近代意义的、作为国家根本法的宪法，那时的比较研究也没有广泛开展，因而不可能建立一门独立的比较宪法学。只有在近代的宪法学、比较法学产生以后，才为建立比较宪法学提供了可能条件。

资产阶级取得革命胜利，推翻了封建专制制度，建立了资产阶级专政国家，确立了资产阶级民主制度和法治原则。他们为巩固自己的胜利成果制定了宪法，并且把它提到了国家根本法的高度。这种作为国家根本法的成文宪法，最早的是 1787 年的美国宪法和 1791 年的法国宪法。在美、法两国之后，其他国家取得了革命胜利的资产阶级也相继制定了自己的宪法。与此同时，资产阶级学者对宪法理论、宪法规范作了大量的研究工作，发表了许多专门论著，宪法学就这样产生了。

① 本文载于《中国法学》1985 年第 2 期。

至于比较法学则是在19世纪后半期才产生出来的。它得以产生的经济根源是资本主义经济的发展要求冲破国家界限。先进的资本主义国家要向落后国家寻找产品市场、原料基地和投资场所，因而增加了国际间的经济交往，并且在经济交往中产生了许多法律问题。这就促使世界各国都希望了解别国的法律，比较其间的异同，寻求有利于自己的法律原则。与资本主义经济要求冲破国家界限相伴随的，是先进的资本主义国家对落后国家实行政治上、军事上的压迫、侵略和吞并。先进的资本主义国家希望了解落后国家的法律，谋求适当的用以统治落后国家的法律形式；而落后国家也希望了解先进的资本主义国家的法律，探索变法图强和反对压迫、侵略、吞并的途径。这就更加促进了世界各国对别国的法律的比较研究，促进了比较法学的诞生。

比较法学在它产生的过程中向各个部门法学深入渗透，因而同步地产生了各部门的比较法学，如比较民法学、比较刑法学等。由于宪法学在这以前已经产生，也由于宪法在法律体系中居于母法、根本法的地位，对宪法的比较研究便更受重视，比较宪法学就作为一个突出的、独立的学科产生出来了。

比较宪法学产生之后，在19世纪末获得比较重大的发展，出现了像美国的伯吉斯、法国的埃斯曼等一批著名的比较宪法学家，出版了《政治学与比较宪法论》、《法兰西及比较宪法要论》等专门著作。尽管如此，此时的比较宪法学在它的产生和发展的道路上，却没有超脱资产阶级狭隘的阶级利益的局限，因而未能成为真正的科学。

伟大的十月革命胜利以后，世界上出现了第一个社会主义国家，出现了第一个社会主义类型的宪法。从此，比较宪法学不再限于对同一历史类型的宪法的比较研究，它的研究领域已经有所扩展。不仅如此，社会主义的本质特征及其理论指导，也超越了资产阶级的狭隘眼界，比较宪法学的实际内容也因此起了巨大变化。研究领域和实际内容的发展变化，使比较宪法学出现了前所未有的广阔前景。可惜的是：由于受法学教条主义的影响，有些社会主义国家的法学家认为两种不同历史类型的宪法在本质上有根本差异，不能进行比较，从而使比较宪法学在社会主义国家的法学界中遭到鄙弃和排斥，没有获得应有的发展。

从1840年鸦片战争起，中国逐步沦为半殖民地半封建社会。清

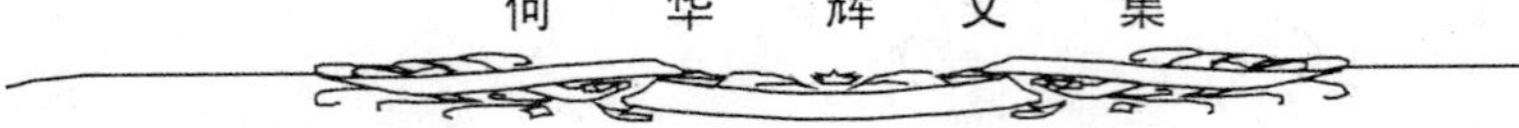

朝于1908年颁布了以日本宪法为蓝本的钦定宪法大纲。在国民党统治时期，国内一些著名大学曾经开设比较宪法课程。钱端升、萨孟武、王世杰等教授曾在北京大学、武汉大学、中央大学（即现在的南京大学）等校担任这门课程的教席。与此同时，少数学者还撰写了专门著作。王世杰、钱端升合著的《比较宪法》被列入旧中国的大学丛书，在学术界颇具影响。但是，毕竟由于受时代的局限，这些学术活动都没有能使比较宪法学成为真正的科学。

中华人民共和国成立以后，起初受苏联的影响，比较宪法学也遭鄙弃、排斥。后来由于“左”的思想的影响连法制建设也降到可有可无的地位，比较宪法学更加无人研究。直到“四人帮”被粉碎，我们党才得以总结历史的经验教训，强调发展社会主义民主、健全社会主义法制的重要性，我国人民才在党的十一届三中全会正确路线的指引下，解放了自己的思想，迎来了法学的春天，比较宪法学的研究工作才着手进行。但是，直到目前为止从事这项工作的人员仍寥寥可数，取得的成绩也不太显著。真正的、科学的比较宪法学在我国尚未建立起来。

二

科学来源于实践而又服务于实践。建立新的比较宪法学的必要性在于它的实践性，在于它能为社会主义服务。

首先，建立新的比较宪法学有利于阐明社会主义制度的优越性。毛泽东同志说过：“有比较才能有鉴别。”① 那种认为两种不同历史类型的宪法本质不同、根本不能比较的观点是错误的。恰恰相反，只有通过比较才能辨别它们的优劣。宪法是一个国家民主制度的基石和法律制度的核心。毛泽东同志说：世界上历来的宪政，不论是英国、法国、美国或者是苏联，都是在革命成功有了民主事实之后，颁布一个法律去承认它，这就是宪法。② 可见宪法以民主事实为前提，它把民主法律化、制度化，它既是民主制度的确认，又是民主制度的

① 毛泽东：《关于正确处理人民内部矛盾的问题》（1957年2月27日）。

② 参见毛泽东：《关于正确处理人民内部矛盾的问题》（1957年2月27日）。

保障。斯大林说："宪法是根本法，而且仅仅是根本法。宪法并不排除将来立法机关的日常立法工作，而要求有这种工作。宪法给这种机关将来的立法工作以法律基础。"① 这就是说，宪法是其他法律赖以制定、整个法律体系和法律制度赖以建立的依据。宪法在民主与法制中的这种重要地位，决定着它能够成为阐明它所由制定的国家的社会制度是否优越的重要标尺。

当代世界资本主义制度下的民主不论如何渲染，绝对不是人民的权力，只是少数剥削者阶级的权力；资本主义制度下的法制不论怎么吹嘘，绝对不是人民意志和利益的体现，而只是少数剥削者阶级的意志和利益的体现。只有在社会主义制度下，民主才是真正的人民权力，法制才完全体现人民的意志和利益。但这两种不同社会制度所表现出来的民主与法制的不同本质并非总是洞若观火，因为资产阶级往往用一些虚伪的、具有欺骗性的形式把他们的民主与法制的本质加以掩盖。然而宪法毕竟是表现阶级力量对比关系的国家根本法，在一些具体的宪法规范中必然会显露出这种阶级实质的蛛丝马迹。如果把两种不同历史类型的宪法加以对比分析，把资产阶级宪法中真真假假、虚虚实实的规定同社会主义宪法中完全真实的规定加以认真仔细的比较研究，资产阶级民主和法制的反动性和虚伪性、社会主义民主和法制的进步性和真实性便会昭然若揭，社会主义制度的优越性便会十分明显地呈现出来。这样就会因开展比较宪法学的研究而更加坚定我们对社会主义的信心，鼓舞我们建设社会主义的干劲。

其次，建立新的比较宪法学有利于进一步完善我国的立宪工作和行宪工作。

宪法是已经走过的道路的总结，也是已经取得的经验的总结。毛泽东同志在论述我国第一部宪法的优点时指出这部宪法"主要是总结了我国的革命经验和建设经验，同时它也是本国经验和国际经验的结合"。② 我国现行宪法在制定过程中也发扬了这一制宪工作的优良传统，在总结本国经验的同时，也注重吸取外国的经验。这种本国经验和国际经验相结合的过程，实质上就是比较宪法学的实际运用

---

① 《斯大林选集》下卷，人民出版社 1979 年版，第 409～410 页。

② 毛泽东：《关于中华人民共和国宪法草案》（1954 年 6 月 14 日）。

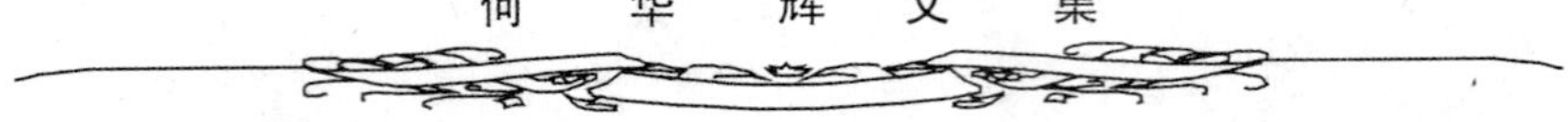

过程。

在国际经验中，一类属于社会主义国家的经验。由于社会制度相同，立宪工作的本质特征相同，其中很多的经验，特别是在宪法中确立社会主义制度的基本原则的经验，如确立无产阶级专政的国家制度、确立生产资料的社会主义公有制为国家的经济制度的基础、实行各尽所能、按劳取酬的分配原则等，都是应该学习并加以吸取的。

在国际经验中，还有一类属于资本主义国家的经验。由于社会制度相异，立宪工作有本质差别。但资产阶级在几百年的统治中仍然积累了一些很好的经验，可供我们改造利用。资产阶级的统治从本质上说是反动的，从形式上说是虚伪的，他们要用虚伪的形式掩盖反动的本质。正因为这样，他们特别注意对民主和法制的形式与程序方面的研究，他们在自己的宪法中总结了一套比较完整的经验，作出了一套比较成熟的规定。这些在形式和程序方面的经验和规定很有借鉴利用的价值。

立宪工作是一项不断发展的工作，我们强调宪法的稳定性，只是强调它的相对稳定性，随着社会主义建设事业的日益发展，我国宪法规定的国家在新的历史时期的根本任务在若干年之后将会完成。那时我们将根据新情况、新任务，制定新宪法。而且，在那样的时日到来之前，也不是没有可能根据实际需要对现行宪法进行个别条文的修改。过去我们比较研究了外国宪法，吸取了外国经验，改进了立宪工作；今后我们将在建立新的比较宪法学的基础上进一步完善我们的立宪工作。

至于行宪工作的问题，主要是监督宪法实施的问题。社会主义国家的宪法除用法的强制力保证其实施之外，特别重视中国共产党的领导、马克思列宁主义的思想指导和人民群众的自觉性在保证宪法实施中的巨大作用。同时，社会主义国家根据议行合一的原则通常确认人民代表机关——国家最高权力机关系统作为监督宪法实施的机关。这些优良的传统经验我们已经吸取，并且在宪法中作了明确规定。资本主义国家的宪法主要依靠法的强制力保证其实施，因而监督宪法实施的法律规范规定得比较具体周详，其中有些可供借鉴利用。可见建立新的比较宪法学，加强对外国宪法的比较研究，更可进一步完善我国的行宪工作。

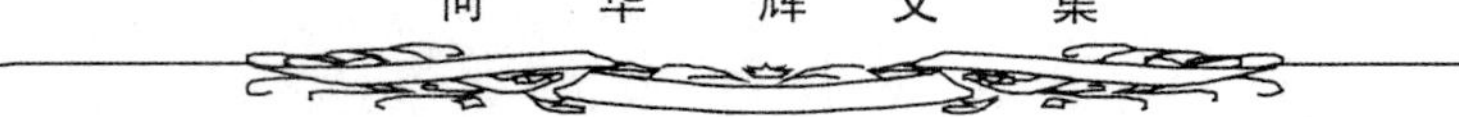

建立新的比较宪法学确实有利于进一步完善我国的立宪工作和行宪工作。但是，在比较研究外国宪法时，必须和本国的具体情况相结合，不能生搬硬套，一定要使我国的立宪工作和行宪工作既反映社会主义所应该具备的本质特征，又具有中国特色。

三

真正的科学必须真实地反映客观事物的本质特征及其内在联系，它要求有正确的理论指导和研究方法。

比较宪法学的基本的治学方法是比较研究的方法。资产阶级建立了比较宪法学，也运用了比较研究的方法，但并没有使它成为真正的科学。其根本原因就在于他们缺乏正确的理论指导，他们用以指导比较研究的理论是唯心主义和形而上学，他们只能从那些被称为“绝对精神”、“永恒正义”之类的观念中去寻找宪法的根源。而绝大多数的唯心主义者却又把这些“绝对精神”、“永恒正义”视为静止的、孤立的东西，形而上学地了解宪法。用这种唯心主义、形而上学去指导宪法的比较研究，就分不清各种宪法之间的本质区别及其历史联系。

要使比较宪法学成为真正的科学，必须用唯物辩证法作理论指导。用唯物辩证法作理论指导来研究比较宪法学，必然承认宪法是在特定的社会物质生活条件下产生出来的；它随社会物质生活条件的发展变化而发展变化；它在发展变化中各有本质特征，又有历史联系。用唯物辩证法作理论指导来研究比较宪法学，实际上就是用马克思列宁主义关于国家与法的学说作理论指导来研究比较宪法学。

唯物辩证法是无产阶级的世界观和方法论。它体现了党性和科学性的统一。用它来指导比较宪法学的研究工作，至少能够显示出以下三个主要方面的优点：

第一，能够揭示宪法的本质。宪法的本质通常被表述为：集中地表现阶级力量的对比关系。所谓阶级力量的对比，包含着社会各阶级人员数量、组织程度、觉悟程度以及活动能量等方面的对比。这些都涉及特定社会中各种生产关系及其在整个社会里的地位和组织与活动情况，需要对社会的各种生产关系作全面的了解。因此，要揭示宪法的本质，必须考察它所由产生的社会物质生活条件，考察其生产关系。而唯物辩证法正是指导我们去进行这种考察的理论武器。

第二，能够阐明宪法的实质内容与表现形式之间的关系。内容和形式是一对对立统一的范畴。它们的关系是内容决定形式，形式反映并且服务于内容。但这决不是说，同一的内容只能有一种形式。列宁在论述国家的形式时指出："国家的统治形式可以各不相同，在有这种形式的地方，资本用这种方式表现它的力量，在有另一种形式的地方，资本就用另一种方式表现它的力量。"① 列宁还说："一切民族都将走到社会主义，这是不可避免的，但是一切民族的走法却不完全一样，在民主的这种或那种形式上，在无产阶级专政的这种或那种类型上，在社会生活各方面的社会主义改造的速度上，每个民族都会有自己的特点。"② 可见宪法所确认的不论是资产阶级专政或者是无产阶级专政都有多种多样的形式，比较研究这些形式有助于了解各个国家的特色，有助于加深理解各个国家的本质。但形式毕竟决定于内容，在比较研究宪法所确认的国家形式时，决不能忽视它们所表现的内容。列宁强调说："资产阶级国家虽然形式极其繁杂，但本质是一个：所有这些国家，不管怎样，归根到底一定是资产阶级专政。从资本主义过渡到共产主义，当然不能不产生非常丰富和繁杂的政治形式，但本质必然是一个，就是无产阶级专政。"③ 只研究国家的本质，不研究国家的形式，会流于教条主义；只研究国家的形式，不研究国家的本质，会流于形式主义。教条主义和形式主义都会把比较宪法学引到荒谬的地步。只有用辩证唯物主义作指导把宪法规范所确认的各种内容和形式加以比较研究，才能阐明它们之间的相互关系，才能正确地理解各国宪法。

第三，能够阐明宪法的历史关系。宪法作为国家的根本法，从它产生以后，在发展过程中经历了两个阶段，即资本主义阶段和社会主义阶段。揭示这两个阶段的宪法的本质差异固然十分重要，但决不能因此否认它们的历史联系。只有承认这种联系，才能探索出两种不同

① 《列宁选集》第4卷，人民出版社1972年版，第54页。
② 《列宁全集》第23卷，人民出版社1958年版，第64~65页。
③ 《列宁选集》第3卷，人民出版社1972年版，第200页。

类型的宪法在它们产生和发展过程中出现的一些共同性的课题，否则，对一些相似的宪法规范就无法理解。不仅如此，对同一历史类型的宪法，考察它们的历史联系也很重要。资产阶级国家宪法出现了1919年德国魏玛宪法那样的巨大变化，社会主义国家宪法出现了1936年苏联宪法那样的划时代的发展，都只有从历史联系上去考察研究，才能了解其前因后果。唯物辩证法正是我们考察历史联系的理论指导。

四

科学有它的科学规定性。比较宪法学作为宪法学的分支科学，它的任务是从比较对照的角度对各国历史的和现行的宪法进行研究，以加深对宪法的产生、本质及其发展规律的认识。比较宪法学的这种科学规定性决定着它所应该研究的范围和内容。

比较宪法学研究的范围有两类：一类是宪法原理；一类是宪法规范。

关于宪法原理的比较研究，其具体内容包括宪法的概念、宪法的产生和形式、宪法的结构、宪法的本质、宪法的基本原则、宪法的监督实施等。这些原理方面的比较研究着重于从理论上探讨各国宪法的共性和它们各自的特性，以求对宪法原理的全面理解。

以宪法的产生和宪法的形式为例，世界各国宪法通常都是在统治阶级取得革命胜利之后为了总结胜利成果，确认已经发生的民主事实而制定出来的。这是宪法产生的时间和应具备的前提条件的共性。世界各国宪法通常都是在取得革命胜利的阶级通过一次决定性的斗争彻底战胜了反革命阶级之后制定出来的，它完全有可能也有必要用一个文书、用成文宪法的形式总结自己的胜利成果。这是宪法的形式方面的共性。但是，英国宪法却有它的特性。1215年的大宪章产生在所谓“光荣革命”胜利之前四百多年，当时的英国并不存在资产阶级民主的事实，可它却成了英国宪法的组成部分，而且英国宪法不是成文宪法，是由许许多多的宪法性文书组成的不成文宪法。英国宪法的这种产生和形式方面的特性从何而来？究其原因，是来自英国资产阶级革命的特点和革命胜利后的政权特点。在英国有一部分资产阶级化了的封建主和资产阶级结成联盟参加了反对封建专制制度的斗争。革命胜利后便产生了两个阶级妥协分享政权的局面，产生了反映两个阶级利益的宪法文书。1215 年的大宪章虽然颁布于英国的封建时代，其中有些条款可为资产阶级用来限制王权，因而被承认为英国宪法的组成部分。这样就出现了英国宪法在产生时间方面的特性。至于英国不成文宪法的来由，则是由于资本主义经济不断发展，英国资产阶级不满足于和封建主阶级分享政权，他们不断地采取各种措施向封建主阶级步步进逼，而封建主阶级迫于形势不得不步步退让，在每一次重大的进逼与退让中，资产阶级都用宪法性文书总结自己的胜利成果，经历了多次的进逼与退让，资产阶级在英国单独掌握了统治权，积累了许多宪法性文书，便形成了英国的不成文宪法。对宪法的产生和宪法的形式的比较研究，连同对宪法的其他原理方面的比较研究，将加深我们对宪法的共性和特性的理解，使比较宪法学更能揭示宪法的产生和发展的规律。

关于宪法规范的比较研究所涉及的是数以万计的宪法条文，内容十分繁杂。但是，这方面的工作更能直接揭示宪法的本质。这一范围的比较研究的具体内容主要有以下两种：

一是本质相同而表现形式相异的宪法规范的比较研究。以关于经济制度的宪法规范为例，一切资本主义国家的宪法都确认和维护生产资料的资本主义私有制，它们的本质是相同的，但不同的国家在不同的时期，甚至同一国家在不同的时期都有不同的表现形式。早期宪法，从 1791 年以《人权宣言》作序言的法国宪法宣布私有财产是神圣不可侵犯的权利起，各资本主义国家大都宣布了这个原则。后来资产阶级在进行经济统治的过程中逐步意识到要保护整个阶级的利益，他们的各个成员就必须对社会、对整个阶级负连带责任。于是从 1919 年德国魏玛宪法起，各资产阶级国家的宪法对财产权大都作出限制性的规定，如财产权负有义务，其使用得有益于公共福利；为了公共利益的需要得到征收公用等。然而这些宪法却始终不会遗漏征收公用必须合理补偿之类的规定。从宪法规范的形式看，私有财产似乎并不那么神圣了，但其实质上却一如既往受到精心的保护。社会主义宪法确认、维护生产资料的社会主义公有制，它们的本质也是相同的，但宪法规范同样有不同的表现形式。在建立社会主义公有制方

面，多数国家采取剥夺剥夺者的方式，剥夺一切资产阶级，没收他们的财产归国家所有。我国则只没收了官僚资产阶级的财产，而对民族资产阶级经营的工商业则采取利用、限制、改造政策，最后改造成为全民所有制经济。在社会主义公有制建立以后，有的国家实行工人自治制度：赋予企业内部的工人以较大的自主权，以促进全民所有制（社会所有制）经济的发展；有些国家则允许工人参加企业的民主管理，但自主权还不及实行自治制度的国家那么大。

二是本质不同、表现形式相异和相同的宪法规范的比较研究。两种不同历史类型的宪法各自反映其所由制定的阶级的意志和利益，维护其政治、经济统治，它们的本质是不同的。这种不同本质往往通过不同形式表现出来。其中有的表现得十分明显，如资产阶级国家曾经盛行过的对选举权所作的财产状况、教育程度和居住期限等限制，社会主义国家在这些方面不作限制，就一目了然。有的表现得却并不显著，如政权组织形式中的分权制衡原则和民主集中制、议行合一原则，就需要对国家机关体系的全部组织与活动进行认真的综合分析、比较研究才能弄清它们形式上的差异。这种表现形式的差异，不论其明显的程度如何，都应该通过对宪法规范的比较研究得出明确的结论。在不同本质的宪法规范中还有一种特别现象，即它们的形式相同。这种现象的产生主要原因有二：一是资产阶级国家宪法采取虚伪的形式掩盖它的本质，如国家权力本是由资产阶级所掌握，而宪法规范却宣布主权在民的原则，这样就以假乱真，和社会主义国家宪法中规定的国家的一切权力属于人民相混同；另一原因是宪法规范有着类似的调整对象，资产阶级长期积累的宪政经验，如代表制、普选制等可供社会主义国家批判继承、改造利用。不论何种原因所产生的相同的表现形式，都应该去伪存真、由表及里地加以比较研究，决不能因为有相同的表现形式而湮没两种不同历史类型的宪法的不同本质。

建立新的比较宪法学涉及的问题很多，《刍议》权作引玉之砖，目的在于引起批评重视，更希望我国法学界为建立这门科学而努力奋斗。

浅谈"一国两制"和坚持社会主义原则[①]

一、问题的提出

1984年9月26日，中英两国政府草签了关于香港问题的联合声明，同年12月19日，两国政府又在联合声明上正式签字。联合声明第3条第5款宣布"香港的现行社会制度不变。"这就是说，香港回归祖国以后，香港仍然要实行资本主义制度。于是引起了人们的普遍关注。有人问：这样作符合我国宪法吗？有人回答：符合！因为我国宪法第31条规定："国家在必要时得设立特别行政区。在特别行政区内实行的制度按照具体情况由全国人民代表大会以法律规定。"我们国家的社会制度是社会主义制度，这是众所周知的，也是宪法所明文规定了的。这里所说的由全国人大按照具体情况以法律规定的特别行政区的社会制度，自然是指不同于社会主义制度的其他社会制度，否则它就没有什么实际意义。因此，联合声明宣布香港的现行社会制度不变，从实质上说，是符合我国宪法的。再从程序上说，我国宪法规定：国务院有权管理对外事务，同外国缔结条约和协定；全国人民代表大会常务委员会有权批准和废除同外国缔结的条约和重要协定。而联合声明第8条宣布："本联合声明须经批准，并自互换批准书之日起生效。"中国政府（国务院）同英国政府签署联合声明，没有超越宪法赋予它的职权范围，而且联合声明宣布它发生效力的条件，也符合宪法规定的法定程序。这个程序说明联合声明一经全国人大及其常

---

① 本文载于《法学评论》1985年第2期。作者化名"可人"。

务委员会批准，就表示它同意按照香港的具体情况用法律规定香港实行其现行的社会制度。因而在程序上也是符合我国宪法的。

但是，有人进一步追问：宪法序言已经明确宣布我们国家坚持四项基本原则，这四项基本原则中有一项就是坚持社会主义，而宪法第31条却又规定在特别行政区内可以实行不同于社会主义的其他社会制度，我们国家就会出现两种不同的社会制度。宪法第31条的这个具体规定岂不和宪法序言所宣布的基本原则相矛盾？这个问题的提出，要求我们明确认识和回答“一国两制”和坚持社会主义原则两者之间的关系。

二、怎样认识坚持社会主义的原则

社会制度的性质首先取决于生产资料所有制，从理论上说，坚持社会主义原则首先在于坚持生产资料的社会主义公有制。但是，根据生产关系一定要适应生产力的发展的要求的规律，可以说一种社会制度要得以巩固和发展，不能只着眼于生产关系，只看生产资料的所有制形式，还必须注重发展社会生产力。目前我们国家，从生产关系来说非常先进，而生产力却仍然处于相对落后的状况。这种落后的生产力不能够满足人民日益增长的物质和文化需要，因而使先进的生产关系与落后的生产力之间的矛盾成为我国当前的主要矛盾。为了解决这个矛盾，党的十二届三中全会通过的《中共中央关于经济体制改革的决定》指出：社会主义的根本任务就是要发展社会生产力，就是要使社会财富越来越多地涌现出来，不断地满足人民日益增长的物质和文化需要。可见发展社会生产力是坚持社会主义的重要标志。

当然，如果能够全部地实现生产资料的社会主义公有制，同时又能极大限度地发展社会生产力，这对每一个社会主义者来说都是梦寐以求的大好事。但是，客观的经济规律却不能由人们的主观意志加以改变。在处理生产关系和生产力之间的关系的问题上，我们国家曾经有过沉痛的历史教训。“文化大革命”时期，“四人帮”提出了许多极左的口号，采取了许多极左的行动，使我们国家遭受巨大的挫折和损失。他们的极左口号中有一个叫做“穷过渡”。所谓穷过渡，就是带着贫穷过渡到社会主义、共产主义，就是只要生产资料公有化，不管社会生产力是否得到发展。他们的极左措施中有一项叫做割资本主义尾巴。所谓割资本主义尾巴，就是把个体生产者的一些正当的经营活动、农村的自留地、副业生产甚至集体经济组织的一些正当的经营活动都看成资本主义因素加以清除。这样做的结果是社会生产力受到严重的破坏。

粉碎“四人帮”以后，我们国家在党的十一届三中全会的正确路线指引下进行了大量的拨乱反正工作，解放了思想，清除了“左”的流毒。我们的新宪法明确宣布“今后国家的根本任务是集中力量进行社会主义现代化建设”。它还规定国家在保障国营经济的巩固和发展，在鼓励、指导和帮助集体经济发展的同时，保护个体经济的合法权利和利益，把个体经济视为社会主义公有制经济的补充。从党的十一届三中全会和新宪法颁布以来，我们抛弃以往那种“穷过渡”的荒谬口号，纠正了以往那种割资本主义尾巴的错误做法。从表面上看，我们的生产资料公有化程度似乎比过去有所下降，但社会生产力却大大提高了，社会主义制度也大大地巩固和发展了，这一成功历史经验是值得我们很好地加以总结的。

实践已经证明：坚持社会主义原则不仅要坚持生产资料的社会主义公有制，更重要的是要运用这种公有制去发展社会生产力，增加社会的物质财富。《中共中央关于经济体制改革的决定》强调指出，社会主义要消灭贫困，不能把贫穷当做社会主义。必须下定决心，以最大的毅力，集中力量进行经济建设，实现工业、农业、国防和科学技术的现代化，这是历史的必然和人民的愿望。我们的一切工作都应以是否有利于发展社会生产力作为检验其成败得失的最主要的标准。同样地，我们谈论香港的问题，谈论香港回归祖国之后，在那里实行不同于社会主义的社会制度问题，谈论实行“一国两制”和坚持社会主义原则的关系问题，也应该以是否有利于发展社会生产力作为最主要的标准。

三、香港的现行社会制度不变，有利于发展我国的社会生产力

实事求是是马克思主义者所应该把握的基本观点。把这个观点运

用来处理香港问题，就要求我们根据香港的实际情况寻求最佳的解决方案。

香港的最基本的实际情况是英国政府根据与清朝签订的不平等条约在那里进行殖民统治，实行资本主义制度。根据实事求是的原则，中国有权收回香港。但是，香港回归祖国之后应该如何行使主权、进行管理，却同样存在一个实事求是的问题，即应该从香港的经济、政治等各方面的实际情况出发，决定方针政策。

香港的经济情况，除实行资本主义制度之外，它是自由港，世界各国的商品可以免税进出港口；它是世界金融中心，地位仅次于纽约和伦敦；它是著名的工商业城市，拥有先进的科学技术手段和管理经验。香港同内地的经济关系甚为密切：可以从香港购进大量必需的商品，出售大量的商品；可以从香港获得先进的科学技术手段，学习有益的管理经验；可以在香港进行投资、创办企业。所有这些都对促进我国社会主义建设事业的发展起着巨大的作用。

香港同胞的思想状况是，绝大多数都爱国家、有民族自尊心，他们看到祖国一天天走向繁荣富强都感到由衷的高兴，他们听到炎黄子孙所取得的各种胜利消息无不欢欣鼓舞。

从国际关系方面看，历史已经把香港塑造成为一座国际关系比较复杂的城市。首先，香港的主权归属问题就曾经引起中、英两国之间的争议，虽然两国采取友好合作、相互谅解的态度，也还是经过长达两年之久的谈判，才获圆满解决。其次，世界各国凡是和香港发生经济联系的，都十分关注香港问题的解决方式，都和这种解决方式有着密切利害关系。对于它们来说，最好的解决方式有助于缓和世界紧张局势，有利于保持香港的稳定与繁荣。

根据以上实际情况，可供选择的处理香港问题的方式有三：一是不闻不问，一切保持现状；二是收回香港并且改变香港的现行制度；三是收回香港，并且在那里设立特别行政区，保持那里的现行制度。第一种方式显然是不可取的，因为它违背中国人民的意愿，也违背现代国际法的平等互利、互相尊重主权与领土完整等“和平共处五项原则”。第二种方式也不合适，因为中英两国政府难于就这种解决方式达成协议，将使香港问题趋于复杂化，更重要的还是因为用这种方式解决香港问题，将会使香港失去它在经济上的优越地位，难于发挥它在经济上的优势，也将会引起在香港的中外企业家的疑虑，难于保持香港的稳定和繁荣。第三种方式是惟一的、最好的方式，因为它切实可行，不但中英两国政府和人民乐意接受，而且香港也能保持它的稳定和繁荣，有利于促进四个现代化建设，发展社会生产力。

四、结论

香港回归祖国之后，香港的现行社会制度不变，这样就在我们国家里出现了两种社会制度，即出现了“一国两制”的问题。那么，“一国两制”和坚持社会主义原则是否发生矛盾？答复是不矛盾。理由如下：

第一，保持香港的现行社会制度，实行“一国两制”，有利于发展社会生产力；而发展社会生产力又是社会主义的根本任务，是坚持社会主义原则的最重要的标志。因而实行“一国两制”本身就是坚持社会主义原则。

第二，香港的面积包括九龙、新界在内有1066平方公里，人口密度虽然很大，却只有550万人，而且又是在社会主义中国的中央统一领导下实行资本主义制度。在这样一块面积约占全国总面积万分之一、人口约占全国总人口两百分之一的土地上实行资本主义制度绝对不会改变我们国家的社会主义本质，也不可能产生引起我国社会主义制度蜕化变质的问题。

第三，保持香港的现行制度，有利于促进祖国统一。台湾是我国神圣领土的一部分，完成祖国统一的大业是我国人民的神圣职责；实现祖国的统一，将对巩固和发展我国的社会主义制度产生深远的影响。在处理香港问题上采用“一国两制”，有利于进一步巩固和发展我们的社会主义制度。

此外，在处理香港问题上实行“一国两制”也为国际上解决类似问题提供了榜样，有助于通过谈判解决国际争端，在一定程度上缓和国际紧张局势，促进世界和平。因而也能为我们建设、发展社会主义事业创造有利的环境和条件。

综上所述，“一国两制”和坚持社会主义原则并不发生矛盾。相反，在国家制度上却表现了中国社会主义的特色。在国家本质问题上、在国家结构形式问题上，丰富和发展了马克思主义的国家学说，为马克思主义的宪法提供了新研究课题。

论增强企业活力的宪法依据①

社会主义社会是一种不断地自我完善的社会。它的自我完善过程，就是不断地解决各种矛盾、进行改革的过程。我国现行宪法总结了中华人民共和国成立以来、特别是党的十一届三中全会以来的改革经验，规定了今后的改革所必须遵循的原则。它为各项改革工作提供了最高的法律依据，也为增强企业活力提供了最高的法律依据。

一

社会主义的根本任务就是发展社会生产力，就是要使社会财富越来越多地涌现出来，不断地满足人民日益增长的物质和文化需要。能否解决生产关系和生产力、上层建筑和经济基础之间的矛盾，改变生产关系和上层建筑中不适应生产力发展的各个环节，使社会生产力得到迅速发展，是衡量一切改革工作成败的主要标尺。目前，我国城市企业从单位数量、职工人数、行业范围及其向国家提供的税收、利润在国家财政收入中所占的比重来说，都具有十分重要的地位和作用。它们是我国发展社会生产力的主导力量，以发展社会生产力为根本任务的改革工作，尤其是以城市为重点的经济体制改革工作必须以增强这些企业的活力为中心环节。

我国宪法根据社会主义的根本任务，确定了发展社会生产力、逐步改善人民生活作为国家经济建设的基本方针之一（见宪法第 14 条）。宪法同时还规定：社会主义经济制度的基础是生产资料的社会主义公有制，国营经济是国民经济中的主导力量（见宪法第 6 条、第

---

① 本文载于《法学评论》1986 年第 5 期。

7条)，其中确认了城市国营企业的重要地位和作用。至于在增强企业活力问题上，我国宪法抓住了这个中心环节，作出了两个方面的规定：其一是扩大企业自主权，确立国家和全民所有制企业之间的正确关系，其二是保证劳动者在企业中的主人翁地位，确立职工和企业之间的正确关系。

在扩大企业自主权方面，宪法规定：国营企业在服从国家的统一计划领导和全面完成国家计划的前提下，在法律规定的范围内，有经营管理的自主权（见宪法第16条)。这一规定是以企业的所有权和经营管理权可以适当分开作为理论基础，以我国企业的经营管理实践作为事实根据的。

从理论上说，人类历史上曾存在所有权和经营管理权统一的事实。如封建社会的小农既是土地所有者，又是土地的经营管理者，但这种统一只能使社会生产力的发展呈现出一种爬行状态。资本主义社会中的小资本家既是资本所有者，又是资本的经营管理者，但这种统一经受不起资本主义的自由竞争和生产的无政府状态的冲击。不论是封建社会或资本主义社会，在经济生活中占主导地位的都不是小农或小资本家，而是地主或大资本家。可是，地主一般都不自己直接经营管理土地，而把土地交给佃农耕种，大资本家一般也不直接经营管理自己所投资的企业，而由他们的代理人代为经营。可见人类历史上早就出现过对社会生产力的发展起过重要作用的所有权和经营管理权适当分开的事实。

社会主义社会本质上不同于以私有制为基础的封建社会和资本主义社会，它以生产资料的公有制为基础。社会主义经济不同于封建社会自给自足的自然经济，也不同于资本主义社会的商品经济，它是一种有计划的商品经济。国营企业生产的计划性，决定着国家机关必须通过计划的、行政的、法律的手段和经济管理工作使企业的经济活动符合国民经济发展的总体要求。从这一角度来看，国营企业的所有权和经营管理权应该是统一的。但国营企业生产的商品性，却又决定着企业的生产必须符合价值规律的要求，自觉地依据和运用价值规律，从而必须对社会需求、企业生产能力以及企业之间的相互关系作充分的、全面的了解。因此这又不能不依靠企业随时掌握信息，应付错综复杂、变化多端的情况。从这一角度来看，国营企业的所有权和经营管理权又应该是分离的。

从实践上说，以往对企业的经营管理体制有一种错误的认识。即认为全民所有制企业的所有权既然属于国家，国家机关代表国家直接经营管理国营企业就是理所当然的事情。理论认识的错误，导致实践行动的荒谬。我们在长期的实践活动中形成一种僵化的经营管理模式。它的主要弊端是政企不分、条块分割，国家对企业管得太多，管得太死，以至压制企业的生机和活力，阻碍社会生产力的发展。尽管我们多次试图突破这种僵化模式，在经营管理方面想过一些办法，采取过一些措施，但始终没有抓住要害，没有把所有权和经营管理权适当地分开，以至反复出现通常所说的那种“一放就乱、一统就死”的尴尬局面。

在保证劳动者在企业中的主人翁地位方面，宪法规定：国营企业依照法律规定，通过职工代表大会和其他形式，实行民主管理（见宪法第 16 条）。宪法还规定：社会主义公有制消灭人剥削人的制度，实行各尽所能、按劳分配的原则（见宪法第 6 条）。

企业活力的源泉在于企业中从事脑力劳动和体力劳动的劳动者的积极性，在于他们的智慧和创造能力。我国宪法关于保证劳动者在企业的主人翁地位的规定是开发这种源泉、增强企业活力的重要保证。

在社会主义制度下，国营企业，特别是现代化的国营企业必须有统一集中的行政领导和生产指挥，企业的领导者必须有一定的权威。但决不能片面强调、甚至滥用这种权威使企业的其他管理人员和直接生产者俯首听命，而必须把这种领导、指挥和权威与民主管理结合起来。个人的智慧和才能总有一定限度，一意孤行，难免不发生失误。况且我们国家是人民民主专政的国家，人民是国家的主人，全民所有制企业的职工是企业的主人，如果领导者的权威不和企业职工的民主管理相结合，就背离了人民民主专政的原则。更为重要的是只有企业领导者的权威，没有企业职工的民主管理，就会挫伤企业职工的积极性，妨碍他们智慧的发挥与才能的施展，抑制企业的生机和活力。

在社会主义制度下，实行各尽所能、按劳分配的原则。这是人类分配制度史上的一次伟大的历史变革。它的含义是根据劳动者的劳动数量和质量进行分配，要求劳动者尽自己的能力进行创造性的劳动。它的精神实质是消灭剥削，鼓励劳动者关心自己的劳动成果。这个分

配原则在我国以往的宪法中也曾加以规定，但由于受平均主义思想和极左思潮的干扰未能很好地贯彻执行。持平均主义思想的人认为实行按劳分配会导致劳动收入的差别，产生两极分化。这种思想为极左分子所利用，他们进一步认定按劳分配是资产阶级法权复辟资本主义的土壤。他们根本不懂得什么是资本主义，不了解资本主义的本质特征是以资本作为剥削手段攫取他人的劳动成果。其实，劳动者的收入尽管因其劳动的数量和质量不同而有所差异，却不会因此而产生资本，产生剥削制度，恰恰相反，实行按劳取酬原则正是为了消灭剥削，坚持社会主义。现行宪法关于“各尽所能、按劳分配”的规定，是在新的形势下，批判了平均主义和极左思潮之后的一项新的规定，它的目的就是要鼓励劳动者以主人翁的态度进行劳动，从而保证劳动者在企业中的主人翁地位。

二

我国现行宪法是一部具有改革精神的宪法。它为经济体制改革，为增强企业活力提供了法律依据，但是，宪法所提供的法律依据只能是原则性的。这些原则性的规定还必须在贯彻执行过程中加以丰富、发展，加以具体化。

《中共中央关于经济体制改革的决定》（以下简称《决定》）丰富与发展了宪法关于增强企业活力的规定。

首先，在扩大企业自主权方面，宪法对这一权力作了原则性的规定，《决定》对这一权力的范围和内容作了具体规定；宪法对企业自主权的规定附有前提条件，即服从国家统一领导和全面完成国家计划，《决定》对这个前提进行了一定的说明。

《决定》明确指出了国营企业自主权的范围和内容。它包括：（一）选择灵活多样的经营方式；（二）安排自己的产供销活动；（三）拥有和支配自留资金；（四）依据规定自行任免、聘用和选举本企业的工作人员；（五）自行决定用工办法和工资奖励方式；（六）在国家允许的范围内确定本企业的价格，等等。《决定》虽然还没有完全地列举出自主权的范围和内容，但说明了其中的主要部分。

《决定》对实现自主权的前提条件未作直接说明，但对这个前提条件所引出的政府机构管理经济的职能却作了明确的回答。它指出在扩大企业自主权以后，以往存在的政企不分的状况将得到根本改变。但是，政府机构仍然有管理经济的职能。《决定》还指明这种职能包括：（一）制定经济和社会发展的战略、计划、方针和政策；（二）制定资源开发、技术改造和智力开发的方案；（三）协调地区、部门、企业之间的发展计划和经济关系；（四）部署重点工程特别是能源交通和原料工业的建设；（五）汇集和传布经济信息，掌握和运用经济调节手段；（六）制定并执行经济法规；（七）按照规定的范围任免干部；（八）管理对外经济技术交流和合作，等等。《决定》所指出的这些职能实际上阐明了国家对企业的统一领导的内容，包括要求企业全面地完成国家计划。

此外，宪法规定了国营企业有经营管理自主权，并没有具体说明赋予企业这一权力的目的和要求。《决定》在指明自主权的范围和内容之后，接着就阐明了扩大企业自主权的目的和要求是：要使企业真正成为相对独立的经济实体，成为自主经营、自负盈亏的社会主义商品生产者和经营者，具有自我改造和自我发展能力，成为具有一定权利和义务的法人。

其次，在保证劳动者在企业中的主人翁地位方面，宪法规定国营企业通过职工代表大会和其他形式实行民主管理，《决定》对“其他形式”及职工代表大会的民主管理权包含哪些内容进一步作了具体说明。《决定》明确指出：“在实行厂长负责制的同时，必须健全职工代表大会制度和各项民主管理制度，充分发挥工会组织和职工代表在审议企业重大决策、监督行政领导和维护职工合法权益等方面的权力和作用，体现工人阶级的主人翁地位。”在这里所说的工会组织也是一种实行民主管理的组织形式，这里所说的审议企业重大决策、监督行政领导和维护职工合法权益就是职工代表大会民主管理权的内容。

至于宪法为保证劳动者在企业中的主人翁地位而作出的实行各尽所能、按劳分配原则的规定，《决定》也为贯彻执行这个原则指明了方向。它强调利改税的普遍推行和企业多种形式经济责任制的普遍建立，将使按劳分配原则进一步落实；它肯定企业职工奖金由企业根据经营状况自行决定，国家只对企业适当征收超额奖金税，是我们为实行按劳分配而采取的一个重大步骤；它指出在企业内部要扩大工资差距、拉开档次，充分体现奖勤罚懒、奖优罚劣，充分体现多劳多得、少劳少得，充分体现各种不同劳动之间的差别，尤其要改变脑力劳动报酬偏低的状况，是今后将要采取的必要措施。

总之，《决定》丰富发展了宪法有关增强企业活力的规定，使这些规定更为明确、具体，更加易于贯彻执行。

在这里应该解决一个问题，即《决定》是党内文件，党的各级组织和全体党员都必须遵守执行，这是毫无疑问的，但是，它对国家机构、企业组织和企业职工是否具有强制力？

要解决这个问题必须明确认识以下三点：

一是应该明确认识《决定》和宪法的一致性。宪法是党领导全国人民制定的，它体现了党在新的历史时期的基本方针、政策，适应了改革的要求，反映了人民的意志和利益。《决定》则是党在新的历史时期的方针、政策的延续和发展，在适应改革的要求和反映人民的意志和利益方面是和宪法完全一致的。

二是应该明确认识《决定》和宪法的连续性。我国现行宪法是1982 年颁布施行的，它总结了当时已经取得了的改革的经验。然而我国的改革工作不断地向前发展，随时都有新的经验值得总结。《决定》是中共中央于 1984 年通过的，它不仅总结了以往的改革工作的经验，更为重要的是，它总结了宪法颁布以后的改革工作的新经验，因而使宪法所具有的改革精神和它规定的改革内容得以延续，得以发展。

三是必须明确认识国家法律和党的政策的关系。国家法律是党的政策的定型化，党的政策是国家法律的灵魂。在通常情况下，党的政策通过实践证明其正确且行之有效，即由国家机关制定为法律。我国现行宪法就是新的历史时期党的基本方针政策的定型化，就是依据在实践中已经得到检验、证明其正确的党的基本方针政策制定出来的。但是，宪法只是国家根本法，不是法律大全，它的一些原则性规定须由普通法加以具体化。而普通法的制定却又必须以党的政策为根据，在普通法尚未制定之前，和它们有关的党的政策必须有通过实践加以检验的机会，否则普通法将难于产生，宪法的实施也会遇到困难。

基于以上认识，可见《决定》虽系党内文件，不具备国家法律形式，但全国各族人民都应该响应党中央的号召，认真学习，各政府机构、企业组织和企业职工都应该自觉地贯彻执行。

三

宪法为增强企业活力所作出的规定，如企业自主权、职工代表大会的民主管理权都有“在法律规定范围内”或“依照法律规定”的限制条件。这就是说，增强企业活力的宪法依据还必须有普通法或其他法规加以补充、加以具体化。

目前，我国已经制定的和增强企业活力有关的法律和行政法规很多，其中最重要的有《民法通则》和国务院颁布的《关于进一步扩大国营工业企业自主权的暂行规定》。

根据《民法通则》第41条的规定：“全民所有制企业、集体所有制企业有符合国家规定的资金数额，有组织章程、组织机构和场所，能够独立承担民事责任，经主管机关核准登记，取得法人资格。”法人资格的取得是国营企业成为独立的经济实体、实现自主权的重要保障。国营企业取得法人资格以后，即具有完整的权利能力和行为能力。它可以根据《民法通则》的基本原则一章中所规定的平等原则和自愿、公平、等价有偿、诚实信用的原则，在民事活动中和企业的主管部门处于平等地位，在民事法律关系上不受企业的主管部门单方面意志的强制。这就使企业能够独立于企业主管部门。它可以根据《民法通则》中关于法人的合法的民事权益受法律保护的原则和第82条关于“全民所有制企业对国家授予它经营管理的财产依法享有经营权，受法律保护”的规定，获得独立的财产权利。尽管企业法人的独立财产权分为所有权和经营权两个部分，国营企业法人所享有的只是经营权，但这种经营权是国家所有权所派生出来的财产权形式，在国家授权的范围内，它拥有所有权的全部权能，包括占有、使用、收益、处分的权利。此外，它还应当根据《民法通则》第48条的规定对国家授予它经营管理的财产承担民事责任。如果它的资产不足抵偿债务，要通过破产程序予以清偿，国家对破产企业的债权人不负清偿责任。

国营企业法人由民法通则的规定所获得的独立于企业主管部门的

民事权利和独立财产权利，能使它摆脱一切非法的行政干预，有效地行使宪法所确认的经营管理自主权。至于它由民法通则的规定所应负的财产责任，也能促使企业在竞争中力图改革创新，正确地运用经营管理自主权去争取自身的兴旺发达。

根据《关于进一步扩大国营工业企业自主权的暂行规定》，国营工业企业有以下十个方面的自主权：

（一）在生产经营计划方面，在确保完成国家计划和国家供货合同的前提下，可以自行安排国家建设和市场需要的产品。在执行国家计划中，如遇供需情况发生重大变化时，有权向主管部门提出调整计划。

（二）在产品销售方面，有权自销国家不准自销的产品以外的企业分成产品，国家计划外超产产品、试制的新产品。

（三）在产品价格方面，有权在一定范围内决定属于自销的和完成国家计划后的超产的生产资料产品价格，用计划外的自销的生活资料产品与外单位进行协作。

（四）在物资使用方面，有权选择国家统配物资的供货单位，并和供货单位签订合同，直达供应，直接结算。

（五）在资金使用方面，有权按主管部门规定的比例运用留存资金，分别建立生产发展基金、新产品试制基金、后备基金、职工福利基金和奖励基金，并有权自行支配使用。

（六）在资产处置方面，有权出租和有偿转让多余闲置的固定资产，其中属于上级主管部门管理的高、精、尖设备须经主管部门批准。

（七）在机构设置方面，有权在定员编制范围内按照生产特点和实际需要自行确定机构设置和人员配备。

（八）在人事劳动管理方面，有权任命厂内中层行政干部，并经主管部门批准，任命厂级行政副职；有权根据实际需要招聘技术、管理人员，并自行确定报酬；有权根据需要从工人中选拔干部，并在其任职期间给予同级干部待遇；有权对职工进行奖惩，包括晋级奖励和开除处分；有权在劳动部门的指导下公开招工，经过考试、择优录用，并有权抵制任何部门和个人违反国家规定向企业硬性安插人员。

（九）在工资奖金方面，有权按照国家统一的工资制度和津贴制度并根据自己的特点自选工资形式；有权给有特殊贡献的职工晋级；有权自主分配奖励基金。

（十）在联合经营方面，在不改变企业所有制形式、隶属关系和财政体制的情况下，有权参与或组织跨部门、跨地区的联合经营；择优选点，组织生产协作或扩散产品。

此外，国务院还批准了国家经委和国家体改委提出的《关于增强大中型国营工业企业活力若干问题的暂行规定》，这个暂行规定着重从提高经营管理水平和职工队伍素质、制订经营发展战略、实行企业内部分级分权管理、搞好全面质量管理、综合利用资源、鼓励开展一业为主多种经营、发展企业之间的横向联系、改进物资供应和产品销售办法、适当缩小指令性计划、调减调节税增强自我改造能力、给予部分大型企业直接对外经营权、清理和整顿公司、实行政企分开简政放权等方面保证增强企业活力。

上述行政法规的适用范围限于国营工业企业，但其他行业的国营企业和国营工业企业若有相似之处，应可比照适用。

我国的普通法和行政法规根据宪法的原则所作出的关于增强企业活力的各种规定，使增强企业活力的宪法依据更加具体化，也使增强企业活力的宪法规范更加便于贯彻实施。

四

宪法为增强企业活力提供了最高的法律依据，《中共中央关于经济体制改革的决定》对它的丰富和发展，国家的普通法和行政法规把它加以具体化，这就为增强企业活力指明了方向，确定了准则。一切国营企业都可以遵循这个方向，运用这些准则在增强本身的活力、促进社会生产力发展的广阔天地里大显身手。一切坚持改革的企业家也都可以遵循这个方向、运用这些准则锐意革新，奋力前进，争取为增强企业活力、发展社会生产力作出巨大的贡献。

对于企业改革家来说，宪法为增强企业活力所提供的最高法律依据给予我们最重要的启示是一切改革活动都必须以法律为准绳。为此必须认真地学习宪法和有关的法律、法律性文件。应该掌握的法律知识很多，其中首要的是学习掌握体现在法律中的社会主义原则和人民民主原则。社会主义原则最基本的有两条：一条是坚持社会主义公有制，一条是坚持按劳取酬。人民民主原则的含义是人民是国家的主人，有权通过各种形式和途径管理国家的一切事务。我们在改革中时刻牢记着社会主义原则和人民民主原则并坚持这两个原则，就可以少犯错误，至少不会犯重大的错误。学习和掌握这两项原则以后，还要继续学习，争取掌握更多的甚至全部有关的法律知识，力争在改革工作中依法办事。

宪法为增强企业活力而提供最高法律依据给予企业改革家的另一重要启示是一切改革活动都必须符合党的方针政策。我国已经制定了许多指导工作的法律规范，但这些规范并非完整无缺，还有许多规范亟待制定；而且已经制定的规范有的尚嫌不够具体，执行过程中还存在困难。在这种情况下，有些增强企业活力的改革活动必须依靠党的方针政策的指导。为此我们必须学习理解党的方针政策，目前至为重要的是认真学习领会《中共中央关于经济体制改革的决定》。

宪法、法律对企业改革家具有拘束力，党的政策同样具有制约作用。这种制约十分必要。因为我们的一切改革都有一定的目标，为增强企业活力而进行的改革也是如此。它的目标是要建设具有中国特色的社会主义，而这一目标正是体现在国家法律和党的政策之中。这就决定着一切热衷改革、献身改革的有志之士在改革活动中不能心血来潮、随心所欲、为所欲为。

国家法律、党的政策对企业改革家的制约是为了敦促他们认真学习、思考、探索，保护他们改革的积极性，鼓舞他们在改革的征途中顺利前进。法律和政策不论怎样具体，总不能包含一切细节。对于这些未能包含的细节问题，企业改革家可以根据改革的总体要求和精神进行创造性的企业改革活动。宪法颁布之前，我国曾有一些关于增强企业活力的法规，这些法规是否和宪法的精神原则发生冲突，有哪些冲突之处应被宣布为违宪无效，这些问题虽然属于最高国家权力机关处理的范围和宪法学家的研究范围，但在未处理、研究之前，企业改革家应该作出判断，正确决定自己的企业改革活动。宪法颁布之后，党和国家也有一些关于增强企业活力的政策决定和普通法规。其中有些问题还没有具体的规定，如宪法规定国营企业实行职工代表大会和其他形式的民主管理，中共中央的《决定》强调厂长负责制和民主管理相结合，并且阐明了职工代表大会应该享有的各种民主管理权。如果厂长的意图和职工代表大会的民主管理权在某一件具体事项上发生矛盾，两者结合不起来应该如何处理？至今尚没有规定可以遵循。对于这类问题，企业改革家应有创新的勇气，谋求合理的解决方案。

对于企业改革家来说，最为重要的用武之地在于那些至今还可能未为法律和政策作出规定和决策的领域。我们的改革工作不断向前发展，而且在不断发展中积累新的经验，法律和政策就是根据这些经验制定出来的。如果说以往的改革经验为国家法律和党的政策提供了事实依据，为它们的制定创造了有利条件，那么今天的企业改革家在增强企业活力的改革中就有可能以自己的创新活动总结出新的经验，为进一步制定新的法律和政策提供依据、创造条件。待到新的法律和政策制定出来以后它们又反过来指导和推动改革工作的发展。如此循环往复，法律和政策日益完备，改革工作日益发展。

增强企业活力的宪法依据是指导我国以城市为重点的经济体制改革的中心环节的最高法律依据。在宪法的指导下，我国企业改革家和企业职工将在发展社会生产力、建设具有中国特色的社会主义道路上阔步前进！

三权分立与议行合一的比较研究[①]

三权分立和议行合一是资本主义国家和社会主义国家各自确立其国家机关组织与活动的指导原则。在实行对外开放、进行体制改革的时候，比较研究这两种指导原则，有助于了解它们的实质，鉴别它们的优劣，也有利于避免在改革开放中盲目引进，因而具有重大意义。

一

三权分立是资产阶级用以说明和确立其国家机关体系的组织与活动原则的学说和制度。它包括分权与制衡两项基本原则。所谓分权，是指把国家权力分为立法、行政、司法三个部分，分别由三个国家机关独立行使；至于制衡，则是指导这三个国家机关在行使权力的过程中保持一种互相牵制与互相平衡的关系。

近代的分权理论是由英国的洛克所倡导，由法国的孟德斯鸠加以发展完成的。

马克思说："在某一国家里，某个时期王权、贵族和资产阶级争夺统治，因而，在那里统治是分享的，那里占统治地位的思想就会是关于分权的学说。"② 洛克和孟德斯鸠的分权学说就是英国当时实行阶级分权的君主立宪制的理论表现。为了论证英国君主立宪的合理性，洛克和孟德斯鸠运用了自然法学说的自然权利、自然法原则、人类理性的存在以及社会契约论和国家目的说，把分权学说建立在与社会契约论相结合的近代自然法学派学说的理论基础之上。

① 本文载于《法学评论》1987 年第 3 期，与许崇德（第一作者）合著。

② 《马克思恩格斯全集》第 3 卷，人民出版社 1960 年版，第 52 页。

近代分权学说确立以后，随着资产阶级革命的胜利，法国人权宣言宣布凡是分权未确立的社会就没有宪法；美国宪法按照典型的三权分立原则规定国家机关的组织与活动。受法、美两国的影响，各资本主义国家宪法均以不同形式确认了三权分立原则。

分权原则经历了近三百年的实践过程，在这段时间内，它既产生了含义的变化，又遭到了事实上的冲击，还接受过理论上的挑战。

三权分立原则含义上的变化有三种表现：一是它的阶级之间的分权含义已经消逝。美、法及其他国家的资产阶级革命一般都以资产阶级取得完全胜利、独享统治权宣告终结，这些国家开始就不存在阶级之间的分权，只有阶级内部的分权。即使在英国，阶级之间的分权也已逐步消逝，只留下若干形式上的痕迹。二是增添了地方分权的含义。美国州权派首领杰斐逊主张实行地方分权，而且认为地方机关体系也应实行分权与制衡原则。杰斐逊的主张对美国宪政体制乃至对其他资本主义国家的宪政体制都产生巨大的影响。尽管现代资本主义国家的中央集权趋势已不可逆转，但从历史角度考察、从某些地方分权仍被保留下来的现实角度考察，分权原则的适用范围已经从中央扩展到地方是无可否认的。三是国家机关之间的分权与制衡表现为执政党的权力分配与协作。资本主义国家政党的发展，使国家权力受政党的控制和影响逐步加强。法国曾因此改责任内阁制为具有议会制特点的总统制，改变了运用分权原则的具体形式。同时，在一些实行责任内阁制的国家里，由于内阁总理或首相多由在议会中占据多数议席的政党党魁担任，议会与内阁的关系便超出了国家机关的范围，实质上成为政党内部的关系。

三权分立原则在实践中受到巨大冲击最明显的是行政权力的扩大。资本主义制度在经济上的发展规律是从自由竞争到集中垄断，而经济上的集中垄断反映在政治上便是要求国家权力集中。因此，行政权力的扩大已成为资本主义国家权力运用的必然趋势。以典型的三权分立形式著称的美国为例，分权形式已由宪法明确规定，制衡形式除宪法明文规定者外，另有宪法案例作为补充。但是美国总统的行政权已因其逐步扩大而凌驾于其他两权之上，如在总统与国会的关系方面，总统既可运用宪法中关于立法程序的规定作为干预国会立法的手段，也可通过诸如国情咨文等形式对国会施加压力和影响，更可通过委任立法的形式直接进行立法活动，从而在很大程度上控制着国会的立法权；同时，总统还可采用诸如紧急处分权、行政协定等形式摆脱国会对他的牵制，使自己高踞于国会之上。

三权分立原则在理论上产生的争议，主要表现为国家权力能否分割，权力分立有无确切含义等问题的争论。在美国由于司法对立法的牵制形式在宪法中没有明文规定，因此，司法审查是否合理、司法审查中遇到的政治问题应该如何处理等问题也成为争论的焦点。对于这些问题，资产阶级学者之间争论不休，各持自己的主张，各有自己的道理，但是非曲直难于分辨，争论仍须继续进行。

含义的变化、实践的冲击、理论的争议，并没有彻底摧毁三权分立原则，这个原则在资本主义国家的宪政实践中仍然起着重要作用。

再说议行合一。议行合一是社会主义国家权力机关的组织与活动原则。它的原始含义是社会主义的人民代表机关兼管立法和行政。

资产阶级启蒙思想家、法国的卢梭曾论及议行合一问题。他说："制定法律的人要比任何人都更清楚，法律应该怎样执行和怎样解释。因此看来人们所能有的最好的体制，似乎莫过于能把行政权与立法权结合在一起的体制了。"但是，卢梭受他的主权观念和直接民主思想的影响未能坚持他的议行合一思想。

正式提出议行合一原则的是马克思。他在《法兰西内战》一书中指出：公社不应当是议会式的，而应该是兼管立法和行政的机关。马克思的议行合一思想是总结巴黎公社的经验结果。它以巴黎公社为事实根据，是巴黎公社的理论表现。马克思的议行合一思想是建立在他的国家学说、无产阶级专政、打碎旧的国家机器的理论基础之上的。

1871年革命时期所产生的公社是法国工人阶级在巴黎市内建立的政权组织形式。当时工人政权管辖的范围比较狭窄，组织机构自然比较简单，由普选产生的公社委员会委员，多兼任一个行政部门的工作。当时革命与反革命的斗争十分激烈，各种事务均须作紧急处置，不能拖延，因而由公社制定的法律、作出的决定，往往直接由兼管有关行政部门的公社委员贯彻执行。在这种情况下，可以说巴黎公社运用议行合一的具体形式在很大的程度上是把议和行统一于公社的组织与活动之中的。

到了20世纪，俄国工人阶级取得了十月革命的胜利，建立了社会主义国家。其后有一系列的国家发生了无产阶级领导的革命，建立了人民民主的社会主义的国家政权。这些国家的政权多属全国性的政权，而且在经过一段时间的剧烈的阶级斗争之后，革命与反革命之间的阶级搏斗，已不如巴黎公社时期那样紧张激烈。在这种情况下，如果照搬巴黎公社所采取的那种议行合一的形式，仍旧把制定法律和执行法律的任务统一于人民代表机关之中，不仅没有必要，而且也不可能。照搬巴黎公社的议行合一形式，势必要遇到困难，发生混乱，因此在坚持议行合一原则的同时，在具体的运用形式方面必须有所创新、有所发展。现在，各社会主义国家实行议行合一的形式是：（一）人民代表机关既制定法律、作出决议，又组织行政机关，并领导和监督它执行法律和决议；（二）人民代表机关中的代表或议员既参与制定法律、作决议的工作，又向选出他们的选举团体或选民传达法律、决议的精神，并以自己的模范行动带领人民群众认真贯彻执行法律和决议。

议行合一原则在运用形式上的发展，是无产阶级革命和社会主义国家发展的必然结果。

二

三权分立与议行合一分属于两个对立的思想体系。其理论基础和立论目的迥然不同。

三权分立的理论基础如同前面提到过，是和社会契约论相结合的近代自然法学派学说。

洛克和孟德斯鸠都信奉近代的自然法学派的学说。洛克认为在国家产生以前，人类生活在自然状态之中。人人都有自然权利，享有生命权、财产权和自由权；个个都遵守自然法并接受理性的指导，过着合理的、美好的生活。孟德斯鸠也承认自然状态和自然法的存在，并且认为生活在自然状态下的人们之间存在着和平、寻找食物、互相爱慕、愿过共同的社会生活这四条自然法原则。

洛克和孟德斯鸠在阐述了自然权利和自然法原则后，便谈到国家的起源。洛克崇尚社会契约论。他认为自然状态中人们的自然权利后来受到少数不遵守公道和正义的人侵犯，不能始终如一地获得保护，于是人们便相约组织国家。孟德斯鸠虽不像洛克那样直接断定国家产生于人们相互协议的社会契约，但他却也认为国家起源于一条维系人心的感恩知情的纽带。这种感恩知情的纽带可以说是人们组成国家的主观愿望，而要把这种主观愿望变成现实，就必须通过相互之间的意思表示，因而也就接近于相互协议、接近于社会契约。

洛克和孟德斯鸠在论述国家起源于社会契约的基础上，谈到国家的目的。洛克认为人们相约组成国家的目的是为了保护自己的自然权利。孟德斯鸠认为一切国家都有一个共同的目的，那就是自保，除此以外，每个国家又各自有其独特的目的，而英国政制的目的则是政治自由。国家要符合它的建国的目的，在洛克和孟德斯鸠看来，必须建立权力分立的体制。

议行合一的理论基础也如同前面所说过的，是马克思主义的国家学说、无产阶级专政和打碎旧的国家机器的理论。

按照马克思主义的历史唯物主义原理，国家不产生于什么社会契约或维系人心的感恩知情的纽带，而是人类出现私有财产和阶级之后，阶级矛盾不可调和的产物。至于国家的目的，也不是什么保护自然权利或政治自由，而是由国家的阶级本质所决定，是保护掌握国家权力的统治阶级并反对统治阶级的敌人。

马克思在《法兰西内战》一书中对巴黎公社的性质作了明确的解释。他说："按最简单的理解，这是工人阶级在他们的社会堡垒——巴黎和其他工业中心——里执掌政权的形式。"① 恩格斯在为《法兰西内战》1891 年单行本所写的导言中指出："近来，社会民主党的庸人又是一听到无产阶级专政就吓得大喊救命。先生们，你们想知道无产阶级专政是什么样子吗？请看看巴黎公社吧。这就是无产阶级专政。"②

马克思和他的战友恩格斯论述了巴黎公社的阶级本质之后，马克思本人又单独提出了著名的打碎旧的国家机器的原理。他指出："工人阶级不能简单地掌握现成的国家机器，并运用它来达到自己的目

① 《马克思恩格斯选集》第 2 卷，人民出版社 1972 年版，第 433 页。

② 《马克思恩格斯选集》第 2 卷，人民出版社 1972 年版，第 336 页。

的。奴役他们的政治工具不能当成解放他们的政治工具来使用。”①改变资产阶级议会制的实质以及和这种实质相联系的国家权力的运用形式，就是马克思的打碎旧的国家机器原理的具体运用。

从国家的产生、本质、目的谈到无产阶级专政，进而谈到打碎旧的国家机器。这就构成了议行合一原则赖以确立的理论基础。

以上的比较研究理应得出如下结论：三权分立原则赖以确立的理论基础在哲学体系中属于唯心主义，在国家学说中属于超阶级的国家论；而议行合一原则的理论基础则是唯物主义的，根据阶级分析认定国家本质。两种原则在理论上的根本区别和根本对立之处就在这里。

三权分立和议行合一本身所涉及的是国家机关体系的组织与活动问题，属于国家形式的范畴。由于它们所赖以确立的理论基础存在着关于国家本质的认识的差异，因而表现出来的缺点和优点也非常明显。洛克和孟德斯鸠精心研析国家权力如何分立、如何制衡，但并不把分权、制衡和国家的本质联系起来，不仅未能揭示国家权力的实质，而且还以分权、制衡的貌似公正合理的形式掩盖着国家权力的阶级实质。马克思总结的议行合一则是和无产阶级专政紧紧相联的，它和三权分立形成鲜明的对照，它使这个原则的本质昭然若揭。

三权分立原则倡导者和完成者的立论目的简单地说是为了反对封建专制主义。

洛克的主要理论活动是在英国资产阶级革命取得胜利的时期进行的。他的《政府论》下篇发表于1690年，即英国“光荣革命”胜利后颁布《权利法案》的第二年。在这部著作中，洛克力图从英国现实的君主立宪政制中探索巩固资产阶级革命胜利成果、防止封建势力复辟的途径。当英国君主立宪制已经确立，近代宪政体制、议会民主制已初具规模的时候，法国政治正趋向反动。当时法国的封建专制主义猖獗到了极点。1661年路易十四执政以后，他把国家权力集中在自己一个人手中，大言不惭地指着自己的鼻子宣称“朕即国家”。孟德斯鸠对此深恶痛绝，他决心借英国的君主立宪抨击法国的专制制度，为改变法国的政治制度制造舆论，为拯救自己的祖国找到济世良方。

---

① 《马克思恩格斯选集》第2卷，人民出版社1972年版，第434页。

为了有效地反对封建专制主义，洛克和孟德斯鸠提出了以权力约束权力的主张。他们首先认定权力具有诱惑力，往往导致掌权者进一步扩展权力和滥用权力。洛克说："如果同一批人同时拥有制定和执行法律的权力，这就会给人们的弱点以绝大诱惑，使他们动辄要攫取权力。"① 孟德斯鸠也说："一切有权力的人都容易滥用权力，这是万古不易的一条经验。"② 在这种认识的基础上，他们进一步提出限制权力的主张。洛克反对无限权力的君主制；孟德斯鸠认定"要防止滥用权力，就必须以权力约束权力。"③ 这样就使洛克和孟德斯鸠反对专制主义的立论目的直接表现为以权力约束权力。

至于马克思的议行合一原则的立论目的则是为了使政权组织形式服务于无产阶级专政。前面已经说过，马克思的议行合一原则是从总结巴黎公社的经验中提出来的。他在《法兰西内战》一书中指出："公社的真正秘密就在于：它实质上是工人阶级的政府，是生产者阶级同占有者阶级斗争的结果，是终于发现的、可以使劳动在经济上获得解放的政治形式。"④ 马克思在这里既阐明了公社的性质，也指出了公社的目的。议行合一原则是由公社的性质决定的，为公社的目的服务的。

工人阶级从它的阶级本质来说，是不谋求任何特权的，从它肩负的历史使命来说，更不能被允许谋求任何特权。关于前一个论断，已由巴黎公社的实践所证明。马克思说过这样一件事情：当巴黎公社领导革命时，当普通工人在空前艰难的条件下虚心诚恳而又卓有成效地执行了管理工作，而所得报酬的最高额不及伦敦国民教育局一个秘书所得最低薪额的五分之一时，旧世界看见巴黎市政厅上空飘扬的红旗就气得发疯。⑤ 这件事就足以证明工人阶级大公无私不谋求特权的本质。关于后一个论断，马克思也有所说明。他认为公社应该成为根除阶级和阶级统治赖以存在和维持的那些经济基础的工具，⑥ 即成为消

---

① ［英］洛克：《政府论》（下篇），商务印书馆 1964 年版，第 89 页。

② ［法］孟德斯鸠：《论法的精神》，商务印书馆 1961 年版，第 154 页。

③ ［法］孟德斯鸠：《论法的精神》，商务印书馆 1961 年版，第 154 页。

④ 《马克思恩格斯选集》第 2 卷，人民出版社 1972 年版，第 378 页。

⑤ 参见《马克思恩格斯选集》第 2 卷，人民出版社 1972 年版，第 379 页。

⑥ 参见《马克思恩格斯选集》第 2 卷，人民出版社 1972 年版，第 378 页。

灭阶级、消灭国家、实现共产主义的工具。他还认定工人阶级充分认识到自己的历史使命，满怀着完成这种使命的英勇决心，能用鄙视的微笑回答资产阶级宗派主义的臆造。① 工人阶级理所当然地不能允许谋求任何特权。

既然工人阶级不谋求、也不允许谋求特权，就不必担心权力的滥用，没有必要以权力约束权力，实行三权分立；既然工人阶级肩负着实现共产主义的历史重任，就有必要发挥本阶级的智慧和才能，在发扬民主的基础上，集中力量管好国家，完成自己的历史使命。议行合一原则就是为适应这种需要而提出来的，其目的就是服务于无产阶级专政，完成无产阶级专政的历史任务。

从以上关于立论目的的比较研究中可以得出两点结论：一是两个原则都具有进步性，但三权分立原则的进步性只表现在反对封建专制主义方面，受一定历史局限；而议行合一原则的进步性则处于更高的境界，它不受今后的阶级、国家历史发展的限制。二是两个原则各自适应特定阶级本质国家的需要，它们不能彼此融合，也不能相互取代。

三

理论来源于实践并服务于实践。我们曾经遇到国内外同行学者、专家提出的一些有关三权分立和议行合一的实际问题。这些问题很有意义，也很有商讨解决的必要。

1986 年，我们发表了《分权学说》的小册子。这本小书很荣幸地引起了国内同行学者的重视，但也有人认为联系到中国的实际其中的观点就显得有些保守。因为我们在小册子中认定三权分立属于资产阶级理论体系，它同无产阶级思想体系如同黑与白、水与火那样不能相容；我们现在的政治制度的指导原则是民主集中制、议行合一制，它和三权分立相对立、有原则区别；民主集中制、议行合一制较诸三权分立制具有无比优越性。② 照我们的看法，三权分立制只适用于资

① 参见《马克思恩格斯选集》第 2 卷，人民出版社 1972 年版，第 379 页。

② 参见何华辉、许崇德：《分权学说》，人民出版社 1986 年版，第 6 页。

本主义传统。有人认为中国也可以用权力约束权力，吸取西方国家的经验，实行三权分立原则。我们不同意这种批评。

首先，我国现行宪法明确规定："中华人民共和国的一切权力属于人民。人民行使国家权力的机关是全国人民代表大会和地方各级人民代表大会。"在我们国家里全国人民代表大会是最高国家权力机关。它体现全国人民的意志，代表全国人民统一地行使国家主权。它高踞于其他中央机关之上，不和它们分权，也不受它们制约；其他中央机关都由它产生、对它负责、受它监督。我国国家机构实行的是民主集中制、议行合一制而不是三权分立制。

其次，由于受封建主义思想的影响，我国干部中确实有极少数人存在特权思想和谋求特权的行为。但是，这种思想和行为并不是工人阶级本质的表现，也不是社会主义制度的产物。它们不像封建社会那样占踞统治地位，也不像封建社会那样被视为合法存在。我们可以用加强政治思想教育的办法肃清那种思想流毒，也可以运用法的强制力量抑制这种非法行为。我们用不着采取资产阶级那种以权力约束权力的办法，更不应该修改宪法、舍弃宪法所确立的人民代表大会制度。

近年来我们在国外访问讲学和在国内接待外国学者的过程中，一些外国专家学者曾就我国人民代表大会制度的实际运用问题向我们提出质疑。其中的一个问题是：你们的宪法规定由全国人民代表大会和它的常务委员会分别制定国家的基本法律和其他法律；同时又规定由全国人大监督宪法的实施，由全国人大常委会解释宪法、监督宪法的实施。如果全国人大和它的常委会发生错误，制定出违反宪法的法律如何纠正？

监督宪法实施的重要内容之一是对法律是否合乎宪法的原则精神和具体条款进行审查。西方国家采用三权分立原则，除少数国家建立专门机关之外，多由司法机关负责审查法律的合宪性。也就是说，西方国家多由议会制定法律、由司法机关负责审查法律是否违宪。这位外国学者是根据他们的制度进行质疑的。

要解答这个问题，除了说明我国的全国人民代表大会由各方面的优秀人物、代表人物组成，能够如实地反映和代表人民的意志之外，还应说明我国的全国人民代表大会在立法过程中是采取一些什么方式

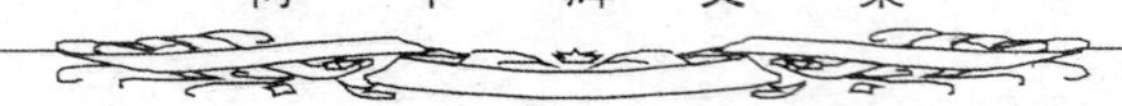

使自己制定的法律符合人民利益、符合国家宪法的。一项法律草案在全国人大和它的常委会审议通过之前，要由全国人大的工作机关在进行充分的调查研究的基础上拟定法律草案初稿，然后邀请和这项法律草案有关的实际工作者和理论工作者参加各种座谈会，提出修改意见，如此反复多次，最后形成正式的法律草案，提交全国人大或它的常委会审议、修改、通过。这种民主的立法过程给法律的正确性提供了重要保证。倘若在经过周密的调查研究、广泛地征求意见的基础上制定出来的法律仍然出现个别的违宪条款，就应该由全国人大或它的常委会加以纠正了。但这种情况是极为罕见的。

要解答这个问题，还应对两种不同的宪法监督制度进行对比分析，鉴别它们的优劣。从理论上说，卢梭认为立法权是一种主权权力，洛克也认为立法权是国家的最高权力，即使是最彻底的分权理论家，也不能否认议会是一个立法机关，也是一个代表民意的机构。按照西方国家的宪法监督制度，议会制定的法律要由司法机关对其合宪性进行审查。连西方学者也认为这是对分权原则的明显侵犯，会引起更多的违宪事件。至于我们国家的宪法监督制度则是把立法权和法律是否违宪的审查权统一交给全国人大及其常委会行使。这种制度既保持了全国人大和它的常设机构的最高国家权力机关的地位，又能避免理论上的纷繁复杂的争议，避免实践中可能出现的失误。两相比较，即可清楚地看出我们的宪法监督制度比西方国家的宪法监督制度优越。而这种优越性正是我国民主集中制、议行合一原则的优越性的具体表现形式之一。

从政治体制上说，我们坚持议行合一原则，排斥三权分立原则，反对按照三权分立原则改革我们的政治体制。但是，从政治理论的角度说，我们不应完全否定三权分立学说。正如我们在前面所说的，这个原则在反对封建专制主义的斗争中起过进步作用，它推动了资本主义生产关系的发展，促进了资产阶级民主制度的建立。它的历史功绩不宜轻易加以抹杀。同时，在当代的一些资本主义国家里，这个原则仍不失为这些国家的进步力量用来进行斗争的一种暂时手段。即使在从根本上排斥这个原则的社会主义国家里，也可借鉴其中某些具体经验加以改造利用，明确国家机关之间的内部分工，加强国家机关之间

的协调配合。社会主义国家的政治体制在其建立与发展过程中
自己独特的根本不同于资本主义国家的理论原则。我们反对
西化”，但并不拒绝吸收西方国家政治体制中可以为我所用
体经验。

论依法治市[①]

从哲学意义上说，整体和部分是相辅相成的辩证关系，一国民主与法制建设也同此理。然而，尽管我们提出依法治国已近十年，但依法治省、依法治市，对于很多同志来说，则还是新名词。因此，把依法治市作为一项基本市策无疑具有重要意义。但依法治市的目的和核心是什么，如何才能真正实现呢？本文即想就此谈点看法：

一、依法治市的目的在于推动改革开放，发展社会生产力

依法治市是指在一个城市的行政区域内，通过实施宪法、法律、行政法规、行政规章等，对城市的各种社会关系进行调整，从而把城市政治、经济和各项事业的管理纳入法制的轨道，为推动深化改革，加快发展社会生产力创造一个安定团结的社会环境。简言之，依法治市就是依照宪法、法律和法规等治理城市。

由此可见，第一，依法治市在地域上限于一个城市。但我们认为：依法治市是依法治国的具体体现，没有依法治省、依法治市等，就无所谓依法治国；第二，依法治市，一方面包括城市国家权力机关和行政机关根据宪法和地方人大以及地方人民政府组织法的规定，保证国家宪法、法律、行政法规等在本行政区域内的贯彻落实，同时另一方面也包括城市国家权力机关和行政机关根据宪法、法律的原则，结合本城市的具体情况，颁布、实施地方性法规和行政规章等；第三，依法治市涉及城市生活的各个方面。我们认为，这三个方面是依

---

① 本文载于《依法治市》1989 年第 3 期，与周叶中合著。

法治市的主要内涵。而提出依法治市的动机和通过依法治市所要达到的目的，则是推动、深化改革，发展社会生产力。

首先，从法律的作用看，我们认为，法律的作用可以归为两类，即专政作用和服务管理作用。在不同的历史时期，其侧重点是不一样的。在新的统治阶级掌握国家政权之际，其运用法律的目的主要在于镇压被统治阶级的反抗，巩固国家政权；随着被统治阶级力量的日趋削弱，法律则主要为组织经济、文化建设服务。就我国来说，在社会主义改造完成以前，法律的作用主要侧重于对敌对阶级实行专政；在社会主义改造完成以后，特别是随着党和国家工作重点的转移，法律的作用则主要侧重于经济方面，也就是主要在于推动社会生产力的发展，这一点在社会主义初级阶段尤为明显。

其次，从建设与法制的关系看，邓小平同志提出：搞四个现代化一定要有两手，一手是不行的。所谓两手，即一手抓建设，一手抓法制。我们认为，经济建设和法制建设也是相辅相成的关系，经济建设是法制建设的基础，但法制建设是经济建设的保障。换句话说，要健全法制，必须有良好的社会物质生产条件，要发展经济、发展生产力，又必须充分运用法制手段，通过法制保障经济的稳步发展。

再次，从提出依法治市的背景看，就我们所掌握的材料，提出依法治市比较早、行动比较快的是辽宁省本溪市。但本溪市也是始于1986年。依法治国提了近十年，而依法治省、依法治市则还是近来的事。随着改革开放的深入，客观实践越来越强烈地昭示人们，只有将法制建设和经济建设一起抓，国民经济和社会生产力才能得到稳步发展，依法治国才能落到实处，社会主义民主和法制建设也才能真正得到加强和健全。可以说，是改革开放的深入，促进人们增强了对法制建设重要性的认识，从而提出依法治市的市策。

二、依法治市的核心是依法行政

行政是指行使国家权力，从事国家事务的管理活动。依法行政是指国家行政机关在进行国家事务的管理过程中都有法可依，都依法办事，使行政管理牢固地建立在法制化的基础之上。我们认为，依法治市的核心即在于依法行政，实现城市行政管理的法制化。

依法治市的核心在于依法行政，这是由城市国家行政机关的地位和作用决定的。我们认为，城市国家行政机关实际上具有双重身份，既是执行者，又是管理者。作为执行者，城市国家行政机关必须执行国家宪法，法律，行政法规和上级国家行政机关的命令、决定；同时还要执行同级国家权力机关制定的地方性法规和决议、决定。作为管理者，城市国家行政机关管理着城市政治、经济等社会生活的各个方面，它自身也有权制定行政规章等，以顺利实现这种管理。正是因为城市国家行政机关的这种双重身份，决定了它的作用。作为执行者，如果城市国家行政机关不切实贯彻执行宪法、法律、法规、决议和命令，那么，这些法律、法规等制定得再好也只能是一纸空文；作为管理者，如果在管理、调整各种社会关系中，无章可循、有章不循，势必政出多门，各自为政，造成混乱。这样，所谓管理好城市只能是一个美好的愿望。因此，只有城市国家行政机关真正实现了依法行政，依法治市才能得到贯彻落实。

另外，值得一提的是，我们有些城市国家行政机关的干部，天天在同自己的业务密切相关的各种行政管理法规打交道，脑子里大多是政策观念，而在自己主管的行政工作中，根据有关行政管理法规的规定依法办事的法制观念却不太强。在谈到依法办事时，他们立即想到的是人民法院，或者再扩大一点，联想到其他政法部门。他们认为，只有这种国家机关才是执法机关，才有严格依法办事的问题。而误认为他们自己所在的国家行政机关不是执法机关，他们自己也不是执法者。这种观念是极其错误的。我们要改革开放，要发展社会主义有计划的商品经济，因此，我们必须依法治国，而要依法治国就必须依法治省、依法治市，而要依法治市就必须依法行政。

三、实现依法治市的主要环节

我们认为，要实现行政管理的法制化，实现依法治市，必须抓好以下几个环节：

首先，必须树立“法治”观念。我们认为，所谓“法治”即指一切国家机关及其工作人员的权力来源于宪法、法律，任何人不得超越于宪法、法律之上。在力倡“依法治国”，加强社会主义民主与法制建设的今天，必须坚决厉行法治。要树立法治观念，必须要做到：第一，必须树立“法律至上”的观念。自20世纪50年代开始至今，我们在批判资产阶级“法律万能”时，将“法律至上”与“法律万能”简单地相提并论、一起批判是没有道理的，因为“法律至上”与“法律万能”二者并不是一回事。“法律万能”是指有了法律，就可以什么都不要，就可以一劳永逸，因而是绝对的、排斥其他的；而“法律至上”则是指法律所处的地位，是指在各种行为规范中，法律的地位最高。因此，对资产阶级的“法律万能”我们必须坚决批判和抛弃，但对资产阶级的“法律至上”我们则可借鉴、吸收，将其改造成为无产阶级的“法律至上”。如果在一国的各种行为规范中，不是法律的地位最高，还有其他的东西在法律之上，那么依法治国、依法治市只能是空谈。我们认为，坚持法律至上，与坚持马克思列宁主义和党的领导并不矛盾。因为我们的宪法、法律就是在马克思列宁主义指导下制定的，其内容即是党的路线、方针、政策的规范化。因此，坚持“法律至上”，实际上就是坚持了党的领导，坚持了马克思列宁主义。同时，坚持“法律至上”，也不排斥社会主义道德规范的作用。第二，必须树立行政也是执法的观念和依法行政的观念。行政也是执法，而且，国家行政机关的地位和作用决定了它们必须依法行政。

其次，要实现依法治市，不但要更新观念，而且要有法可依。宪法、法律等是依法治市中必须坚决贯彻执行的。但有许多具体的城市管理方面的工作，还有待于城市国家权力机关和行政机关根据宪法、法律赋予的职权，进行规定。在加强行政立法的同时，必须对大量已有的行政管理法规进行认真编纂、整理。由于以往忽视了这项工作，以致在城市行政管理中，规章林立、层次不清，前后左右上下往往存在矛盾，有时甚至某些主管部门自己也闹不清在它主管范围内，就某一项行政管理工作，各级有权机关这些年来到底制定、发布过哪些行政法规、行政规章？闹不清哪些是因为时过境迁，已不再适用的？哪些是虽然基本可用，但已迫切需要加以补充和修改才能继续发挥作用的？哪些是前后左右上下存在矛盾的？哪些是需要明令禁止的？等等。在这种情况下，又如何进行依法治市呢？因此，我们认为，目前的当务之急主要还在于认真整理、编纂已有的行政法规、行政规章。

再次，有法必依也很重要。目前我国法制建设过程中，还存在有法不依的现象。这一点在城市行政管理方面尤为明显。这一方面是由于有些行政规章的规定不切实际，实施起来比较困难。当然这方面的原因还不是主要的，关键还在于没有明确规定执法机构，以致有关部门相互推诿，使许多规定执行起来非常困难。比如市容管理，就涉及城市管理、治安税务、物价等许多部门，这些部门都与此有关，但到底应该由哪个部门全面管理则不明确。因此，必须明确主管的执法机构。也就是说要将市政府及其职能部门经常的管理工作与执法工作联系起来，从而将行政责任和法律责任结合起来。

最后，既有法可依，又有执法机构，如果没有相应的监督机制也难保证有法必依。监督机制主要由城市党委监督、城市国家权力机关监督和人民群众监督以及专门机构监督等组成。但必须明确的是，监督并不等于包办。因此，城市党委的监督主要是指对城市国家机关及其工作人员的工作予以检查和督促，指出存在的问题，提出改进的意见，对违反国法政纪的工作人员，建议有关方面予以处分（如属共产党员，则由党的组织予以处分；如构成犯罪，则建议司法部门予以追究）；城市国家权力机关的监督主要通过视察、检查由其产生的其他国家机关的工作、听取其工作报告，组织对特定问题的调查，办理公民来信来访，改变或者撤销其他国家机关违法和不适当的法律性文件、决定和命令，罢免国家机关工作人员等途径来实现；人民群众的监督则主要是通过批评、建议和申诉、控告、检举的形式以及各种社会监督形式实现的。此外还有国家机关内部的监督等。必须提及的是，目前在国家机构体系中已经设立的监察机构对于充分发挥监督职能有重要意义。事实上，监察机关是专门监督机构。但如何充分发挥它的作用，则还有许多工作要做。只要组成监督机制的这些监督机关、组织充分有效地运行起来。那么，我们的监督机制就能发挥重要作用，我们的依法治市也就有了切实的保障。

总之，我们认为，真正贯彻依法治市的市策，既有赖于明确依法治市的目的和核心，更新诸多传统观念；同时又有赖于健全和协调立法、执法、监督等方面的体制，从而使依法治市这一全方位、多层次的社会系统工程得到健康、顺利地运转！

谈中国不能实行三权分立[①]

1986 年许崇德教授和我合写的《分权学说》小册子问世以后，国内有同行专家学者评论这本小书，说它联系中国实际认定中国不能实行三权分立的观点太保守。但我仍然坚持许崇德教授和我原来的观点。下面再作一些论述。

一

所谓三权分立，简单地说是指把国家权力分为立法、行政、司法三个部门，由三个机关分别行使；这三个机关在行使权力过程中既是彼此分离独立的，又保持着一种相互牵制平衡的关系。现代资本主义国家中除瑞士之外，都采用三权分立作为国家机关的组织与活动的基本原则，只不过它们具体的分权与制衡形式不尽相同而已。

我认定在中国不能实行三权分立是因为三权分立本身存在缺陷，不能为社会主义中国所采用。

（一）三权分立学说赖以建立的理论基础属于唯心主义哲学思想体系。

三权分立学说赖以建立的理论基础是与社会契约论相结合的近代自然法学派学说。近代三权分立学说的倡导者和完成者都信奉近代自然法学派学说。洛克认为在国家产生以前人类生活在自然状态之中。人人都享有生命权、财产权、自由权等自然权利，个个都接受理性指导，遵守自然法。孟德斯鸠也承认在国家产生之前人类曾存在过自然状态和自然法。生活在自然状态下的人们存在着和平、寻找食物、互

① 本文载于《法学评论》1990 年第 1 期。

相爱慕、愿过共同生活的关于社会生活的四条自然法则。洛克和孟德斯鸠都谈到了国家的起源。洛克崇尚社会契约论，认为自然状态中的人们便相约组织国家。孟德斯鸠则认为国家的起源是人们之间存在一条维系人心的、感恩知情的纽带。他虽然没有直接主张社会契约论，但是他所谈的纽带只能说是人们组成国家的主观愿望，要把这种主观愿望变为现实，便必须有相互之间的意思表示，因而接近于相互协议、社会契约。洛克和孟德斯鸠还谈到了国家的目的。洛克认为人们相约组成国家的目的是为了保护自然权利。孟德斯鸠则认为一切国家的共同目的是自保，但各国又有其独特的目的。他认为英国政治的目的是政治自由。他们两人根据当时英国的宪政体制，认定一个国家要符合它建国的目的，必须建立像英国君主立宪制那样的权力分立体制。

洛克、孟德斯鸠所论及的自然状态、国家起源、国家目的都没有和社会物质生活条件相联系，都不符合社会经济基础决定上层建筑的历史唯物主义基本原理，这种建立在唯心主义哲学体系之上的分权理论，是我们以马克思主义作指导的社会主义国家所不能接受的。

（二）三权分立制在实际运用过程中不断遭受冲击。

自从资本主义进入垄断资本主义阶段以后，资本的集中要求国家权力的集中。议会人多嘴杂，对国家集中权力产生影响和阻碍。掌握国家权力的垄断资产阶级便把他们集中权力的欲求寄托于人员比议会要少得多的行政首脑部门。于是行政权力的不断扩大就成为资本主义国家权力运用的必然趋势。不论美国的总统、英国的首相或其他资本主义国家的行政首长，都能采取各种方式扩大行政权力。有许多事例简直是对分权制衡的讽刺。如美国宪法规定总统应时时向国会报告国务情况、条陈政策，以备审议。这一规定的原意是使国会得以牵制总统。但实践的结果是，总统的国情咨文、经济咨文等向国会的报告竟成为指导国会的立法依据，倒转过来成了总统影响和控制国会立法的手段。行政权不断扩大的结果，自然是立法、司法两权相应地日益削弱。三权分立制在资本主义国家中虽然还没有完全丧失作用，但已遭受巨大的冲击和严重的破坏。除了行政权不断扩大之外，政党政治也冲击着三权分立制。随着政党政治的发展，资本主义国家的国家机关体系之间的分权与制衡关系已演变为政党内部的权力分配、政党之间的权力分配与协作关系，甚至导致政党之间的权力斗争，进而产生政府危机、宪政体制的改变。在两党制的责任内阁制国家里，内阁首脑必然是议会多数党领袖，其立法与行政的关系实际上已演变成执政党内部的权力分配关系。在两党制的总统制国家里，总统所在的政党虽不一定是议会中的多数党，但立法与行政的关系仍然具有政党关系的性质，它表现为政党内部的权力分配、或政党之间的权力协作与权力斗争。特别是在多党制而又实行责任内阁制的国家里，由于很难有一个政党在议会中获得多数席位，不得不由几个政党联合组阁。但参与组阁的政党却往往因处理某些具体问题而发生矛盾以致互相倾轧、产生分裂。这样就容易导致议会对内阁的不信任，产生政府危机。

（三）三权分立从学说的倡立到体制的运用都不断发生争论。

洛克倡导分权理论之后，其最早的反对者是卢梭。他认为分权论者的主要谬误在于没有形成主权权威的正确概念，把主权权威所派生的东西误以为是主权权威的构成部分。在他看来，人民的公意一经宣布就构成主权行为，并且构成法律，而其他权力都只是法律的运用，不能构成主权权威。他从公意的不可分割性、主权的不可分割性的观点出发反对分权学说。卢梭的论述引起了国家权力是否可以分割的争议。直到20世纪初两位日本学者提出三权分立不是分割国家权力而是分配实现国家权力的权能或权限的观点，才勉强解决国家权力是否可以分割的争论。争论的焦点转入权力分立有无确切含义。现代美国宪法学家柯尔文在他的《美国宪法》一书中把三权分立的含义总结为四个要点。① 他的说明具有一定权威性。但是，另一位西方宪法学家马歇尔在他的《宪法理论》一书中却认为柯尔文的说明既不符合传统的权威著作中的标准思想，也不一定适合以往的和现行的宪法中所规定的实际情况。他认为分权概念面临着难以弥补的缺陷，并且指出了这些缺陷的要点。② 本文虽因篇幅关系不能详细列举他们所谈的要点，但可见权力分立的含义确实难于有一个统一的理解。在争论中最引人注目的是司法审查是否合理的问题。所谓司法审查是指司法机关通过审理案件来审查适用于该案件的法律的合宪性。它确立司法权

① 参见［美］柯尔文：《美国宪法》，1968年英文版，第9~10页。

② 参见［美］马歇尔：《宪法理论》，1980年英文版，第124页。

对立法权的牵制，是三权分立在实际运用中的一个重要组成部分。可是它的合理与否却存在争议。认定其合理者的主要理由是：司法权是三权中最弱的一个，应有足以自保免受其他两权侵犯的手段；否认司法审查，让违宪的法律生效，会使立法机关超越其被授予的权限。否认其合理者的主要理由是：洛克主张立法权应受限制，但没有说它应受司法权的限制；孟德斯鸠确认司法权是三权中最弱的一个，但没有主张用司法审查加强司法权；三权的地位应该是平等的，司法审查构成否定的立法权，使司法权高踞于立法权之上，破坏了这种平等关系。

分权学说的创立、分权原则被宪法确认已有两三百年的历史。可是它的确切含义是什么，它在实际运用的某些方式是否合理却无统一认识，还在进行喋喋不休的争议。如在中国实行三权分立定会引起混乱，出现麻烦。

二

我们认为中国不能实行三权分立制，是因为它不适合中国国情。

（一）中国建立了适合自己国情的人民代表大会制度，人民代表大会制度以民主集中制、议行合一制为基本的组织与活动原则，它否定了三权分立制。

按照宪法的规定，我国的人民代表大会制度包含着以下内容：国家的一切权力属于人民；人民在民主选举的基础上选派代表组成全国人民代表大会和地方各级人民代表大会作为代表人民行使国家权力的机关；其他国家机关由人民代表大会产生，受它监督，向它负责；人民代表大会向人民负责。

人民代表大会制度是中国人民在中国共产党的领导下，在长期的革命斗争中创建起来的。中国人民早在20世纪20年代就在上海、湖南建立了市民大会、农民协会，出现了人民代表大会制度的萌芽形态；其后在30年代，建立了苏维埃制度；在40年代又建立了参议会制度、人民代表会议制度，为建立人民代表大会制度积累了经验；最后在1954年制定的中华人民共和国成立以来的第一部宪法中正式确认在中国实行人民代表大会制度。中国人民政权建设的历史充分证

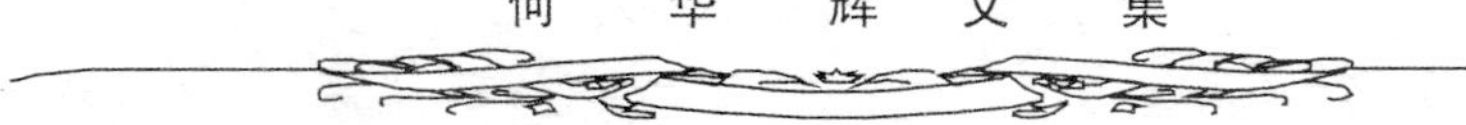

明：人民代表大会制度不是从任何其他国家抄袭的，它是中国人民革命政权建设经验的总结，是人民革命创造性的产物。这种由人民自己创建的制度扎根于人民之中，当然是符合国情的。人民代表大会制度适合中国国情，还因为这个政权组织形式方面的制度适应我国国家性质，适应人民民主专政的需要。它的这种适应性为我国产生人民代表的选举制度所保证。通过民主选举，我国的工人、农民、知识分子、人民解放军、一切爱国者以及各民族等各个方面的优秀人物和代表人物被选为人民代表，并且有适当数量的工人、农民代表体现工人阶级的领导，加强工农联盟，从而保证人民代表大会所制定的法律、作出的决议能够反映和体现以工人阶级为领导的全国人民的意志和利益。

适合我国国情的人民代表大会制度以民主集中制、议行合一制作为基本的组织与活动原则。民主集中制、议行合一制的运用保证了国家权力的统一。从国家机关的相互关系说，人民代表大会高踞于其同级的其他国家机关之上，其他国家机关均由它产生，并受它监督、向它负责。从中央和地方的关系说，我国中央和地方国家机关职权划分的重要原则之一是遵循中央的统一领导。这就说明我国地方的权力集中于各级地方人民代表大会，整个国家的权力集中于全国人民代表大会。不仅如此，民主集中制、议行合一制的运用还保证了人民权力的统一。它通过人民代表的民主选举让广大人民群众参加国家管理，它通过人民对人民代表大会的监督保证人民代表大会完全遵照人民的意志办事。这是人民代表大会制度的主要优点。由于它是由人民群众创建的，并能适应人民民主专政的需要，体现国家的阶级本质，它便成为我国的根本政治制度。

人民代表大会制度的建立，民主集中制、议行合一制的运用是对三权分立制的否定；而其所产生的优点则为三权分立所不可能具备。我们决不能舍弃一种适合国情而又具有优越性的根本政治制度，而代之以从外国引进的、陌生的制度。

（二）必须坚持和完善人民代表大会制度，中国的政治体制改革应坚持在这个制度的基础上进行，不能引进三权分立制。

人民代表大会制度在我国正式确立和实施已有三十多年的历史。这段时间内，我们国家经历了一段艰苦曲折的路程，取得了巨大的成就，也总结了一些重要的经验教训。人民代表大会制度也跟着整个国

家走过了一段艰苦曲折的路程。自从党的十一届三中全会、全国人大第五届首次会议以后，我国的人民代表大会制度已经进入正常运转和充分发展的新的历史时期。在这个时期里，它不断得到完善。人民代表大会制度的新时期是同我国政治体制改革的时期同步到来的。由于四项基本原则是我国立国之本，人民代表大会制度是我国根本的政治制度，因此，我国政治体制改革的基点应该是在坚持四项基本原则的前提下，坚持人民代表大会制度。

目前，我们应该根据自己的国情，在坚持人民代表大会制度的基础上，采取进一步健全国家机关的监督机制、提高人民代表的素质、提高全民族的素质，以进一步提高和加强人民代表大会行使国家权力的能力，使之成为具有充分能力的国家权力机关。如果不顾国情，引进三权分立制，其结果必然会削弱人民代表行使的权力，必然破坏人民代表大会制度，从根本上震撼我国的根本政治制度。这是和我国政治体制改革中所应坚持的原则背道而驰的，也是全国人民绝对不能容许的。

（三）我国的封建遗毒具有不同于其他国家的特点，只能用加强政治思想教育、运用法的强制力量的方法进行整治，不能因此而实行三权分立。

有人说：三权分立学说主张以权力约束权力，以权力对抗权力，能够防止权力滥用，三权分立体制曾经起过反对封建专制主义的进步作用；中国是一个具有长期封建主义历史传统的国家，封建特权思想的影响目前仍然存在，因此应该实行三权分立，整治残存的封建遗毒。这种说法好像言之成理，实际上并不正确。

三权分立制确实因其建立了以权力约束权力、以权力对抗权力的机制，而起过反对封建专制主义、防止封建势力复辟的历史进步作用。中国确实因受封建主义的影响，至今仍在少数人中存在封建特权思想和谋求封建特权的行为。但是，中国的封建遗毒和资本主义国家建国初期的封建遗毒却有所不同。资本主义国家建国初期封建主阶级还有一定的力量，还梦想恢复自己的天堂；同时资本主义私有制和封建主义私有制一脉相承，其相互转化并不困难，特别是私有土地的转化更为容易。在这种情况下，封建主阶级复辟是可能的。而中国则已经建立了社会主义国家，社会主义制度的建立消灭了封建主阶级赖以存在的物质基础，社会主义公有制是与封建主义私有制完全不同的所有制，失去了赖以存在的物质基础的封建主作为一个阶级已被消灭。同时，我们的社会主义国家是由工人阶级领导的。工人阶级按其阶级本质和历史使命来说是不谋求特权也不容许谋求特权的。因此，封建特权思想、封建特权行为的存在被视为一种非常明显的非法存在。

中国的封建遗毒既有不同于其他国家的特点，自然也应有不同于其他国家的整治方法。历史和现实都告诉我们，中国可以用加强政治思想教育的办法整治封建特权思想，可以运用法的强制力量抑制封建特权行为。中华人民共和国成立以后，凡是加强政治思想教育的时候，封建特权思想必然受到打击。党的十三届四中全会决定办几件实事，惩治贪污腐败之后，已经收到良好的效果。但是，应该明确认识，封建遗毒的影响在我国仍然存在，加强政治思想教育，运用法的强制力量予以整治仍有其长期性和艰巨性，我们应该坚持到底，决不半途而废。

中国封建遗毒的特点也是中国国情之一，我们不能不顾国情，希图运用三权分立加以整治。三权分立之所以能够起反对封建专制主义的历史进步作用，主要是由于它建立了以权力约束权力，以权力对抗权力的国家机关运行机制。而我国的国家权力属于人民，不能采用这种运行机制。人民创造了人民代表大会制度，决定全国人民代表大会作为最高国家权力机关，人民于国家机关之外，选择了中国共产党作为领导，由中国共产党行使对国家权力的领导权。全国人民代表大会的最高权力，中国共产党的领导权两者均来自人民，体现人民权力的统一。除了接受人民的监督之外决不能接受其他任何权力的约束，更不容许其他任何权力和它们相对抗。而人民的监督则是为了使全国人民代表大会更好地行使国家权力，使中国共产党更好地行使对国家权力的领导权。

我反对在中国实行三权分立，并且认为凡是既否定四项基本原则，又盲目崇拜西方民主制度、主张全盘西化，包括引进三权分立的人都是搞资产阶级自由化，应该加以批判清算。我从原则上否定三权分立，认为在中国不能实行此制，但原则上的否定并不排斥细节问题的可取性，我国国家机关之间的分工、协调与配合仍然可以借鉴其中若干具体经验。

简论坚持和完善人民代表大会制度[①]

坚持和完善人民代表大会制度是一个具有重大理论意义和实践作用的问题。下面就这个问题简要地谈几点看法。

一

要坚持和完善人民代表大会制度，首先要明确认识这个制度的含义及其在我国政治体制中的重要地位和作用。

我国的人民代表大会制度是以人民代表大会为主体的、由人民代表大会作国家机关体系的核心实现人民的国家权力的制度。它首先包含着全国人民代表大会和地方各级人民代表大会一套完善的内部组织系统。这个组织系统是人民代表大会制度的主体。如果没有这个主体，就不可能有人民代表大会制度。但是，人民代表大会制度不仅包含人民代表大会，它同时也包含着人民代表大会在整个国家机关体系中的地位。按照宪法的规定："国家行政机关、审判机关、检察机关都由人民代表大会产生，对它负责，受它监督。"这就说明人民代表大会在国家机关体系中处于核心地位。此外，人民代表大会制度还包含着人民代表大会所具有的国家权力机关的性质及其所行使的国家权力的渊源。宪法规定："中华人民共和国的一切权力属于人民。人民行使国家权力的机关是全国人民代表大会和地方各级人民代表大会。"宪法还规定："全国人民代表大会和地方各级人民代表大会都由民主选举产生，对人民负责，受人民监督。"这些规定说明人民代表大会是国家机力机关，它所行使的国家权力来自人民。

① 本文载于《法学评论》1991 年第 1 期。

人民代表大会制度是我国根本的政治制度。我国有许多制度，诸如立法制度、行政管理制度、司法制度等，但都不如人民代表大会制度那样能够直接体现我国的人民民主专政本质，反映国家生活的全部面貌。只有人民代表大会制度才能通过它的组织与活动全面地反映我国社会各阶级在国家中的地位，体现工人阶级对国家的领导，巩固工农联盟，团结一切爱国力量，发扬社会主义民主，加强对反对派的专政。也只有人民代表大会制度才能根据国内外阶级力量对比关系和人民群众的实际需要决定国家的历史任务和大政方针，确定政治、经济、文化、社会等各方面的活动规范。同时，在我们国家里，凡是属于国家范围内的一切制度，不论是立法、行政、司法制度或者是其他什么制度，都由人民代表大会直接组建，或由它授权的机关组建并经它审查批准。而人民代表大会制度则是中国人民在中国共产党领导下在长期革命斗争中创建出来的。它是人民革命政权建设经验的总结，也是党的领导和人民群众的创造性相结合的产物。它的产生不以任何其他制度为依据，可见这个制度在我国国家范围内的各种制度中居于首要地位，是我国根本的政治制度。由此可以认定：我国目前实行政治体制改革的首要任务是在坚持人民代表大会制度的基础上，不断地完善这个制度，离开坚持和完善这项根本的政治制度，单独地进行其他政治体制方面的改革，都是舍本求末，都难以开展，更难收实效。

人民代表大会制度也是我国实行社会主义民主的基本形式。人民代表大会代表人民行使国家权力。它的代表来自人民，它在行使国家权力的过程中要向人民负责。这个制度无疑是实现人民当家作主、实现社会主义民主的一种形式。除此以外，在我国还有多种多样的实现社会主义民主的其他形式。宪法所宣布的“人民依照法律规定，通过各种途径和形式，管理国家事务，管理经济和文化事业，管理社会事务”就说明了这一点。在实现社会主义民主的各种形式中，人民代表大会制度是我国实现社会主义民主的基本形式。列宁曾经说过：“彻底发展民主，找出这种发展的形式，用实践来检验这些形式等等，都是为社会革命进行斗争的任务之一。”① 在这里，列宁要强调发展民主形式的重要意义。我国现行宪法确认发展社会主义民主为国

① 《列宁选集》第3卷，人民出版社1972年版，第238页。

家的一项重要任务。就目前的实际情况而言，我国的社会主义民主已经是最高类型的民主。它在内容上的发展存在的余地不多，它的发展主要地应该是形式上的发展。由此可以认定：要完成宪法确认的发展社会主义民主的任务，必须在坚持人民代表大会制度的基础上，不断地完善这个制度。离开坚持和完善这一基本的实现社会主义民主的形式，就难以实现社会主义民主，更谈不上发展社会主义民主。

二

坚持人民代表大会制度和完善人民代表大会制度好比是同一链条上的两个紧密相连的环节。坚持是完善的前提条件，完善是坚持的预期结果。不坚持人民代表大会制度，就不可能完善这个制度，坚持人民代表大会制度，就能不断地总结经验，使之日臻完善。但是，在这两个环节中，却各有一些重要的问题必须加以解决。这里先说坚持人民代表大会制度所应重视和解决的问题。

要坚持人民代表大会制度，必须排除干扰，反对各种不利于坚持这个制度的思想和行动。目前这方面的思想和行动表现为轻视和淡化人民代表大会制度。其中危害性最大的是有人宣扬三权分立制，无视其时代局限性和阶级局限性，妄图用它取代人民代表大会制度。对此应该加以严肃的批评和有力的抨击。

三权分立制包含分权与制衡两方面的内容。所谓分权是指把国家权力分为立法、行政、司法三个部分，分别由三个国家机关独立行使；至于制衡则是指这三个国家机关在行使权力的过程中保持着一种互相牵制、互相平衡的关系。三权分立制是绝大多数资本主义国家确立的国家机关组织与活动的指导原则，它不能适用于中国。

首先，三权分立制赖以建立的理论基础在哲学体系中属于唯心主义，在国家学说中属于超阶级的国家论。它和我们以马克思列宁主义、毛泽东思想为指导的国家的哲学思想体系与国家学说根本对立。

三权分立的理论基础是和近代自然法学派学说相结合的社会契约论。其倡导者洛克和孟德斯鸠都信奉近代自然法学派的学说。前者认为在国家产生之前人类生活于自然状态之中，人人享有生命、财产、自由等自然权利，个人遵守自然法并接受理性的指导。后者也承认自然状态和自然法的存在，并认定生活在自然状态下的人们之间存在着和平、寻找食物、互相爱慕、愿过共同的社会生活四条自然法原则。在谈到自然状态的结果和国家的起源时，洛克崇尚社会契约论。他认为自然状态中人们的自然权利受到不遵守理性和不遵守自然法的人的侵犯得不到保护，于是人们便相互组织国家。孟德斯鸠不像洛克那样直接断定国家产生于人们相互协议的社会契约，却认为国家起源于一条维系人心的感恩知情的纽带。而这种感恩知情的主观愿望要变成组织国家的现实，必须通过相互之间的意思表示，因而也接近于社会契约。洛克和孟德斯鸠在论述国家起源于社会契约的基础上谈到国家的目的。洛克认为人们相约组成国家的目的是为了保护他们的自然权利。孟德斯鸠认为一切国家都以自保为其共同目的，此外每个国家又各自有其独特的目的，而英国政制的目的则是政治自由。由是他们进一步认定国家要符合其建立的目的，必须建立权力分立的体制。这样就为他们倡导的三权分立制奠定了理论基础。很显然，这种理论基础十分脆弱。它的根本谬误在于：不符合历史唯物主义原理，没有从社会生产的发展变化、私有财产和阶级的出现中探索国家产生的根源，没有根据国家的阶级本质阐明国家的目的。

其次，三权分立制确立以后，在资本主义国家里，理论上出现许多争议，实践中遭受巨大冲击。如果中国采用此制必然引起混乱。

就理论而言，主要争议有国家权力能否分割、权力分立有无确切含义等。其中争议最为剧烈、延续时间最为长久的是司法审查有无道理，即司法机关对立法机关制定的法律的合宪性进行审查是否合理？肯定方的主要理由是司法权在三权中最弱最小，应赋予它以司法审查权，使之足以自保免受其他两权的侵犯。否定方的主要理由则是三权的地位和关系应是平等的，司法审查权实际上构成一种否定的立法权，它使司法权高踞于立法权之上，破坏了这种平等关系，构成对分权原则的明显侵犯。

就实践而言，三权分立制遭受的最大冲击是行政权力的扩大和政党政治的渗透。资本主义制度在经济上的发展演变规律是从自由竞争到集中垄断，而经济上的集中垄断反映到政治上便是要求国家权力集中。这时垄断资本与国家权力融合，垄断资本集团实际上操纵了国家权力。他们选择政治上的代理人时考虑到议会人多嘴杂、不易控制，

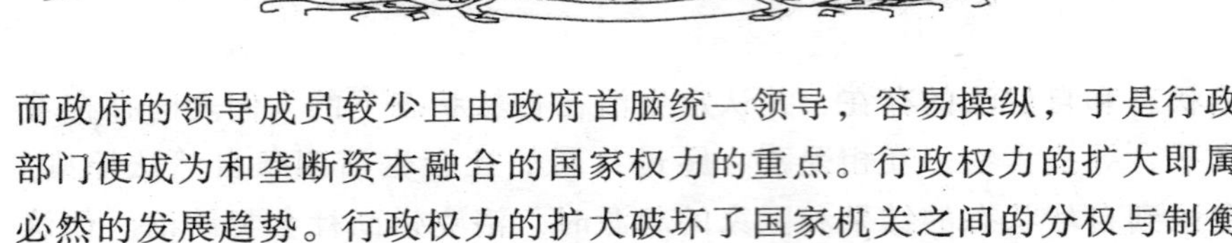

而政府的领导成员较少且由政府首脑统一领导，容易操纵，于是行政部门便成为和垄断资本融合的国家权力的重点。行政权力的扩大即属必然的发展趋势。行政权力的扩大破坏了国家机关之间的分权与制衡关系，从而使三权分立制受到巨大冲击。与此同时，资本主义国家建立以后，政党在国家政治生活中的作用日益显著。这种政党政治对三权分立制起着渗透的作用。其具体表现有两个方面：第一，使国家机关体系之间的分权与制衡关系变为执政党内部的权力分配与协调关系，或政党之间为争夺国家权力而进行的各种复杂的互相斗争、倾轧，相互联合、妥协的关系。第二，使国家机关体系运用三权分立的具体形式发生变化。这种情况多发生于存在多党制而又实行责任内阁制的国家，因为这些国家的内阁难于在会议中获得稳定的多数议席，经常因议会不信任内阁导致内阁倒台，政府更替、政局不稳定。

最后，有人认为三权分立制在历史上起过反对封建专制主义的进步作用，中国封建遗毒的影响尚未彻底清除，如果采用三权分立制可以根除封建特权思想和特权行为。这种观点具有片面性，也是错误的、有害的。

分权学说对其以权力约束权力的中心思想在反对封建专制主义的斗争中起过历史进步作用；三权分立制度在确立资产阶级民主、防止封建专制主义复辟的政治实践中建立历史功勋；中国由于受封建主义的影响，还有少数人存在特权的思想和谋求特权的行为。但是，我们应该明确认识：三权分立制的进步作用具有时代局限性，它要受一定历史范围的局限；我国现行的人民代表大会制度则因实行民主集中制而处于更高境界，它的进步作用一直能够发挥到国家自行消亡之际。我们更应该充分理解：封建专制国家内封建主义特权思想和特权行为占统治地位，属于合法存在；资本主义国家只是以资本主义的特权取代了封建特权，而且这两种特权都建立在生产资料私有制基础之上，从而存在着极大的封建特权复辟的可能性。至于我们国家则是工人阶级领导的社会主义国家。工人阶级按其阶级本质和历史使命来说，是不谋求也不允许谋求任何特权的。社会主义制度下建立了占统治地位的社会主义公有制并以完全消灭私有制为根本目的。目前封建遗毒的影响尚未彻底清除，但毕竟不占统治地位，属于非法存在。在这种情况下，我们可用加强政治思想教育的办法肃清封建主义的思想流毒，

运用法的强制力量制止封建主义的特权行为。我们已经建立了符合自己国情的、实行民主集中制更为优越的人民代表大会制度，决不能舍弃此制而代之以三权分立制。

三

要进一步完善人民代表大会制度，中心问题是要加强人民代表大会行使国家权力的能力。围绕着这个中心问题需要处理的事情很多，现仅就充实人民代表大会的组织机构这个问题简述于后。

我国的人民代表大会已经建立了一套较为完整的组织，为有效地开展工作奠定了基础。但是，它仍须进一步加以充实，在进一步完善原有机构的同时，增设若干机构。这里只就增设监督宪法实施的专门机构问题提点建议。

宪法的监督实施包括审查法律、法律性文件的合宪性，审查国家机关及其工作人员和全体公民的行为的合宪性，解决国家机关之间的权限争议等内容。当代世界各国监督宪法实施的机关有国家权力机关、司法机关和专门机关三种类型。我国现行宪法规定由全国人民代表大会和它的常务委员会行使监督宪法实施的职权，属于由国家机关体系行使宪法监督权的类型。我国现行的监督宪法实施体制有两大优点：一是由全国人大行使监督权符合人民民主精神，全国人大常委会也有监督权，能把监督宪法纳入经常工作，不至因全国人大闭会而中断；二是对法律、行政法规、地方性法规和其他法律性文件的合宪性审查按照宪法的规定形成了一套纵横交错的完整体系。此外，中国共产党的领导和人民群众维护宪法尊严的自觉性，更是我国监督宪法实施的突出特点和优点。但是，尽管如此，仍有完善现行监督宪法实施体制、增设专门机关的必要。新时期以集中力量进行社会主义现代化建设为根本任务，全国人大和它的常委会面临着繁重的立法任务。在这种情况下，将法律和法律性文件的合宪性审查工作交由专门的宪法监督机关，对于减轻最高国家权力机关系统的工作压力，可能是较为有利的。新时期的一个重要特点是实行改革开放。我国现行宪法体现了改革开放精神，规定了国家实行改革开放方针所应遵循的原则和重要条款。我们的改革开放工作毫无疑问应在宪法规定的范围内进行。

但改革开放工作的进程十分复杂，其中许多具体活动是否符合宪法须由监督宪法实施的机关作出权威解释，才能决定是否可以继续进行；同时，改革开放又是开拓性很强的工作，其中有些活动虽在宪法中没有明文规定作为依据，但行之有效，能够促进社会主义建设事业的发展，甚至对宪法的补充修订起着推动作用。如我国宪法关于土地问题、私营经济问题的修改补充规定，即是在总结这类活动的经验基础上产生出来的。然而这类活动的合宪性也应由监督宪法实施的机关进行解释，予以确认。在全国人大和它的常委会立法任务极为繁重的情况下，增设专门机关审查实行改革开放方针中各种具体活动的合宪性也很有必要。此外，其他关于国家机关及其工作人员和全体公民的行为的合宪性审查、国家机关之间权限争议的解决，也都十分繁杂，更有必要增设监督宪法实施的专门机关。

至于专门机关的名称可采用“宪法委员会”；其隶属关系可从属全国人大及其常委会；其组成人员可由全国人大选举产生并可聘任少数法学专家；其职权专管属于监督宪法实施的各项工作。这样就既能保持我国原有宪法的监督体制的优点，又可加强监督宪法实施的实际工作，从而进一步维护宪法权威，提高人民代表大会制度的效能。专门机关的设立还有一个立法技术问题，根据世界各国经验，可在宪法中设置专门章节或专门条款加以规定，就我国情况而论以只设专门条款为宜。可以考虑在宪法第 69 条与第 70 条之间，增设一条“全国人民代表大会设立宪法委员会主管监督宪法实施工作；宪法委员会受全国人民代表大会和全国人民代表大会常务委员会的领导，其组成、职权、工作程序由法律规定。”这样既不增加很多宪法条文，又不和宪法关于全国人大和它的常委会行使监督宪法实施职权的规定相冲突。这样的建议，似应具有可行性。

四

中国共产党的领导是坚持和完善人民代表大会制度的根本保证。离开党的领导就不可能坚持人民代表大会制度，更不可能完善人民代表大会制度。

我国宪法确认了中国共产党在中国革命和建设事业中的领导作

用；它宣布了我国坚持四项基本原则；它规定了工人阶级是我们国家的领导阶级。宪法所宣布的坚持四项基本原则以坚持党的领导为核心；宪法所规定的工人阶级领导通过工人阶级的先锋队共产党来实现。所有这些都说明党对国家的领导是一项坚定不移的宪法原则。由于国家的职能主要是通过国家机关实现的，因此，党对国家的领导主要是对国家机关的领导。这就决定着中国共产党对人民代表大会制度的领导也是一项坚定不移的宪法原则。

党对人大制度的领导的实质，是把党的意志变为国家意志，即通过对人民代表大会制度的领导把党的路线、方针、政策变为全国人民代表大会和地方各级人民代表大会制定的法律和决议。这种意志转化的过程，有它特定的严格要求。首先，它要求被转化的意志具有正确性；同时，它要求转化的程序具有合理性。

关于被转化的意志的正确性：国家意志通过党的领导由党的意志转化而来，它的正确与否完全取决于党的路线、方针、政策是否正确。历史证明，中国共产党是一个伟大的、光荣的、正确的党。由于党的路线、方针、政策正确，我国的人民代表大会制度才得以正常运转并逐步发展，才能表示出正确的国家意志，我国的革命和建设事业才能取得伟大的胜利和光辉的成绩。

关于转化程序的合理性：由于党的领导实质上是把党的意志上升为国家意志，而党的意志又表现为党的路线、方针、政策，因此党对人大制度的领导是路线、方针、政策的领导，而不是一般的行政领导。这就决定着意志的转变程序不能采用行政程序，不能使用指挥命令方式。同时我国宪法确认了人民代表大会的国家权力机关的地位，并赋予它以行使国家权力的各种职权；我国宪法还规定一切国家机关和武装力量、各政党、各社会团体，各企业事业组织都必须遵守宪法和法律。中国共产党也必须以宪法为根本活动准则。这就决定着实现党的领导、实现意志转变的程序应该符合宪法的规定，尊重人民代表大会的地位和职权。根据人民代表大会实行民主集中制、合议制的特点，合理的程序应该是由党的领导机构就涉及路线、方针、政策的各种具体事项向其同级人民代表大会提出建议，由人民代表大会中的党员代表阐明党的意图进行说服工作，争取与会代表的法定多数赞同，使党的建议纳入人民代表大会制定的法律和作出的决议之中。同时为使党的正确意志得以合理地转化为国家意志，人民代表大会也应诚恳地接受党的领导，积极地争取党的领导。

党对人民代表大会制度的领导实质上也是一种党政关系。在处理这种关系时，正如党和国家的领导人和专家学者们所一再阐述的：必须反对一切企图摆脱和削弱党的领导的错误言行；反对以党代政、以党令政的不良倾向。这些论述可以说是正确处理党政关系的基本准则。要贯彻执行这个基本准则，必须弄清党权政权的渊源，探索党权领导政权的根据。

党权、政权来自人民。中华人民共和国的一切权力属于人民。人民行使国家权力的机关是全国人民代表大会和地方各级人民代表大会。这是宪法明确规定的。党对国家的领导是一项坚定不移的宪法原则，是人民在长期的革命和建设实践中作出的选择，并以国家根本法的形式加以确认。国家权力、党的领导权来自人民。两权并存，其间没有根本的矛盾冲突，两权统一在人民的意志和利益之中，都按人民的意志和利益行使。

党权领导政权决定于党的组织性和先进性。全国人民代表大会是最高国家权力机关，既云最高，为何还要受党的领导？有人提出疑问。正如前面所说，党的领导是路线、方针、政策的领导，而且党的路线、方针、政策是否能够由全国人民代表大会以法律、决议的形式表现出来，在程序上还要取决于全国人民代表大会是否赞同认可。可见党的领导并不妨碍全国人民代表大会行使其最高国家权力，无损于其最高国家权力机关的地位。至于党的路线、方针、领导的必要性，则取决于中国共产党是一个按照民主集中制原则建立起来的具有严格组织纪律的统一体，它洞察国家社会各种事物发展的规律，并且善于按照发展规律的要求指明国家社会前进的方向道路。有了中国共产党的领导，我国的人民代表大会就能正确地、有效地行使国家权力。

何华辉为《行政法知识手册》提序

在改革开放的年代，如何发展社会主义民主、健全社会主义法制，已成为广大理论工作者和实际工作者应该加以思索研讨的重大课题。中华人民共和国成立四十年以来，我们的民主法制建设确实有着辉煌的成就和举世瞩目的进步。历史的经验已经告诉我们，要建设强大的社会主义国家，必须发展民主、健全法制。

发展民主、健全法制是一个内容十分丰富的课题。在这个总的课题中，行政法应当是其中的一个重要组成部分。尽管这个部门法曾被“遗忘”多年，并且许多公民对它还很陌生，但是近年来我国的行政法制建设已有了长足进步，许多行政法规已相继制定颁布。因此普及宣传行政法知识，不仅具有理论意义，而且具有实践意义。

由桂自力、洪魁旺担任主编，涂克明、秦前红等担任副主编的《行政法知识手册》，系统全面地论述了行政法知识。该书行文流畅、逻辑严谨、通俗易懂，在体例、结构等方面也不乏新颖之处，不失为一本具有理论联系实际特点的很好的著作。相信它的问世将对公民树立行政法制意识，对促使广大干部依法行政、忠实履行职责大有裨益。

1989 年秋于武昌珞珈山

论进一步强化宪法权威[①]

在一定意义上，宪法权威状况是一国民主法制建设程度的标志。我国现行宪法颁布实施十年来的实践表明，国家和社会生活各方面的有序运转和高速发展，同样有赖于宪法权威的树立与维护。因此，对宪法权威进行研究，探讨如何进一步强化宪法权威问题是对宪法颁布十周年最好的纪念。

一

宪法权威是就国家与社会管理过程中宪法的地位和作用而言的。在历史上，权威是人类社会组织化的产物，是社会组织成员间矛盾、冲突的结果，是人类社会从混沌无序到和谐有序的关键。当人类与大自然和日趋复杂的生产、生活展开搏斗，为自身生存和利益满足抗争的时候，单个人力量的渺小，决定了组织的必要。但人们彼此间能力、需求和其他方面的差异又决定了组织内部矛盾、冲突的必然。为了使矛盾、冲突得以协调、解决，人们彼此间能够和谐、安宁、有序，权威也就应运而生。正是从这一意义上我们说，在人类社会中权威具有普遍性。尽管在实际生活中，权威有纷繁复杂的表现，诸如神的权威、人的权威、组织的权威、规则的权威等，但在国家和社会管理范畴中，则主要表现为从习惯权威到宪法权威的历史过程。虽然表面看起来，这种历史轨迹的变换只是国家和社会管理方式的选择，但这种选择本身却最终决定于生产力的发展水平以及由生产力所决定的

---

① 本文载于中国检察出版社 1994 年出版的《宪法与民主政治》文集，与周叶中合著。

社会关系的演化。因此，宪法之所以必须具有权威性尽管可从宪法的内容、效力以及制定、修改程序等方面得到说明，但其终极原因却深存于社会生活本身。换言之，社会化大生产的扩展，商品经济的萌芽和繁荣，社会关系的错综复杂和法律部门分工的日益细密，是宪法必须具有最高权威的根本原因。从近现代各国宪法内容及宪法实施情况看，宪法权威的具体内容和特征主要表现在两大方面：

（一）在国家和社会管理的所有行为规范中，宪法的地位最高、效力最大

行为规范是实现国家和社会管理职能最重要的前提之一。它不仅充分反映了国家和社会管理活动主体的意志和利益，而且鲜明地昭示了人们的行为指向、方式、方法和程序，从而使国家和社会的管理职能在预先设定的轨道上得以实现。从人类社会发展的历史实践看，这方面的规范主要包括习惯、道德规范、政策和法律规范四大类。众所周知，习惯和道德规范都是人们在生产、生活中经过长期的反复锤炼、获得普遍认同后而约定俗成的，其实施主要依赖于人们的自觉心理和社会舆论的影响。如果有人不受其约束而凌驾于它们之上，它们也无能为力；政策虽然与习惯和道德规范有区别，在特定条件下可能有一定的机关组织作保障，但其实施主要依靠说服、教育与一定的行政强制。而法律规范则与前述三类规范存在显著不同：首先它充分体现了统治阶级的意志和利益，而且确认了习惯、政策和道德规范中诸多经实践证明而行之有效的内容。换言之，在内容上，法律规范是前述规范发展的更高阶段。其次，它的实施以国家强制力作保障，因而必要时可通过警察、法庭、监狱和军队等强制人们去遵守和服从。而这是除法律规范以外，任何其他行为规范都不具备的特点。而且恰恰是这两点决定了在所有行为规范中，法律规范至高无上。但是在法律规范体系中，并不是所有的规范都地位平等。由于内容方面的差异，决定了有一种规范无论在地位还是效力上都高于所有其他的法律规范。这种法律规范亦即宪法规范。通常所说的“母法”与“子法”即指宪法与其他法律。其表现则在于：所有其他法律都必须以宪法为制定和实施的根本，任何法律都不得与宪法相抵触，否则无效。

（二）一切机关、组织和个人都必须以宪法为根本的行为规范

现实社会生活之所以能够和谐、有序。最基本的一点即在于一切机关、组织和个人的行为都须以一定的行为规范为指向。但如前所述，在所有行为规范中，宪法规范的地位最高、效力最大。因此，宪法规范实际上是一切机关、组织和个人最根本性的行为规范。尽管习惯和道德规范也具有重要作用，但它们主要调整公民个人相互间的关系。而机关、组织的行为以及公民个人的部分行为则主要通过政策、法律来调整。从依法治国的基本要求看，在具体的行为过程中，宪法具有最高的法律效力。因此我国宪法序言明确规定："本宪法以法律的形式确认了中国各族人民奋斗的成果，规定了国家的根本制度和根本任务，是国家的根本法，具有最高的法律效力。全国各族人民、一切国家机关和武装力量、各政党和各社会团体、各企业事业组织，都必须以宪法为根本的活动准则"。

二

宪法不等于宪法权威。这一简短的结论说明宪法权威实际上是宪法在现实生活中运行的客观状态。但这种客观状态的出现并不是偶然因素的结果。与前述所谓宪法权威的出现有其终极原因相联系，要真正树立宪法权威，必须有其深刻的内在基础。纵观近现代民主宪政的历史发展，我们认为，宪法权威得以树立的深层条件主要有以下四大方面：

（一）商品经济的普遍发展是宪法权威赖以植根的经济基础

如前所述，经济因素是宪法权威出现的终极原因。但在法的历史发展过程中，法律已长达几千年，而宪法则只有几百年。尽管我们通常都说法和国家是阶级、私有制的产物，是阶级矛盾不可调和的结果，但从经济的角度分析，在历史上法是伴随着商品生产和交换的出现而出现的。正如恩格斯指出："把每天重复着的生产、分配和交换产品的行为用一个共同的规则概括起来，设法使个人服从生产和交换

的一般条件，这个规则首先表现为习惯，后来便成了法律”。① 这就是说法律的产生不是统治阶级的主观愿望，而是商品生产和交换发展的必然。但由此而来的是，商品经济的发展程度势必制约法律的发展状况。尽管历史上有过罗马法的发达与繁荣，但它赖以生存的商品经济仍然只是简单商品生产。而奴隶社会和封建社会占主导地位的则是自给自足的自然经济。正是这决定了第二种社会形态的诸法合一，但西欧封建社会末期，商品经济却突破了简单商品经济阶段，走向了发达与繁荣，成为替代自然经济的经济形式。这种经济结构形式的转型，不仅带来了经济生活领域的活动，而且产生了许多新问题，形成了许多新关系。为了使经济生活以至整个社会生活能够正常运转和相互协调，于是调整新兴社会关系的法律部门纷纷独立出来。但这些法律部门彼此间时常产生矛盾、冲突，而且也存在是否真正反映了整个统治阶级意志和利益的问题。于是，宪法作为调整不同法律部门的关系以及裁决何者更加符合统治阶级意志和利益的最高权威出现了，由此可见，宪法权威本身即是商品经济普遍发展的产物，反过来说，如果没有商品经济的普遍发展，也就不存在对最高行为规范的需要。所谓宪法权威也就不可能树立。

（二）民主政治是宪法权威赖以生存的政治基础

尽管商品经济是宪法权威的决定性因素，但只有当商品经济原则转化为政治上的民主制以后，这种作用才能发挥出来。大家知道，商品经济的基本特征是经济生活中的自由竞争和平等买卖，其等价交换原则反对任何经济以外的特权。反对一切人身占有和人身束缚，因此，它是“天然的、最大的平等自由派”。但经济上的自由平等，必然要求政治上的自由平等，而政治上实行民主，必然要求相应的法的外壳和形式。这种法律不仅要规定民主的制度、原则、程序，以保证统治阶级成员一律平等地参与国家管理和享受民主自由权利，而且要求一切规范性文件和所有机关、组织、个人与之相一致。这种法律也即宪法。同时，宪法本身即民主制度的法律化，宪法权威的基本特点

① 参见《马克思恩格斯选集》第 2 卷，人民出版社 1972 年版，第 533 ~ 629 页。

即宪法的实际运用状况，这是一方面；另一方面，民主政治的根本要求即实行宪政，“依宪治国”。如果一个国家的民主制度不健全，民主政治不发达，宪法也就不可能顺利实施，宪法权威也就不可能真正树立。因此，要从根本上保证宪法至高无上的地位和极大的权威，使宪法真正成为一切机关、组织和个人根本的活动准则，至关重要的一点即在于加强民主政治建设。

（三）宪法意识状况是宪法权威的思想基础

任何组织或个人的行动都离不开一定意识的指导，宪法权威的树立也是如此，表现在：第一，科学的宪法规范是宪法权威的前提，但科学宪法的制定却离不开科学的宪法意识作指导。而这至少包括两个方面：一是应该在观念上明确宪法的内容必须与社会现实生活相一致，因为虚假的宪法无论如何也树立不起真正的权威；二是应该具备立宪技术知识，从制宪程序、条文结构和文字表述等方面保证宪法形式的科学。第二，宪法变迁是维护宪法权威的重要环节，但宪法变迁的实现同样有赖于宪法意识这一中介。任何宪法在颁布实施后都面临随着社会实际生活的变化发展而不断修改与完善的问题。尽管社会客观条件和社会关系的变化，是修改宪法的根本依据，但这些变化只有在宪法意识中得到反映才能最终落实到具体的宪法规范。因为人们正是首先从思想观念上根据变化了的客观条件，不断提出废除过时的宪法规范和制定新的宪法规范的要求，因此，宪法意识是新的、表现社会经济关系发展所迫切需要的宪法原则之要求逐渐形成的思想场所，是那些更能有效促进并推动国家各项事业向前发展的将来的宪法规范逐渐成熟的思想场所。可见，在客观社会情况与宪法之间，宪法意识实际上起着媒介与联结作用。第三，宪法实施是宪法权威得以具体落实的关键，而宪法意识则是保证宪法实施的根本思想条件。在宪法规范的实施过程中通常有两种途径：一是宪法适用，即国家机关及其工作人员执行宪法，特别是有关国家机关依法制定各种规范性文件，使宪法规范向社会生活具体落实；二是宪法遵守，即全体社会成员享有并履行宪法规定的权利与义务，使宪法规范向具体人员落实。由于宪法规范具有纲领性、原则性、概括性，因而在宪法的适用与遵守中，宪法意识的指导作用显得尤为突出。

（四）社会的有序化管理是宪法权威的社会基础

宪法的实施和宪法权威的树立，都离不开社会秩序的和谐、稳定。这已被世界各国宪政实践正反两方面的经验和教训所证明。道理很简单：当政治局面不稳定，社会秩序混乱的时候，虽然法律在建立和恢复秩序过程中也具有重要作用，但强权的威力远胜于法律的效用。因此对社会进行有序化管理，从而维持社会秩序的稳定，是保证宪法实施和维护宪法权威的又一重要条件。

三

不容置疑，我国现行宪法颁布实施十年来，其地位和作用得到了很大提高，宪法的最高权威也已逐渐树立。但就社会主义民主法治的要求而言，宪法权威尚有待进一步强化。从现阶段的实际情况看，我们认为，除应进一步深化政治、经济等方面的改革外，要进一步强化宪法权威，我们还必须做到：

（一）树立"宪法至上"观念

从思想上树立"宪法至上"观念，首要的前提是正确认识"法律至上"原则。"法律至上"是17世纪新兴资产阶级针对封建专制主义的"王权至上"而提出来的，是社会商品化、民主化和理性化的结果。但在我国，"法律至上"长期以来与"法律万能"相混淆。我们认为，这种认识和做法有失偏颇。"法律至上"与"法律万能"不容混淆。"法律万能"是资产阶级思想家从历史唯心主义世界观出发不适当地夸大法律作用的结果，它把法律说成可以主宰一切，因而具有超越其他一切社会现象的威力，其本身是绝对的、排斥其他的。而"法律至上"是指法律具有不可侵犯的庄严和普遍的约束力，是指在各种行为规范体系中，它的地位最高，但并不排斥其他。因此，坚持"法律至上"与坚持马克思列宁主义与党的领导并不矛盾，因为我们的宪法、法律就是在马克思列宁主义指导下，在党的领导下制定的。

在现阶段批判继承"法律至上"具有重要意义。因为第一，从人类文化发展的角度来说，“继承性是文化发展不可分割的和最重要的特点”，正如前苏联诗人拉苏尔·加姆扎夫说的那样，“如果你用手枪向过去发射，那么未来将用火炮向你开火”。① “法律至上”作为法治国的一项基本原则，同样是人类文化发展中的一项重要内容。当然，批判继承这一原则，“并不是为了同旧形式调和，而是为了能够把一切新旧形式都变成使共产主义获得完全的和最终的、决定的和彻底的胜利的武器”。② 第二，“法律至上”的基本特征在于法律规则的非人格化。所谓“非人格化”就是指法律对象的普遍性，即法律“只能考虑臣民的共同体以及抽象的行为，而绝不考虑个别的人以及个别的行为”。③ 它强调的是人们服从国家的法律，而非服从国家的官吏，人们对法律表示忠诚，而非对某一特定官员或超凡人物表示忠诚。正是这一点对我国民主法制建设的意义尤为重大。由于宪法在整个国家法律体系中居于最高地位，因此“宪法至上”是“法律至上”的核心和标志。建设法治国家，必须牢固树立“宪法至上”观念，在国家和社会管理中切实奉行“宪法至上”原则。

（二）必须强化“宪法也是法”的观念

长期以来，理论界讨论宪法与法律的不同之处较多，而思考它们的相同之处较少，在一些人的观念中似乎宪法不是法，不存在司法和强制问题。这一观念是极其错误的。宪法也是法，而且是国家法律体系中具有最高法律效力的根本法。强化宪法的法律性，在观念上明确宪法也是由国家制定或认可，由国家强制力保证实施的法律规范，在实践中明确司法机关必须执行和运用宪法，并进而建立宪法控诉制度，是进一步强化宪法权威的重要途径。

（三）必须正确处理宪法与改革的关系

改革超法而行势必破坏法制，削弱法律基础也于改革不利；改革

---

① ［前苏联］尼·瓦·贡恰连科：《精神文化》，求实出版社 1988 年版，第 55 页。

② 《列宁选集》第 4 卷，人民出版社 1972 年版，第 256 页。

③ ［法］卢梭：《社会契约论》，商务印书馆 1982 年版，第 50 页。

必须在法律的范围内进行，才有助于加强法制。因此，正确处理宪法与改革的关系既有利于维护宪法与宪法的权威，又有利于推动改革的纵深发展。我们认为，从法律体系中的结构层次出发，是正确处理宪法与改革二者关系的有效途径。第一，由于宪法是国家的根本大法，一切与宪法相抵触的法律和行为都无效，因此，改革绝对不能超越宪法。一旦宪法与改革可能发生冲突，就必须及时根据社会现实生活的需要进行宪法变迁。第二，在特定条件下，改革可以突破法律，但不得与宪法原则、精神相违背，同时，必须尽快修改、补充有关法律。众所周知，法律是宪法原则、精神的具体化，但各种原因决定了这种具体化的工作难免出现误差和缺漏。这样，改革突破法律也就在所难免。那么这是否有损宪法和法制建设的权威呢？不会。因为一方面，法制要成为改革的有效导向和权威保障，就必须成为富有生命力的制度和机制，而这就要求法制必须服从于社会变动所提出的正当要求；另一方面，宪法的至高无上地位并未受到冲击，整个改革活动仍在宪法指导下进行。

（四）从现实条件出发，尽快建立、健全有关机构和制度

组织机构和制度程序是实现宪法权威的基本物质形式。宪法权威的树立又离不开这一基本条件，因此，建立宪法监督的专门机构、健全有关组织仍然是当务之急。同时，在制度建设方面，学界虽然也议论不少，但并不系统而深入。因此我们认为，从理论上研究，在实践中建立、健全以下制度，对进一步强化我国宪法权威有重要意义：

第一，宪法解释制度。虽然现行宪法赋予全国人大常委会宪法解释权，但这项原则规定并没有完全具体化、制度化。因此，将协助全国人大常委会进行宪法解释的工作机关、宪法解释的原则、方式和程序以法律的形式固定下来，从而建立宪法解释制度刻不容缓。

第二，宪法控诉制度。宪法控诉制度是指公民的宪法权利受到来自国家机关及其工作人员的侵犯时，依法向有权机关提起控诉的制度。如前所述，公民的基本权利是宪法的基本内容之一，公民权利的保障状况直接关系到宪法的实施状况和宪法的权威程度。尽管我国行政诉讼法的颁布实施，使行政机关具体的违法行政行为可以得到纠正，但对行政机关抽象的违法行政行为以及其他机关的违法行为，则

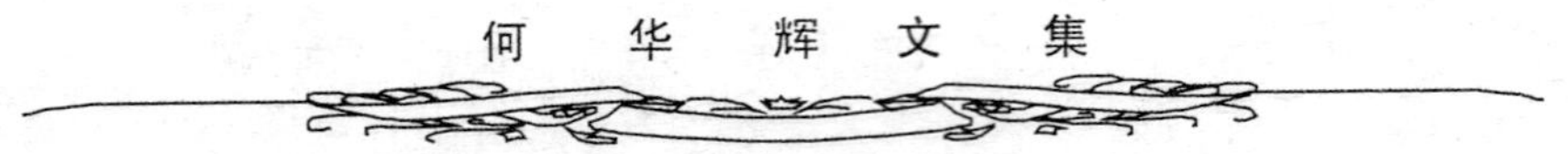

尚未形成一套有效的纠正机制，公民仍然只能通过申诉途径提出。因此，为保障公民的宪法权利，必须建立、健全宪法控诉制度。

第三，违宪责任制度。要真正实施宪法，就必须建立、健全违宪责任制度，使那些无论是出于故意还是过失而违反宪法的机关、组织和个人负起相应的政治的、行政的、甚至法律上的责任，从而有效制止违宪事件，进一步强化宪法的最高权威。

中国宪法具有反对和平演变的强大威力[①]

——纪念现行宪法颁布十周年

近两三年，东欧一些社会主义国家和苏联相继发生剧变，社会主义事业受到了极大的挫折。在目前这种历史条件下，在纪念我国现行宪法颁布十周年之际，阐明我国宪法在反对和平演变及坚持改革开放、发展社会主义经济中的巨大作用，对加强我们贯彻实施宪法的决心，增强我们社会主义事业的信心，都有重大意义。

一

在政治生活方面，我国宪法宣布和规定了坚持人民民主专政，发展社会主义民主，坚持中国共产党的领导并在行宪实践中创建了中国共产党领导下的多党合作制。无产阶级专政学说是马克思主义的精髓。坚持这种专政是一切取得革命胜利并掌握国家权力的工人阶级所应遵循的一项基本原则。中国工人阶级的先锋队——中国共产党，领导全国人民制定的宪法坚持了这个原则。

宪法序言宣布坚持人民民主专政。宪法总纲第1条规定“中华人民共和国是工人阶级领导的、以工农联盟为基础的人民民主专政的社会主义国家。”同时宪法序言又明确认定人民民主专政实质上即无产阶级专政。这就说明我国宪法已经确认我国的政权性质是无产阶级专政。至于宪法在政权性质中规定我国是人民民主专政国家，在序言中解释人民民主专政实质上即无产阶级专政则是由中国的国情所决定

① 本文载于《现代法学》1992年第2期。

的。它既反映了中国社会和中国革命的特点，也总结了中国政权建设的经验。它还说明人民民主专政是无产阶级专政的一种模式，是对马克思主义无产阶级专政学说的重大发展。

我国宪法不仅在原则上宣布和规定坚持无产阶级专政，而且说明了实行无产阶级专政的根据和实行无产阶级专政的必要措施。在根据方面，宪法序言宣布“在我国，剥削阶级作为阶级已经消灭，但是阶级斗争还将在一定范围内长期存在。中国人民对敌视和破坏我国社会主义制度的国内外的敌对势力和敌对分子，必须进行斗争。”在措施方面，宪法规定国家维护社会秩序，镇压叛国和其他反革命的活动，还规定属于人民的武装力量承担着巩固国防，抵抗侵略，保卫祖国，保卫人民的和平劳动的任务。

任何政权都是专政和民主相结合的政权。只是由于政权性质的差异而导致专政的对象和民主的主体有所不同。在社会主义国家政权中，和无产阶级专政相结合的民主是人民民主，享受民主的主体是以工人、农民为基础的一切赞成和拥护社会主义事业的人们。这种人民民主又称为社会主义民主。

我国宪法在坚持无产阶级专政的同时，把发展社会主义民主作为国家的根本目标之一记载在它的序言之中，并为实现这个目标作了许多明确的规定。

宪法第 2 条规定：“中华人民共和国的一切权力属于人民。”这就确认了社会主义民主的本质是真正的人民权力，即人民是国家的主人，享有当家作主的权力。宪法在确认社会主义民主的本质的同时，还规定了实现社会主义民主的形式。它的第 2 条第 3 款规定：“人民依照法律规定，通过各种途径和形式，管理国家事务，管理经济和文化事业，管理社会事务。”这就说明实现社会主义民主的形式是多种多样的。如果进一步探讨宪法关于这些形式的规定，大致可以归纳为三大类：一是人民代表大会。宪法在规定国家权力属于人民之后，紧接着就规定了“人民行使国家权力的机关是全国人民代表大会和地方各级人民代表大会。”二是人民的权利和自由。宪法专章规定了公民的基本权利和义务，人民可以运用其中的权利和自由的规定实现其当家作主的权利。三是居民委员会和村民委员会。宪法规定：“城市和农村按居民居住地区设立的居民委员会或者村民委员会是基层群众性自治组织。”它们是一种直接民主形式。在上述三大类实现社会主义民主的形式中，人民代表大会是基本的形式，它具有代表全体人民全面地、全权地行使国家权力的特点。

无产阶级专政的重要标志是中国共产党的领导。我国宪法在确认中国共产党的领导的同时，也肯定了包括各民主党派在内的统一战线的历史作用，规定了这个统一战线今后的任务。在实施宪法的基础上，逐步形成了中国共产党领导下的多党合作制，从而加强了党的领导，并使政党制度具有中国特色。

中国革命和建设的历史，中国立宪和行宪的实践为创建中国共产党领导下的多党合作制提供了依据。早在民主革命时期，就有几个非无产阶级政党在中国共产党的领导下参加了革命斗争。在社会主义革命和社会主义建设时期，有八个民主党派拥护社会主义，在中国共产党领导下参加了社会主义革命和建设事业。在长期合作的基础上，我国宪法以根本法的形式记载了它们的历史功绩，并在行宪过程中把这种长期合作的实践加以理论上的概括说明，称之为中国共产党领导下的多党合作制。这种多党合作制既不同于资本主义的政党分庭抗礼、可以通过竞选取得执政党地位的多党制或两党制，也不同于某些国家的除执政党以外，不允许其他政党合法存在，或者不允许其他政党参加政权的一党制。在我们国家里，中国共产党是执政党，各民主党的存在是合法的，它们能够参加政权。因此我国的政党制度是一种符合中国国情、具有中国特色的政党制度。

在经济生活方面，我国宪法宣布集中力量进行社会主义现代化建设为国家的根本任务，规定发展社会生产力的具体措施，坚持社会主义原则，实行改革开放政策。马克思、恩格斯曾经指出：“无产阶级将利用自己的政治统治……尽可能快地增加生产力的总量。”① 宪法序言宣布：今后国家的根本任务是集中力量进行社会主义现代化建设。这项任务的主要内容之一是实现工业、农业、国防和科学技术的现代化，即物质文明建设。它也包含精神文明建设。这种现代化建设任务的完成主要应该依靠社会生产力的发展。宪法关于国家根本任务的规定实际上把发展社会生产力、发展经济放在首要地位。为了发展

① 《马克思恩格斯选集》第1卷，人民出版社1972年版，第272页。

社会生产力，宪法还规定了各种具体措施。宪法规定“国家通过提高劳动者的积极性和技术水平，推广先进的科学技术，完善经济管理体制和企业经营管理制度，实行各种形式的社会主义责任制，改进劳动组织，以不断提高劳动生产率和经济效益，发展社会生产力。”在规定发展社会生产力的同时，我国宪法坚持了社会主义原则。它规定：社会主义制度是我国的根本制度，禁止任何组织或者个人破坏社会主义制度；它还规定：我国社会主义经济制度的基础是生产资料的社会主义公有制，即全民所有制和劳动群众集体所有制。不仅如此，我国宪法还明确规定了国家对社会主义公有制所构成的经济成分的基本政策。它确认国营经济是国民经济中的主导力量，并规定国家保障其巩固和发展；它确认了劳动群众集体所有制构成的合作经济的各种形式，并规定国家保护其合法权利和利益，鼓励、指导和帮助其发展。高度发展的社会生产力可以和社会主义的生产关系相结合，也可以和资本主义的生产关系相结合。我国宪法的上述规定杜绝了它和资本主义生产关系在我国相结合的可能性，保证了我国的经济建设能沿着社会主义道路健康发展。

为了发展社会生产力，宪法确认了国家实行改革开放的政策，规定了许多实行改革开放的措施，是一部具有改革开放精神的宪法。

我国宪法关于经济体制的改革表现在各个方面。其中主要的有：

第一，在经济成分的管理体制上确认了个体经济的地位，规定了国家对它的基本政策。由于我国尚处在社会主义初级阶段，社会化大生产的程度不高，而且发展状况不很平衡，不能只依靠公有制经济发展生产，必须改变以往那种着重于引导个体经济迅速走合作化道路、甚至排斥个体经济的做法，因此必须规定新的政策，使个体经济得以适当发展，使之成为公有制经济的补充。为此，宪法规定：“在法律规定范围内的城乡劳动者个体经济，是社会主义经济的补充。”并且在第七届第一次全国人大会议通过了宪法修正案，增加了关于私营经济的规定，确认了它的地位，明确了国家对它的基本政策。这样就形成了我国以公有制经济为主体的多成分的经济结构，进一步促进了社会主义经济的发展。

第二，在计划管理体制上引进了市场调节。宪法规定：“国家在社会主义公有制基础上实行计划经济。国家通过经济计划的综合平衡和市场调节的辅助作用，保证国民经济按比例地协调发展。”在宪法中确认市场调节的作用不仅在中国立宪史上，而且在社会主义国家的立宪史上都是第一次。宪法的这一规定为建立计划经济和市场调节相结合的机制迈出了可喜的第一步。其后，在行宪过程中，我们又逐步提高了认识，明确了这一机制的建立既要遵循商品经济的一般规律，又要遵循商品经济、社会主义经济的特殊规律。商品经济的一般规律是和社会分工相联系的，与社会性质无关，商品经济的特殊规律则和生产资料的所有制相联系，而遵循社会主义经济的特殊规律则主要表现为自觉运用国民经济有计划按比例发展的规律和自觉调节国民收入的分配与再分配两个方面，并采取了为完善市场体系而实行价格改革、开放市场、搞活流通，为改善计划管理而实行政企分开，以加强宏观管理和间接调控等措施；此外，国家还在财政、税收、社会福利等方面采取了一些配套措施，从而使我国的计划经济和市场调节两者的结合在实践中得到新的发展，收到实际效益。

第三，在企业管理体制上引进了竞争机制。宪法规定：国营企业在服从国家的统一领导和全面完成国家计划的前提下，在法律规定的范围内，有经营自主权。这一规定改变了过去那种国家对企业管得太多管得太死的管理体制，纠正了把全民所有同国家机构直接经营混为一谈的错误观念。它确立了国家和全民所有制之间的正确关系。宪法赋予国营企业以法定的经营管理自主权以所有权和经营权可以适当分开作根据，使之成为相对独立的经济实体，从而使各个国营企业都参与竞争，这对发挥企业主动性和创造性，增强企业活力，具有极其重要的作用。

我国宪法也是一部具有开放精神的宪法。它规定：中华人民共和国允许外国的企业和其他经济组织或者个人依照中华人民共和国法律的规定在中国投资，同中国的企业或者其他经济组织进行各种形式的经济合作。我国各族人民有振兴中华的决心，也有自立于世界民族之林的能力，面对当前日新月异的生产力和科学技术的发展状况，决定了我们更应实行对外开放政策，扩大同外国的经济合作，并且通过这种合作合理地利用外资，引进先进技术，学习先进的管理经验，加快我国现代化建设的步伐。

我国宪法关于国家实行改革开放政策的各种规定经过十年的贯彻实施，促进了社会生产力的迅速发展。它取得的成就举世瞩目。

二

在意识形态方面，我国宪法集中规定了具有中国特色的精神文明建设条款。这在世界宪法史上尚属创举。宪法关于精神文明建设的规定包括属于意识形态范围的思想建设，也包括和意识形态有关的文化建设。

我国宪法关于思想建设有明确规定。首先，宪法序言中宣布的坚持四项基本原则，其中包括着坚持马克思列宁主义、毛泽东思想原则，这就为思想建设确立了指导原则。其次，宪法规定："国家通过普及理想教育、道德教育、文化教育、纪律和法制教育，通过在城乡不同范围的群众中制定和执行各种守则、公约，加强社会主义精神文明的建设。"这一规定把理想、道德教育等思想建设提到了首要地位。再其次，宪法规定：国家提倡爱祖国、爱人民、爱劳动、爱科学、爱社会主义的公德，在人民中进行爱国主义、集体主义和国际主义、共产主义的教育，进行辩证唯物主义和历史唯物主义的教育。这一规定把共产主义理想教育和现实生活中的各项社会主义原则结合起来，提出了思想建设的各种具体课题。此外，宪法还规定要反对资本主义的、封建主义的和其他的腐朽思想。概括地说，我国宪法关于思想建设的规定，除确认马列主义、毛泽东思想作为指导原则之外，还包含着积极的、正面的思想教育内容，同时也包含着对各种消极的、反面的腐朽思想的抵制。

社会主义思想教育是一种从现象到本质的科学理论教育。它要求受教育者必须具备一定的文化知识。因此，我国宪法在规定思想建设规范的同时，也规定了文化建设规范，使两者互相促进，共同发展，构成一个统一的社会主义精神文明建设整体。

社会主义精神文明中的思想建设从根本上说是为了适应共产主义理想和社会主义现实的需要。马克思、恩格斯曾经指出："共产主义革命就是同传统的所有制关系实行最彻底的决裂；毫不奇怪，它在自己的发展进程中要同传统的观念实行最彻底的决裂。”① 同传统观念实行最彻底的决裂，是一项长期而又艰巨的任务。我国目前尚处在社会主义初级阶段，它还存在着旧社会遗留下来的“痕迹”。这就需要思想建设，通过思想教育加以清除和纠正。我们的现代化建设必须沿着社会主义道路发展，必须依靠广大人民群众的政治热情和劳动创造性，这就需要思想建设，通过思想教育指引方向，鼓舞干劲。

我国宪法关于思想建设规范的规定，虽然从根本上说是为了适应共产主义理想和社会主义现实的需要，不是专为反对和平演变而设立，但它在反对和平演变中确实发挥了巨大作用。它的这种作用在于通过它的实施能用马克思主义武装人民群众的头脑，增强对和平演变阴谋的识别力和战斗力；在于它坚持了改革开放，大力发展社会主义生产力的社会主义发展方向；在于它集中规定了建设高度的社会主义物质文明和精神文明的一系列条款；在于它在序言中旗帜鲜明地宣布了在社会主义的中国必须坚持四项基本原则。我们只要严格按照宪法精神认真办好本国的事情，就一定能够挫败帝国主义的和平演变阴谋。

总之，这部宪法是指引我们建设具有中国特色的社会主义的伟大纲领，是挫败国内外敌对势力和平演变阴谋的锐利武器。宪法颁布实施十年以来，在它的指引下，我国的社会主义建设取得了巨大的成就。尽管目前国际共产主义运动遭受暂时的挫折，我国国内的社会主义事业的胜利发展，仍然足以证明社会主义具有强大的生命力，足以坚定我们的信念，使我们在社会主义的康庄大道上胜利前进。我们的一切成就都是中国共产党领导中国人民贯彻实施宪法的结果。我们将进一步完善监督宪法实施制度，更好地实施宪法，在宪法的指引下从胜利走向胜利。

① 《马克思恩格斯选集》第1卷，人民出版社1972年版，第271～272页。

改革开放纲领的伟大胜利[①]

——庆祝现行宪法颁布十周年

现行宪法是一部具有改革开放精神的宪法，是指导我国实行改革开放的纲领。它颁布实施十年来，我国的社会主义建设事业取得了伟大的胜利。我们今后的重要任务之一是解决改革开放中遇到的一些实际问题，加快改革开放的步伐，去争取更大的胜利。

一

改革开放就是要革除旧的不合理的规章制度、打破闭关自守的局面，建立适应时代发展的新型体制与格局。在这方面我国现行宪法作出了许多新的规定。宪法关于改革开放的新规定有着坚实的理论基础和正确的指导原则。它的理论基础和指导原则来源于党的十一届三中全会的决议。在这次会议上党中央发出了实事求是、解放思想的号召，冲破了“文化大革命”套在人们身上的精神枷锁；作出了把党和国家的工作重心转移到经济建设上来的决定；提出了拨乱反正的方针，纠正了思想理论上的一些错误认识。这次全会确定的方针、路线，为全党和全国各族人民树立了全新的改革思想与开放性思维。没有这种思想意识上的突破，就不可能有宪法关于改革开放的新规定。

我国现行宪法关于改革与开放的规定主要体现在政治体制与经济体制两个方面：

体现在政治体制上的规定主要有以下几点：

第一，加强了人民代表大会制度建设。其一是扩大人民代表大会

① 本文载于《法学评论》1992 年第 3 期，与周敏合著。

常务委员会的职权，如宪法规定全国人大常委会可以制定和修改除应当由全国人民代表大会制定的法律以外的其他法律。在全国人民代表大会闭会期间，对全国人民代表大会制定的法律进行部分补充和修改。除立法权外，宪法也规定全国人大常委会有监督宪法实施的权力。其二是加强人大常委会的组织建设，设置各种专门委员会，限制人大常委会组成人员不得担任国家行政机关、审判机关和检察机关的职务。地方的县级以上地方人大常委会组成人员也同此规定。其三，把直接选举扩展到县级人民代表的选举。这些规定，从总体上说增强了人大行使国家权力的能力，为完善人大制度，为进一步加强人大权威，发挥人大作用奠定了基础。

第二，完善了国家机构体制的设置以及责任制度。其一，恢复了国家主席的建制，规定了国家主席的对内对外权力，明确了国家主席与全国人民代表大会及其常务委员会的关系等；其二，设立了中央军事委员会，明确了其对全国武装力量的领导地位。同时宪法也规定中央军事委员会主席对全国人大及其常委会负责；其三，国务院实行总理负责制。各部、各委员会实行部长、主任负责制。使国家机关各级权责明确，有利于整个国家机构的正常运行。

第三，明确规定了各级国家机构包括各级人民代表大会和政府、法院、检察院等领导成员的任职期限。如规定中华人民共和国主席、副主席，国务院总理、副总理、国务委员，最高人民法院院长和最高人民检察院检察长任职均不得超过两届。这是完善和发展我国政治领导和权力机制的重大措施。

现行宪法对经济体制所作出的改革主要体现在以下几个方面：

第一，明确社会主义公有制经济的构成，确认城乡劳动者个体经济的合法地位。宪法规定，我国社会主义公有制，即全民所有制和劳动群众集体所有制，为社会主义经济制度的基础。宪法同时规定，在法律范围内的城乡劳动者个体经济，是社会主义公有制经济的补充。由于现阶段我国社会主义仍处于初级阶段，社会化大生产的程度和生产力水平均不高，加上我国人口众多，仅有社会主义公有制经济仍不能满足人们生产、就业和生活的需求，所以，现行宪法改变了以往几部宪法着重引导个体经济迅速走合作化道路的规定，确认了个体经济的合法地位，并规定新政策，使之得以适当地发展。

第二，在计划经济基础上，承认市场调节的作用，建立计划与市场两种调控手段相结合的经济协调机制。长期以来，计划经济一直作为社会主义经济制度的根本支柱和标志，也是惟一指导和调控社会主义公有制经济运行的手段。但由于这种体制对经济发展统得过死，有碍经济的繁荣，限制了社会生产力的发展，现行宪法在解放思想、实事求是原则的基础上，在经济手段上，大胆突破旧有体制，引进市场调节机制。宪法规定：国家在社会主义公有制基础上实行计划经济。国家通过经济计划的综合平衡和市场调节的辅助作用，保证国民经济按比例地协调发展。

第三，明确国家对企业的统一领导与计划管理，允许企业享有经营自主权。在国家实行计划与市场相结合的调控机制的前提下，国营企业如果仍然以其与国家之间的所有权关系，而由国家计划一统而死，则不可能使企业搞活，使生产力水平提高。因此，必须在对企业实施的管理体制上，实行与计划、市场调控机制相适应的管理体制，使企业能够接受两种调控手段，顺应经济规律而发展。现行宪法以企业的两权分离理论为依据，明确规定："国营企业在服从国家的统一领导和全面完成国家计划的前提下，在法律规定的范围内，有经营自主权。"这一规定对于发挥企业的主动性和创造性，促使企业积极参与市场竞争，增强企业活力有着重大作用。

第四，宪法在经济领域中规定了国家实行对外开放政策。它明确规定"中华人民共和国允许外国的企业和其他经济组织或者个人依照中华人民共和国法律的规定在中国投资，同中国的企业或者其他经济组织进行各种形式的经济合作。"宪法还规定："在中国境内的外国企业和其他外国经济组织以及中外合资经营的企业，都必须遵守中华人民共和国的法律。它们的合法的权利和利益受中华人民共和国法律的保护。"当今世界科学技术的发展日新月异，我们应该实行对外开放政策，扩大同外国的经济合作。宪法关于对外开放的规定，就是为了增强自力更生的能力，加快社会主义现代化建设的步伐。

此外，现行宪法关于改革开放的规定，还表现在社会主义精神文明建设等其他方面。它的改革开放精神体现在政治、经济、社会、文化等各个领域。

二

我国现行宪法颁布以后，十年来在它的指引下全党和全国各族人民开拓进取、团结奋战，取得了辉煌的胜利。我们国家发生了巨大的变化。

（一）十年行宪所取得的胜利，至为重要的是政治生活和经济建设发生了巨大的变化。

在政治生活方面：主要表现在进一步完善了人民代表大会制度，提高了各级人民代表大会的权威，使之有能力代表人民行使国家权力，从而使人民得以通过其选出的代表机关行使当家作主的权力，发展了社会主义民主。同时，进一步加强了宪法所规定的统一战线工作，完善了中国共产党领导下的多党合作民主协商制度。它使各政党在中国共产党的领导下，通过合作加强民主管理、民主监督，推进民主政治建设。

在经济建设方面：由于农村实行的家庭联产承包责任制，提倡科技、教育兴农，增加农业投入，农业生产的发展已形成了可喜之势，在行宪十年中年年丰收。我国市场繁荣，呈现出购销两旺的大好形势。城乡人民生活水平不断提高。在此同时，国家经济实力也相应得到增强。除此以外，我国的合作企业、个体企业、私营企业以及三资企业在宪法规定的正确政策的指引下，也获得适当的发展。

政治生活的民主化、经济建设的高度发展，是社会主义制度得以生存和发展的必要条件。只要我们坚持贯彻执行宪法所规定的改革开放政策，继续发展社会主义民主，努力进行经济建设，我们国家就能经得起任何风雨，立于不败之地。

（二）十年行宪所取得的胜利，也表现为人们思想观念上所发生的巨大变化。其中主要表现在两个方面：

第一，改革意识的形成。我国广大人民的改革意识最初的萌动，应该始于党的十一届三中全会改革精神的感召，而逐步形成自觉的改革意识，则是在十年行宪与改革的过程中。当党的改革开放方针被宪法确认，并宣告了一系列改革精神与成果后，尤其在改革取得一定成就后，人们切身体验到了改革的甜头，于是人们开始审视周围的一切，开始积极自觉地拥护改革，参与改革。其改革意识的形成与发展具体表现有拨乱反正意识、打破大锅饭和打破三铁的意识等。

第二，经济意识的变化。这是十年改革大潮中逐步形成并发挥重大作用的一种意识。在打破大锅饭的举动触及千万人神经之后，人们的经济“神经”产生了效应，开始从经济角度考虑与思维，这就是经济意识的发萌之初。这种经济意识的变化表现为抛弃了耻于谈钱的观念，树立了讲求经济效益，勇于以自己的合法生产与经营活动，赚得金钱的观念；抛弃了以往的轻商观念，树立了经商观念，热衷于进行经商活动。

行宪十年所取得的胜利，是宪法的胜利，也是宪法作为改革开放纲领的胜利。由是我们必须进一步明确认识宪法与改革开放之间的关系。概括地说，它们的关系是宪法指导改革开放的进行，改革开放促进宪法的发展。

所谓宪法指导改革开放的进行，即改革开放必须遵循宪法，不能背离宪法的原则精神。

现行宪法的颁布虽在党的基本路线正式提出之前，但这条基本路线实际上已经存在，只是尚未加以概括。因而在党领导下制定的宪法中，就反映出来了。党的基本路线是“一个中心、两个基本点”。一个中心，即以经济建设为中心。宪法序言宣布“今后国家的根本任务是集中力量进行社会主义现代化建设。”这里所说的社会主义现代化建设，包括工业、农业、科学技术、国防等方面的建设，其中工农业建设即经济建设，科学技术本身就是生产力，它的现代化建设是促进经济建设的重要条件，国防的现代化建设，必须依靠经济建设提供物质条件，但它对经济建设起着保障作用。可见宪法宣布的国家根本任务和党的基本路线的“一个中心”完全吻合。党的基本路线的“两个基本点”，即坚持四项基本原则、坚持改革开放也为宪法所确认。宪法序言宣布“中国各族人民将继续在中国共产党领导下，在马克思列宁主义、毛泽东思想指引下，坚持人民民主专政，坚持社会主义道路，不断完善社会主义的各项制度……把我国建设成为高度文明、高度民主的社会主义国家。”这就表明，坚持四项基本原则是宪法的指导原则。关于坚持改革开放，在宪法中也有充分反映。“不断完善各项社会主义制度”即包含着改革的精神与内容，本文第一部分援引概括的各个宪法条款本身，所表现的改革开放精神更为明显。

就党的基本路线而言，“一个中心、两个基本点”是统一的整体。就反映党的基本路线的宪法而言，也是这样。它要求改革开放必须服务于国家的根本任务，不能背离四项基本原则，否则，改革开放就不能收到应有的效果。同时，宪法作为国家的根本法，是一个国家的最高行为准则。它理所当然地应该成为改革开放的最高行为准则。这就决定着改革开放必须遵守宪法，符合宪法的原则精神。

所谓改革开放促进宪法的发展，是指在改革开放的实践中，为适应新的形势的需要、推动改革开放的发展而对宪法未曾规定的条款加以补充规定，或对宪法原有的条款进行修改。

宪法是国家根本法，不是法律大全，它不可能对各个方面的问题作出具体规定。而改革开放又是气势磅礴涉及面十分广泛的工作。在工作实践中，必然会出现宪法所未曾规定而又必须加以补充规定的问题。例如宪法在确认个体经济的地位并规定了国家对它的基本政策以后，这种经济获得了适当的发展，并在发展的基础上，产生了雇佣少量雇工的私营经济形式。对于这种私营经济是否允许其存在，如果允许其合法存在，国家应该对它采取何种政策？第七届全国人大第一次会议根据我国国情，通过了第1条宪法修正案，在宪法关于个体经济的规定之后，补充规定：国家允许私营经济在法律规定的范围内存在和发展。私营经济是社会主义公有制经济的补充。国家保护私营经济的合法权利和利益，对私营经济实行引导、监督和管理。这条修正案就是为适应改革的需要而制定的。

宪法是国家根本法，它规定国家的根本任务和根本制度应该具有稳定性，但这种稳定性只能是相对的。七届全国人大第一次会议也根据我国国情和适应改革开放的需要，通过了第2条宪法修正案。该修正案把宪法第10条第4款“任何组织或者个人不得侵占、买卖、出租或者以其他形式非法转让土地”，修改为“任何组织或个人不得侵占、买卖或者以其他形式非法转让土地，土地的使用权可以依照法律的规定转让。”这一修正案就补充了关于土地使用权转让的规定。

改革开放促进宪法的修改和补充已经出现了上述两例，今后是否还有可能出现新的实例？如前面引用过的宪法第 15 条规定：国家在社会主义公有制的基础上实行计划经济，国家通过经济计划的综合平衡和市场调节的辅助作用，保证国民经济的协调发展。这一规定现在看来已经不能适应摒弃高度集中的计划经济、发展社会主义市场经济的要求，似应修改。

三

我国的改革开放在现行宪法的指引下取得了巨大的胜利。但还有一些问题值得我们注意，并应予以正确的处理。

（一）加快坚持改革开放步伐和坚持社会主义道路

从理论上说，坚持改革开放和坚持社会主义道路两者有着紧密的联系，两者应该互相协调配合。改革开放为社会主义服务，社会主义为改革开放导航。但是，什么是社会主义，人们却有不同的判断标准。由于判断的标准不同，对于改革开放就有不同的评价。有人怀疑办经济特区是不是搞资本主义；有人认为多一分外资，就多一分资本主义，“三资” 企业多了，就是资本主义的东西多了，就是发展资本主义。很显然这些人是单纯地从生产关系、从公有制经济在国民经济中的比重是否增长来判断社会主义的。他们忽视了生产力的发展。邓小平同志今年年初视察深圳时，明确回答了对特区的质疑，指出办特区的政策是正确的，特区姓“社”，不姓“资”。同时，他还从公有制是主体、政权在我们手里等方面，批评了引进外资就是发展资本主义的观点，说持这种观点的人没有基本常识。邓小平同志在他的南方讲话中进一步阐明了判断姓“社”姓“资”的标准：要看是否有利于发展社会主义社会的生产力，是否有利于增强社会主义国家的综合国力，是否有利于提高人民的生活水平。他提出的这个标准，完全符合马克思主义的基本原理，符合党的基本路线和宪法的原则精神，完全适应现时的国际形势需要。他提出的这个标准也为我国的改革开放指明了方向，为加快改革开放步伐清除了一个重大的思想障碍。

（二）坚持改革开放和警惕右防止“左”的干扰

无产阶级在为夺取政权而进行革命和为巩固政权而进行建设的时候，经常遇到右的和“左”的干扰破坏，使革命和建设事业遭受损害。中国共产党之所以能够取得革命和建设的胜利，重要原因之一在于能够识别和排除来自“左”的和右的干扰破坏。当前我国的改革开放已在不断深化，不断扩展，出现右的和“左”的干扰不足为奇，必须排除这些干扰也毫无疑义。作为执政党的中国共产党必须对于两种干扰有清醒的认识、正确的估计，也必须明确排除干扰的主攻方向。在这方面，邓小平同志在他的南方讲话中，提出了中肯的意见。他指出：在改革开放这场既解放社会生产力又解放人的思想的深刻革命中，总会有“左”的、右的东西跑出来干扰和冲击党的正确路线。他根据实际状况进一步说明，要警惕右，但主要是防止“左”。我们体会小平同志把主攻方向放在防“左”是因为“左”的干扰是从根本上否定改革开放。不反“左”，我们的改革开放就不能继续进行，就会前功尽弃。同时也因为：“左”的干扰有历史根源和思想根源。中华人民共和国成立后我国吃“左”的亏最多，这种“左”的历史影响扰乱了人们的思想，以至有些人错误地认为“左”比右好，“左”只是方向问题，而右则是立场问题。“左”的干扰具有很大的迷惑性，从“左”的方面干扰改革开放的人，往往以“马列主义理论家”、“社会主义制度的忠诚卫士”面目出现，用马列主义中的只言片语教训人，用大帽子吓唬人。总之，必须防止改革开放中来自“左”的方面的干扰。

（三）加快改革开放步伐和社会主义法制建设

改革开放必须有法律加以促进，也必须有法律加以保护。宪法起着指引、促进和保护改革开放的作用，但宪法规范具有原则性的特点，其原则性规定需要一般法律加以具体化，才便于贯彻落实。因此要加快改革开放的步伐，必须加强立法工作，加强法制建设。改革开放要求制定的法律涉及面广，其中经济立法是重点。而在经济立法中又应着重于以下四个方面：第一，制定国家机关经济管理职能的法律，以保证国家对经济发展的宏观调控，确认国家机关的权限，尽量减少它们对企业的不合理的行政干预。如制定计划法、审计法、国有资产管理法等。第二，制定规范国内企业的生产销售和其他经营管理活动的法律，以发挥企业的主动性，增强企业活力，发展社会主义商品经济。如制定公司法、保险法等。在这方面更应注意使原有的法律如全民所有制工业企业法、破产法等成龙配套，制定采取补充措施的法律。第三，制定有关外资企业管理的法律，以改善外国投资和外资环境。如制定外贸银行管理法、海商法等。第四，制定规范个人经济活动的法律，以保证生产者和消费者的合法权益。如制定劳动保障法、消费者权益保障法等。

(四) 加快改革开放步伐和加强精神文明建设

改革开放促进经济建设的发展，而经济建设的发展又为精神文明建设提供物质保障条件。改革开放起着促进社会主义精神文明建设的作用。社会主义精神文明建设提高人民的文化科学水平和政治思想道德意识，从而，提高人民参与改革开放的才能和热情，起着促进改革开放的作用。从两者的关系考察，要加快改革开放的步伐，必须加强社会主义精神文明建设。再从改革开放的实践来说，改革开放讲究经济效益，不讳言赚钱，还要和外国人打交道。有人打着改革开放的旗号，乘机进行损人利己、违法犯罪活动。如有的单位和个人不顾社会效益和他人利益，生产和销售伪劣产品，扰乱市场、坑害人民；有人为了赚钱，置天理、人性、国法于不顾；有人经不起西方生活方式的诱惑，腐化堕落。这些本不属于改革开放活动，应该通过法律手段加以制裁。但是，这些活动败坏了改革开放的声誉，也对改革开放的参与者产生不良影响，因而必须加以清除。清除的办法除发挥国家法律的威慑和教育作用之外，就是加强社会主义精神文明建设。加强精神文明建设的途径，既要注重理论宣传，说明社会主义制度下国家对人民的政治思想道德的具体要求；更要注重理论联系实际，抓住和改革开放有密切联系的正反两方面的典型事例，进行具体分析，加以鼓励和批判。

改革开放在前进道路上会出现各种问题，遇到各种阻力。只要我们面对现实，敢闯敢干，勤于办实事，勇于坚持真理、修正错误，我们就能乘风破浪，胜利前进。

社会主义民主旗帜的伟大胜利[①]

——纪念现行宪法颁行十周年

宪法是和民主紧密地联系着的。我国宪法高举社会主义民主旗帜，指引和鼓舞全国各族人民在十年的行宪实践中取得了发展社会主义民主的伟大胜利。

一

民主一词的原意是人民的权力，用我国的通俗语言来说，即人民当家作主。民主的内涵应该包括内容和形式两个方面。民主的内容取决于享受民主的主体。当代世界各国的民主主体基本上有两种不同的阶级属性。一种是资产阶级和其他剥削者，一种是工人阶级和广大劳动群众。前者是资本主义民主，后者是社会主义民主。我国宪法规定："中华人民共和国是工人阶级领导的、以工农联盟为基础的人民民主专政的社会主义国家。"还规定："中华人民共和国的一切权力属于人民。"这些规定说明：我国享受民主的主体是工人、农民、其他劳动者和一切拥护社会主义、拥护祖国统一的爱国者。我国宪法所确认的民主是社会主义民主。民主的形式指的是和民主内容相适应的表现形式，即实现民主的方式和途径。当代世界各国的民主形式由于民主的内容不同、阶级力量对比关系、历史传统、民族特点的差异而各有不同的特点。但归结起来不外乎直接民主和间接民主两种形式。我国实现社会主义民主的形式多种多样。宪法规定："人民依照法律规定，通过各种途径和形式，管理国家事务，管理经济和文化事业，

---

① 本文载于《政治与法律》1992 年第 6 期。

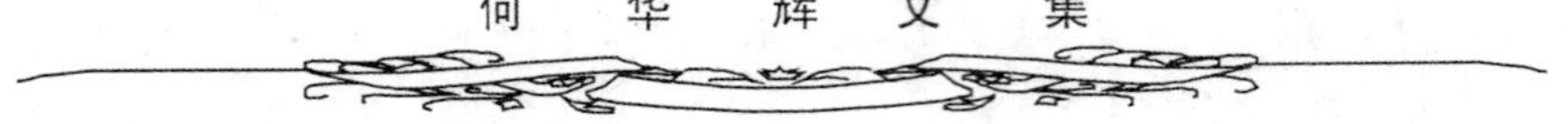

管理社会事务。”在我国的多种多样的民主形式中，同样可以概括为直接的和间接的两种。属于直接民主形式的有：宪法规定公民享有各种基本权利和自由，人民可以运用这些权利和自由，直接地行使其当家作主的权力；宪法规定城市和农村居民有权通过城市居民委员会和农村村民委员会两种基层群众性自治组织直接行使自治权利。属于间接民主形式的是人民代表大会制度。宪法规定：“人民行使国家权力的机关是全国人民代表大会和地方各级人民代表大会。”

民主内容和民主形式两者的关系是：内容决定形式；形式表现内容。所谓民主内容决定民主形式有两层含义。其一是世界上没有不依附于民主内容而单独存在的民主形式。其二是历史上任何一个阶级只有在夺取了政权，争得了民主之后，才有可能根据本国国情确定实现本阶级的民主形式。所谓民主形式表现民主内容也有两层含义。其一是世界上没有不通过民主形式表现出来的单独存在的民主内容。其二是历史上出现的各种民主形式都随着国家阶级关系的变化而变化，即随民主内容的变化而变化。在民主内容与民主形式两者的关系中，还应加以说明，所谓内容决定形式并不意味着同一的民主内容只能有同一种民主形式。正如列宁所说：“一切民族都将走到社会主义，这是不可避免的，但是一切民族的走法却不完全一样，在民主的这种或那种形式上……每个民族都会有自己的特点。”① 而所谓形式表现内容却又存在一个表现得是否恰当的问题。如果民主形式能够恰当地表现民主内容必将促进民主的发展，反之，必将使民主趋于衰败。这是被无数的历史事实所证实了的。在民主内容与民主形式两种关系中，更应加以强调的是，在对待民主问题的态度上，既要重视对民主内容的揭示，也要重视对民主形式的研究。不揭示民主内容，就会产生“民主无东西方之分”一类的谬误。不重视民主形式的探讨，就不可能发展民主。马克思、恩格斯曾经指出：“工人革命的第一步就是使无产阶级上升为统治阶级，争得民主。”② 他们告诫无产阶级不能在旧的民主内容上绕来绕去，必须创造新的民主内容，建立社会主义民主。列宁接着指出：“彻底发展民主，找出这种发展的形式，用实践

① 《列宁全集》第23卷，人民出版社1958年版，第64～65页。

② 《马克思恩格斯选集》第1卷，人民出版社1972年版，第272页。

来检验这些形式等等，都是为革命进行斗争任务之一。”① 他把实现社会主义民主的形式提到了非常重要的地位。从特定的意义上说，发展社会主义民主的主要途径是探讨、确定和正确运用民主形式。

列宁说过：“任何单独存在的民主都不会产生社会主义，但在实际生活中民主永远不会是‘单独存在’，而总是‘相互依存’的，它也会影响经济，推动经济的改造，受经济发展的影响等。这是活生生的历史的辩证法。”② 在这里，他说明了民主和经济的关系。民主作为上层建筑它决定于经济基础。但社会主义经济产生于无产阶级夺取政权争得民主之后，无产阶级可以运用民主改造经济、促进经济的发展。恩格斯在其所著的《共产主义原理》中写道：“假如无产阶级不能立即利用民主来实行直接侵犯私有制和保证无产阶级生存的各种措施，那末，这种民主对无产阶级就会毫无用处。”③ 他从实现共产主义的宏伟目标着眼，说明无产阶级争得了民主之后必须运用民主消灭私有制，采取措施保证无产阶级的生存。至于怎样消灭私有制，恩格斯在这里没有论述。根据马克思主义的一般原理，消灭私有制一定要运用生产关系适应生产力的发展的规律，从发展社会生产力着手。但是，不管怎样，恩格斯的上述论断中有一点是非常明确的，即在社会主义制度下的民主决不是单纯地为民主而民主，社会主义的发展必须有明确的经济目标，必须为社会主义经济建设服务。我国宪法在序言中宣布发展社会主义民主为国家的根本目标之一；同时，宪法序言还宣布：今后国家的根本任务是集中力量进行社会主义现代化建设。这就说明：我们发展社会主义民主的目的非常明确，就是服务于国家的根本任务，服务于社会主义现代化建设，服务于社会主义经济建设。

二

直接民主是最早出现的民主形式，也可以说是一种原始的民主形式。它为奴隶制国家所创建。古希腊雅典城邦由全体奴隶主和自由民

① 《列宁选集》第 3 卷，人民出版社 1972 年版，第 238 页。

② 《列宁选集》第 3 卷，人民出版社 1972 年版，第 238 页。

③ 《马克思恩格斯选集》第 1 卷，人民出版社 1972 年版，第 220 页。

参加的人民大会行使国家最高权力，议决国家的重大事务，即是这种民主形式的运用。直接民主的优点是全体享受民主的主体都能够直接参与国家的管理，行使其当家作主的权力。因此近、现代国家虽然不像雅典城邦那样寡民小国，运用直接民主形式存在一定的困难，但仍然在一定程度上保留着这种形式。我国现行宪法也以规定公民的基本权利、城乡人民的基层自治权利的方式确认了直接民主形式，并在十年的行宪过程中切实保障了这些权利，从而发展了社会主义民主。我国现行宪法继承和发扬了以往几部宪法，特别是 1954 年宪法的优良传统，专章规定了公民的基本权利和义务。它在关于公民基本权利的规定中，体现了权利的平等性、广泛性、真实性以及权利和义务的一致性等社会主义的本质特征。我国宪法关于公民基本权利的规定包括政治权利和自由、社会经济文化权利以及人身安全和个人自由等。宪法的这些规定为我国人民行使当家作主的权力提供了法律保障。其中关于政治权利和自由的规定与社会主义民主更有直接联系。如选举权就决定着人民选派谁代表他们管理国家。

我国宪法关于公民基本权利的规定在十年的行宪实践中取得了丰硕成果：

第一，增强了人民的权利意识。中国是一个有着长期的封建统治的历史的国家。封建统治者不给人民享受权利，只让人民承担义务。中华人民共和国成立以后，人民成了国家的主人。在 1954 年宪法的指引下，人民的权利意识逐步增强了。党的十一届三中全会以后，民主法制建设受到重视，现行宪法的颁布为民主法制建设奠立了一块新的里程碑。党和国家为保障公民的基本权利采取了许多措施，其中包括《行政诉讼法》的制定和颁布，从而使人民权利意识得以进一步增强。人民权利意识的增强即其主人翁意识增强。它标志着社会主义民主的发展。

第二，创造了扩展人民权利的有利条件。人民权利的扩展包含两个方面：一是宪法已经规定的基本权利在实践中不断发展，二是宪法尚未规定的基本权利在实践中将有新的补充。马克思说过："权利永远不能超出社会的经济结构以及由经济结构所制约的社会的文化发展。"① 我国现行宪法实施十年来，社会经济文化有了很大的发展和提高。这就为人民实现其基本权利提供了比以往更加牢靠的物质保障条件，使之更能充分地享受宪法规定的各种基本权利。不仅如此，随着我国社会经济文化的发展和提高，我们国家将有可能在宪法中补充规定一些新的公民的基本权利。人民权利的扩展无疑是社会主义民主发展的一个重要标志。

第三，提供了正确行使权利的准则。宪法规定公民行使权利时不得损害国家、社会、集体利益和其他公民的权利和自由。宪法的这一规定对公民权利的行使加以限制，其目的是使之和国家、社会、集体、其他公民的利益相协调，因而是一种合理的限制。而且，宪法的这一规定从积极的方面说，也是对公民权利的一种保护，因为任何一个公民只有在国家，社会和集体的利益不受损害，其他公民的权利和自由不受损害的前提下，他的权利才能正常行使。十年的行宪实践，我国人民从正反两方面取得了不少经验教训，已经能够理解和运用行使权利的准则，从而能够正常地行使权利，并进而保证社会主义民主的正常发展。

我国现行宪法规定设立居民委员会、村民委员会，确认人民群众在基层社会生活中的自治权利。从发展的历史考察，城市居民委员会创建于中华人民共和国成立初期，1954 年全国人大常委会就通过了《城市居民委员会组织条例》，明确规定了它的性质、组织和职能。而农村的村民委员会则是在农村实行家庭联产承包责任制，农村的经营方式和分配方式发生重大变化，生产大队管理体制解体的情况下，在 1980 年春由广西壮族自治区罗城县冲弯村的干部、党员、农民倡议最先创建。1982 年宪法总结了上述经验，首次确认居民委员会和村民委员会为基层群众性自治组织，并规定了它们的组织机构和任务。按照宪法的规定，城市居民委员会和农村村民委员会的任务是办理本居住地区的公共事务和公共事业，调解民间纠纷，协助维护社会治安，并向人民政府反映群众的意见、要求和提出建议。这样就使它们成为人民群众和人民政府之间的桥梁和纽带，也使它们成为人民群

① 《马克思恩格斯选集》第 3 卷，人民出版社 1972 年版，第 12 页。

众自我管理、自我服务、自我教育的实现自治权利的基层组织。

宪法颁布以后，居民委员会和村民委员会的工作得以顺利开展。其中村民委员会的发展更为迅速。到1985年全国共建立了94万多个村民委员会，从而使实行了20多年的生产大队连同人民公社的管理体制宣告结束，使我国农村的基层组织建设步入新的发展阶段。1987年全国人大常委会通过了《村民委员会组织法》。这个组织法是在总结经验的基础上制定出来的。它的颁布实施，标志着村民委员会的建设已经法律化、制度化。从此村民委员会的工作包括民主选举干部、建立村民会议、制定实施办法等都有章可循，便于贯彻落实。目前在全国共建立了100万多个村民委员会，全国有十多个省、自治区制定了村民委员会组织法实施办法，各地正在广泛地开展村民自治示范活动，八亿多农民的基层自治权利获得了很大的发展。与此同时，城市居民委员会的工作也有新的进展。我国城乡人民自治权利的实际运用，使人民群众得以按照民主方法处理各种内部关系，在实践中进行民主生活的自我教育和自我训练，从而增强其运用民主权利的习惯和能力，并进而发展社会主义民主。

三

我国地广人多，如果一切国家事务、社会经济文化事业、社会事务都由全体人民直接管理，直接决定，就会产生困难。因此必须有间接民主形式实现社会主义民主。这种间接民主形式就是人民代表大会制度。

人民代表大会制度的主体是全国人民代表大会和地方各级人民代表大会。人民代表大会由人民经民主程序选出的人民代表组成，它代表人民行使国家权力，并且在行使权力的过程中向人民负责，受人民监督，人民对不按自己意志办事的代表有权罢免。它的一切组织活动都和人民紧密地联系着。人民代表大会虽然是一种间接民主形式，但是凡属人民所不便直接行使的权力它都可以行使。因此，它是一种重要的民主形式，甚至可以说是一种实现社会主义民主的基本形式。

人民代表大会制度也是我国的根本政治制度。我们称人民代表大会制度为根本政治制度是因为：只有它，才能直接体现国家的阶级本

质，实现工人阶级领导的、以工农联盟为基础的人民民主专政；只有它，才能决定国家的大政方针，确定政治、经济、文化、社会等方面的活动规范，反映国家生活的全貌；只有它，才有权建立或批准建立属于国家范围内的诸如立法制度、行政制度，司法制度等。

人民代表大会制度是我国政权建设经验的总结。它不是根据其他制度产生的，它是中国人民在中国共产党的领导下在长期的革命和建设实践中创建和发展起来的。在 1982 年宪法颁布的时候，这个制度正式确立与实施已有 28 年的历史。1982 年宪法关于人民代表大会制度的规定，使这个制度进入了一个新的发展阶段。就这个制度的主体人民代表大会而言，即有如下几项新的规定：

第一，加强了全国人大常委会的组织，扩大了它的职权。宪法规定常委会成员不得担任国家行政机关、审判机关和检察机关的职务，以便他们集中精力履行职责；还规定由委员长、副委员长、秘书长组成委员长会议，以便处理日常重要工作。宪法规定常委会有权制定和修改除应当由全国人大制定的法律以外的其他法律，在全国人大闭会期间常委会享有审查和批准国民经济和社会发展计划、国家预算在执行过程中所必须作的部分调整方案等职权。这就有利于加强人大的经常性工作。

第二，增设了专门委员会。宪法规定全国人大设立六个专门委员会（现为七个）较 1954 年宪法规定设置的专门委员会数目有所增加。这是为了适应社会主义事业的发展、全国人大及其常委会立法工作日益增多，监督政府的任务日益繁重的需要。

第三，县级以上地方各级人民代表大会设立常务委员会。过去我国以地方各级人民委员会作为地方各级人大的执行机关，并由它们行使人民代表大会常设机关的职权。按照我国的宪政体制，行政机关要受权力机关的监督。以往的做法产生的不合理结果之一，是地方人大闭会期间由地方人民委员会自己监督自己。同时地方人大不专设常设机关也不利于进行经常性的工作。现行宪法关于县级以上地方人大设立常委会的规定，消除了以往那种不合理现象。

第四，把直接选举权的行使扩展到县级人大代表的选举。过去，直接选举权的行使限于对基层人民代表大会代表的选举。随着社会主义事业的发展，人民组织程度的提高、文化程度的提高和交通信息条

件的改善，选民对各方面优秀人物与代表人物的了解在地域范围上相应地扩大了。这就能直接选举扩展到县级，进一步加强人民代表和选民的联系。

以上规定，加强了人民代表大会行使国家权力的能力，促进了社会主义民主的发展。现行宪法颁布后，党和国家非常重视宪法的监督实施，坚持和进一步完善了人民代表大会制度。各级人民代表大会在组织、活动和代表素质等方面又获得了进一步发展。

首先，在组织机构方面，根据宪法的规定，制定了全国人民代表大会组织法，修改了地方各级人民代表大会和地方各级人民政府组织法，制定了全国人大议事规则和全国人大常委会议事规则。这些法律和议事规则具体规定了全国人大和县级以上地方人大会议的各种组织机构如主席团、代表小组等，也规定它们和它们的常委会的日常辅助性工作机构和其他办事机构。此外，还在人民代表大会的实践活动中创建了地区一级的人大工作委员会作为省级人大的派出机构；赋予了基层人大主席团行使常设机构的职权。上述组织机构的设置和创建，保证了人民代表大会得以运转自如、正常工作。

其次，就活动状况而言，主要是各级人民代表大会能够充分、有效、合理地行使职权。人大的职权概括地说有：法制方面的职权和决定权、任免权、监督权四种。四种职权的行使状况决定人民代表大会是否真正代表人民行使国家权力，在四种职权中，法制方面的职权尤为重要。因为法制方面的职权包括着立法权；而立法权是体现国家的主权权威的。十年来，全国人民代表大会和它的常委会在宪法的原则精神指引下，不断地加强立法工作，制定了许多法律，以适应国家建设事业的需要。这些法都体现了党的路线、方针、政策，都是在党的领导下制定的。但是，党只领导法律的制定，并不直接制定法律。在已经逐步形成的正确处理党政关系的原则的指导下，全国人大及其常委会充分、有效、合理地行使了自己的立法权。由于党的路线、方针、政策适应了新的历史时期的要求，反映了人民群众的利益，十年来制定的法律正确地体现了人民群众的意志和要求。在全国人大及其常委会行使立法权的同时，某些特定的地方人大及其常委会由宪法、法律授权制定了大量的地方性法规。这些地方性法规的制定，同样说明被授权的地方人大及其常委会充分、有效、合理地行使了它们关于

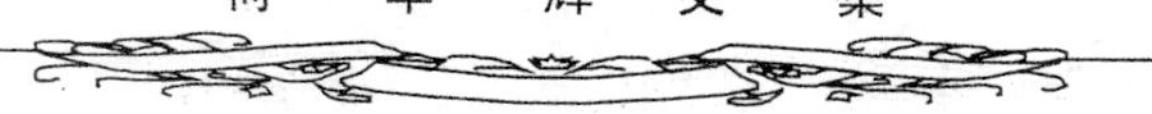

法制方面的职权，体现了党的领导意图，反映了人民群众的利益。至于决定权、任免权、监督权的行使，在一定程度上涉及国家机关之间的关系，比立法权所涉及的关系更为复杂。十年行宪过程中，由于各有关方面逐步提高认识，不断克服障碍，这些职权的行使也日趋充分、有效、合理。

再次，就代表素质而言，根据宪法的规定，在最近十年中各级人大有的经过两次换届选举，有的经过三次换届选举，通过换届选举，新当选的人民代表的德、智、能、体等方面的素质均有所提高。这表现在：人民代表为社会主义事业、为祖国统一作贡献，为人民服务的代表意识增强了；文化程度、专业知识提高了；议政、参政的能力增强了；和体力密切关联着的年龄降低了。人民代表大会由人民代表组成。人民代表的素质提高了，人民代表大会的效能也就相应地提高了。人民通过选举代表行使其当家作主的权力，参与国家管理，接受民主训练；代表获得人民的信任，代表人民行使国家权力，实现人民民主。人民代表素质的提高体现了人民的选择能力已经加强。

经过十年的行宪，我国人民代表大会制度在上面所说的三个方面的发展状况，足以说明这个制度又有了新的发展。它为发展社会主义民主作出了新的贡献。

我国人民实现社会主义民主的两种形式所获得的进展与成就，发展了社会主义民主。这是宪法高举的社会主义民主旗帜的伟大胜利。今后我们将在这面胜利旗帜的指引下，在发展社会主义民主的道路上继续前进，奋勇前进。我们更应该运用社会主义民主为党的“一个中心，两个基本点”的基本路线服务，使之在加速经济建设，深化改革、扩大开放，坚持四项基本原则中作出重大贡献。

论宪法与改革开放[①]

1982年宪法是我国的根本大法，也是我国改革开放的纲领。宪法不仅反映了党中央关于“一个中心、两个基本点”的基本路线，也体现了全党和全国各族人民要求改革开放的愿望，作出了一系列关于改革开放的新规定，成为指导全国人民努力进行改革开放，实现现代化的根本纲领。宪法颁布十年来所取得的各项巨大成就，既是党的方针路线的伟大胜利，也是作为改革开放纲领的宪法的伟大胜利。

一

我国现行宪法关于改革开放的规定主要体现在政治体制和经济体制两个方面：

关于政治体制所作出的规定主要体现在：第一，加强了人民代表大会制度的建设；第二，完善了国家机构体制的设置以及责任制度，恢复了国家主席建制等；第三，明确了各级国家机关领导成员的任职期限。关于经济体制所作出的规定主要体现在：第一，明确了社会主义公有制经济的构成，确认了城乡劳动者个体经济的合法地位；第二，认可了市场经济的调节作用，建立计划与市场相结合的经济协调机制，为经济体制的进一步改革提供了基础；第三，明确了国家对企业的管理方式及企业的经营自主权；第四，规定了国家实行对外开放，引进外资，以及加强中外合作等政策。

① 本文载于《法学家》1993年第31-61期，与周敏合著。

二

我国行宪十年来的成就是巨大的，这主要体现在政治、经济体制的改革方面。如进一步完善了人民代表大会制度，提高了各级人大的权威和行使权力的能力。完善了中国共产党领导的多党合作与政治协商制度等。在经济建设方面、工农业生产与科技教育等方面都有巨大进步。人民生活水平也大幅度提高。

行宪十年所取得的胜利，也表现在人们的思想观念上，如人们改革意识的形成、经济观念的变化、法律意识的形成等，都对改革开放发挥了重要作用。

行宪十年所取得的胜利，是宪法的胜利，也是宪法作为改革开放纲领的胜利。宪法与改革开放的关系概括起来说是：宪法指导改革开放的进行，改革开放促进宪法的发展。

宪法指导改革开放的进行，即改革开放活动必须遵循宪法，不能违背宪法原则与精神。所谓改革开放促进宪法的发展，是指在改革开放的实践中，为适应新的形势的需要，推动改革开放的发展，对宪法未曾规定的条款加以补充规定，以及对宪法原有条款予以修改等。如我国现行宪法关于私营经济与土地使用权转让的两个修正案，都对现行的开放搞活起了重大作用。

三

我国的改革开放在宪法指引下取得巨大胜利的同时，也还有一些问题值得我们注意，并应予以正确的处理。

（一）必须澄清理论上姓“资”姓“社”的问题，以是否有利于发展社会主义社会的生产力、是否有利于增强社会主义国家的综合国力、是否有利于提高人民的生活水平为判断标准。

（二）对存在着的“左”、右干扰，应予排除。“左”的干扰是从根本上否定改革开放，而右则是立场方向问题，因此，必须防止“左”，警惕右。

（三）宪法指导改革开放的进行，必须进一步完善社会主义法制，将宪法的原则性规定具体化，进一步进行立法与执法活动，以保障和促进改革开放的进行和发展。

在加快经济立法过程中，应着重以下四个方面：第一，制定国家机关经济管理职能的法律，确认国家机关权限，减少对企业的不合理干预，促进市场经济的培育发展。第二，制定规范国内企业生产销售和其他经营管理活动的法律如公司法、保险法等，同时要注意使原有企业法、破产法的配套与完善。第三，制定有关外资企业管理的法律，以改善外商的投资与贸易环境，如制定外贸银行管理法、海商法等。第四，制定规范个人经济活动的法律，以保证生产者与消费者的合法权益。如劳动保障法、消费者权益保障法等。

（四）改革开放与精神文明建设应同步进行。改革开放的发展促进经济的繁荣，经济的发展为精神文明提供物质基础的保障；社会主义精神文明建设对推动和发展经济是一种强大动力，同时也保证着社会主义经济建设及改革开放的正确方向。

从选举实践看我国选举制度的民主性①

选举制度就广义而言，指的是选举国家机关公职人员所应遵循的各种制度。本文所论述的仅限于选举代表机关代表的选举制度。它指的是选举代表机关代表的各种原则、方法和组织程序。它的原则、方法包括选举权的普遍性、平等性、直接性、公开投票或秘密投票，它的组织程序是指建立选举机构、划分选区、制造选民册、公布选民名单、提出候选人、举行投票、公布选举结果，以及处理选举舞弊和选举诉讼等。选举原则、方法是选举制度中的核心问题。

选举制度是决定和组织代表机关的基本制度。它和代表机关一样，同是统治阶级实现国家权力的重要形式和手段，它是一个国家民主性质和民主发展程度的重要标志。

选举代表机关代表的选举制度，是伴随着资产阶级代议制产生出来的。它是作为封建王权世袭制和等级授职制的对立物而出现的。它的出现，标志着近代民主政治的形成。但是，资产阶级民主制是在资产阶级内部实行民主和对无产阶级、广大劳动人民实行专政相结合的。因而资本主义国家选举制度的本质，对劳动者来说，必然是不真实的民主。正如马克思所揭示的：只是每三年或六年决定一次，究竟由统治阶级中的什么人在议会里代表和压迫人民。随着资本主义制度的发展和阶级力量对比的变化，资产阶级国家的选举制度也随之发展变化。有些国家逐步建立起一套比较完整的、形式上的普遍、平等的直接选举和秘密投票的原则和方法。这套原则、方法建立的过程，也就是资产阶级民主制逐步发展的过程，它体现着资本主义国家民主制各种不同的发展程度。不论其发展变化的情况如何，资本主义国家的

① 本文载于《政治与法律》丛刊1993年第6期。

选举制度始终没有也不可能改变它压迫劳动人民的本质，改变劳动人民无权的地位。恩格斯指出，“在现今的国家里，普选制不能而且永远不会提供更多的东西”。①

无产阶级领导的社会主义国家选举人民代表的制度，是人类历史上从未有过的一种新型的选举制度，即社会主义性质的选举制度。这种选举制度，是作为资产阶级选举制度的对立物而产生的。它的出现，标志着社会主义民主制的确立和资本主义民主制的衰败。新型的社会主义选举制度，是由人民挑选自己所满意的公仆，派遣他们进入人民代表机关，代表人民行使国家权力。因此，它同资本主义选举制度是有本质区别的。当然，它们之间，还存在着历史的联系。它也有一个产生发展的过程，也要通过普遍、平等、直接选举和秘密投票等原则、方法的具体运用，来体现社会主义民主。我国现行选举制度是符合我国现实情况的、新型的社会主义的选举制度，也是现阶段最民主的选举制度，它具有以下几个特点：

第一，实现了选举权的普遍性。所谓选举权的普遍性，是指凡属具有一国国籍、达到一定年龄的公民，除精神病患者或被剥夺政治权利者之外，都取得该国选举资格，都有选举权。新宪法、全国人民代表大会和地方各级人民代表大会选举法规定：中华人民共和国年满18周岁的公民，不分民族、种族、性别、职业、家庭出身、宗教信仰、教育程度、财产状况、居住期限，都有选举权和被选举权。这个规定体现了我国公民享有选举权的普遍性，我国的选举实践也说明了这一点。我国享受选举权的主体是十分广泛的。

第二，从实质上实现了平等选举权。所谓平等选举权是指任何选民在一次选举中只有一个投票权，其投票所产生的实际效力完全相等。新宪法规定，全国人民代表大会和地方各级人民代表大会代表名额和代表产生办法由法律规定。选举法根据宪法的原则精神，明确规定，每一选民在一次选举中只有一个投票权，完全符合平等选举的原则，同时还规定，各级人民代表大会代表，均按一定人口比例产生，也在特定范围内表现了选举权的平等性。但是，由于城乡之间、工农之间以及各民族之间的人口数的差别，选举法对城镇代表名额、少数

① 《马克思恩格斯选集》第4卷，人民出版社1972年版，第169页。

民族代表名额的规定，给予了特殊照顾。例如，选举法规定，自治州、县、自治县人民代表大会代表的名额，按农村每一代表所代表的人口数四倍于镇的每一代表所代表的人口数的原则分配。省级人大和全国人大代表名额的分配也有类似规定。又如，选举法规定，散居的少数民族应选当地人民代表大会的代表，每一代表所代表的人口数可以少于当地人民代表大会每一代表所代表的人口数。聚居境内少数民族人大代表名额的分配也有类似规定。从形式上看，这些规定似乎确认了城镇选民、少数民族选民所投选票的实际效力高于农村选民、汉族选民的选票，似乎违背平等选举权的原则。但是从实质上看，这些规定能保证人口特少的地区、人口特少的民族和各方面代表人士比较集中的地区都有适当的代表名额，它能正确地反映国内各阶层各民族之间的共同利益，便于促进各阶层各民族之间实现事实上的平等。

第三，尽可能地扩大直接选举的范围。所谓直接选举就是由选民直接投票选举代表机关的代表，间接选举则是由选民选出的选举人或选举团体选举代表机关的代表。新宪法和选举法规定，全国人民代表大会的代表，省、自治区、直辖市、设区的市、自治州的人民代表大会代表，由下一级人民代表大会选举。自治县、不设区的市、市辖区、乡、民族乡、镇的人民代表大会代表，由选民直接选举。这些规定确认了我国采用直接选举和间接选举并用的原则。根据人民的觉悟程度和组织程度，国家的政治、经济、文化发展状况和交通条件以及30年来积累的选举工作的经验，我们把直接选举的范围扩大到县级。直接选举范围的扩大，进一步加强了人民代表和选民的直接联系，加强了人民对人民代表大会和政府的监督，更便于人民行使当家作主的权力。

第四，实行了秘密投票。秘密投票也称无记名投票，即由选民不署自己的姓名，亲自书写选票，亲自将选票投入密封票箱。他人既不能当场知道选的是谁，事后也无从探悉。秘密投票的优点，是保证选民能够在选举中自由地表达自己的意志。我国选举法规定，全国和地方各级人民代表大会代表的选举，一律采用无记名投票的方法。这种方法有效地保证了选民自由表达自己意志的优点。它有助于破除选民的情面观念，有助于杜绝各种利用权势、拉扯关系妨碍选举工作正常进行的非法活动，也有利于保障人民选举权的实现。

第五，选举的组织程序保证了选举原则、方法的贯彻执行。例如，选举法规定，选区应按生产单位、事业单位、工作单位和居住状况划分。这样规定，即可适应各种不同情况，便于酝酿提名代表候选人，统一安排生产、工作和选举活动，加强代表同选民的联系和选民对代表的监督。又如，选举法规定对选民名单有不同意见的，可向选举委员会提出申诉，如对选举委员会的处理不服，还有向人民法院起诉的权利。这就体现了慎重地对待选举权的态度，既不允许非法剥夺选举权，也不容许非法窃取选举权。再如，选举法规定，代表候选人的提出要经过反复讨论、民主协商，候选人名额应多于应选代表名额，即保证选民或选举单位能够优中选优，选出自己最为满意的优秀代表。所有这些规定，乃至其他关于选举的组织程序的规定，都是实现选举原则、方法的有效保证。

我们目前的重要任务之一，就是认真贯彻执行新宪法和选举法所规定的选举制度，以此保障和发展我国的社会主义民主，并把社会主义民主推进到一个更高的阶段，夺取社会主义现代化建设事业的新的胜利。

进一步促进改革开放的重要里程碑[①]

——学习八届全国人大一次会议宪法修正案的一点体会

宪法是国家的根本大法，保持宪法一定程度的稳定性，是保证国家政局和社会秩序稳定的重要环节。但宪法的这种稳定性只是相对稳定性，随着社会实际生活的发展变化，宪法也必须相应地发展变化。我国现行的1982年宪法在国家政治、经济和社会生活等方面发挥了重要作用，但随着我国改革开放和现代化建设事业的不断发展，宪法的有些规定已经同国家政治、经济和社会生活的现实情况不相适应，因而需要依照法定程序作必要的修改和补充。1993年3月29日，由八届全国人大一次会议通过的宪法修正案，即是继1988年后又一次为适应这一要求而采取的重大措施，是进一步促进我国改革开放事业的重要里程碑。这里，我们从历史背景及其指导思想和基本内容及其重要意义两方面，谈谈学习这一修正案的体会。

一、修正案产生的历史背景及其指导思想

八届全国人大一次会议通过宪法修正案的历史背景在于，现行宪法赖以存在的历史条件发生了很大变化。正如江泽民同志在十四大报告中指出，十四年来的历程“是开始了一场新的革命”。改革开放起步于十一届三中全会，十二大以后全面展开。因此，现行宪法的制定与党的十二大精神密不可分；而且为适应改革从农村向城市发展的新形势，十二届三中全会通过了《中共中央关于经济体制改革的决

① 本文载于《武汉检察》1993年第2期，与周叶中合著。

定》，提出我国社会主义经济是公有制基础上有计划的商品经济，从而为经济体制改革提供了新的理论指导。随后我国相继决定对科技体制与教育体制进行改革，并进一步提出政治体制改革的目标和任务。1987 年召开的党的十三大比较系统地论述了我国社会主义初级阶段的理论，明确概括和全面阐发了党的“一个中心、两个基本点”的基本路线。1992 年初，邓小平同志视察南方发表重要谈话。3 月中央政治局召开全体会议，完全赞同邓小平同志的谈话。1992 年 10 月党的十四大系统总结了我国现代化建设的经验和教训，全面阐述了建设有中国特色社会主义的理论，确定了党在社会主义初级阶段的基本路线不动摇，提出我国经济体制改革的目标是建立社会主义市场经济体制，并且据此修改了《中国共产党章程》。在这种情况下，根据我国改革开放和现代化建设事业进一步发展的需要，对宪法部分内容进行修改已成为历史的必然。

宪法修正案的指导思想在于以党的十四大精神为指导，对涉及国家经济、政治、社会生活的重大问题的有关规定，必须进行修改的加以修改，可改可不改的不改。如前所述，十四大在总结十四年来改革开放经验和教训的基础上，系统阐述了党的基本路线。中国共产党是执政党，在国家政治生活中处于领导地位，因而以十四大精神为指导修改宪法理所当然。但在修改范围上又不宜过宽。这一方面是因为现行宪法的大部分内容还有其存在的客观基础，另一方面则因为宪法是整个国家法律体系的基础，它的修改必然会“牵一发而动全身”，而诸如社会主义市场经济等诸问题又尚未全面铺开，因此对宪法进行“大修”的条件尚未成熟。

二、修正案的基本内容及其重要意义

这次宪法修改的内容主要集中于经济制度，概括起来则可分为五大方面：

（一）关于国家的根本任务和奋斗目标

宪法具有纲领性的特点。因此有些国家的宪法对一定历史时期的总任务以及奋斗目标都进行了规定，以使国家各方面的工作有明确的

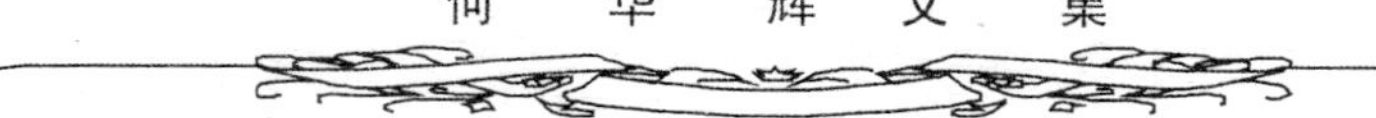

方向。我国宪法也是如此。现行的1982年宪法规定，今后国家的根本任务是集中力量进行社会主义现代化建设，并同时规定通过坚持四项基本原则、不断完善各项制度，发展社会主义民主，健全社会主义法制，自力更生，艰苦奋斗，逐步实现四个现代化，把我国建设成为高度文明、高度民主的社会主义国家。由于中国共产党在十一届三中全会以来的改革开放和现代化建设实践中，坚持把马克思主义基本原理同中国具体实际相结合，因而对新的历史时期国家的根本任务和奋斗目标的认识更加科学。在宪法修正案中则突出表现为三个方面：一是明确规定“我国正处于社会主义初级阶段”，从而一方面表明我国社会已经是社会主义社会，必须坚持而不能离开社会主义；另一方面则表明我国还处于初级阶段，我们必须从这个实际出发，而不能超越这个阶段。这样就给我们制定和执行正确的路线和政策提供了根本依据。二是明确规定现代化建设必须“根据建设有中国特色社会主义的理论”来进行，必须“坚持改革开放”，从而表明了建设有中国特色社会主义理论的指导地位；三是将“高度文明、高度民主”的奋斗目标修改为“富强、民主、文明”，这样既与社会主义初级阶段理论相适应，也更加符合现代化国家的基本要求，从而集中、完整地表述了党的基本路线。十四年来的实践经验集中到一点，就是要毫不动摇地坚持以建设有中国特色社会主义理论为指导的党的基本路线。这是我们事业能够经受起各种考验，顺利达到目标的最可靠保证。将建设有中国特色社会主义的理论和党的基本路线，明确载入宪法，对保证我们国家沿着建设有中国特色的社会主义道路前进，具有重大现实意义和深远历史意义。

（二）关于中国共产党领导的多党合作和政治协商制度

这次修改在宪法序言第10自然段末尾增加了“中国共产党领导的多党合作和政治协商制度将长期存在和发展”。中国共产党领导的多党合作和政治协商制度是中国共产党对马克思主义的应用和发展，是我国政党制度的中国特色。历史证明，中国共产党领导的多党合作和政治协商制度的形成，不仅为我国新民主主义革命助力，而且有利于中华人民共和国成立后国民经济的迅速恢复以及社会主义改造和建设的顺利进行。作为我国民主政治制度的重要组成部分，中国共产党

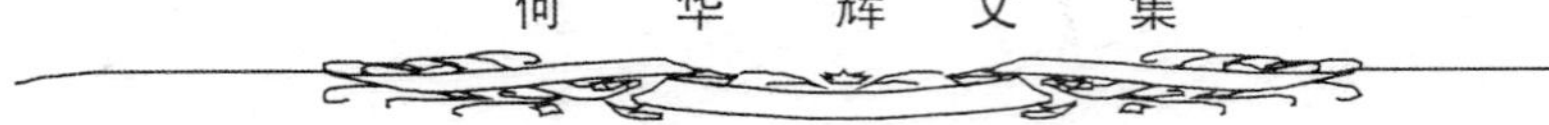

领导的多党合作和政治协商制度的存在和发展不仅有利于社会主义民主的发展，而且还有利于动员一切力量，建设高度的物质文明和精神文明。因此，把它写入宪法，肯定这一制度长期存在，不断完善和发展，对建设有中国特色的社会主义民主政治有重要意义。

（三）关于国有经济和农村中的合作经济

长期以来，我们一直将国民经济中的主导力量称之为“国营经济”。1949 年制定的《共同纲领》第 28 条规定，国营经济为社会主义性质的经济。凡属有关国家经济命脉和足以操纵国民生计的事业，均应由国家统一经营。这就是说，国营即国家统一经营，但随着经济体制改革的纵深发展，所有权与经营权的相互分离已经成为经济发展的必要环节。因此，这次修改，将宪法第 7 条、第 16 条、第 42 条中的“国营经济”、“国营企业”修改为“国有经济”、“国有企业”，将所有权与经营权的相互分离载入宪法，从而为我国国有经济、国有企业的改革和发展提供宪法依据。大家知道，转换国有企业的经营机制，把企业推向市场，理顺产权关系，实行政企分开，落实企业自主权，使企业成为自主经营、自负盈亏、自我发展、自我约束的法人实体和市场竞争主体，是建立社会主义市场经济体制的核心。由于“国有”只是表明其经济归属，即所有制性质，因而将“国营”改为“国有”，就使企业在“国有”的前提下，自主决定究竟采取什么样的经营方式，并可根据行业的不同、企业规模的不同、企业行为方式的不同进行调整。这样，对于增强企业活力，推动社会主义市场经济的发展将具有积极的作用。

农村人民公社、农业生产合作社是自“大跃进”到经济体制改革时期，农村集体所有制经济的主要形式。但随着人民公社的废除，特别是由于普遍实行了家庭联产承包为主的责任制，使这种形式发生了很大变化。实行联产承包责任制不仅极大地调动了八亿农民的生产积极性，促进了农村经济的全面发展，而且也推动了城市的改革和其他方面的改革。因此，这次修改删去了第 8 条第 1 款“人民公社，农业生产合作社”，增加了“家庭联产承包为主的责任制”的规定，把家庭联产承包为主的责任制这一农业生产的基本制度用根本大法的形式肯定下来，因而不仅有利于农村政策的长期稳定，消除农民怕变的心理，而且实际上它是我国集体经济的自我完善和发展。正如邓小平同志指出："我们总的方向是发展集体经济。实行包产到户的地方，经济的主体现在也还是生产队。这些地方将来会怎么样呢？可以肯定，只要生产发展了，农村的社会分工和商品经济发展了，低水平的集体化就会发展到高水平的集体化，集体经济不巩固的也会巩固起来。"①

（四）关于社会主义市场经济

传统观念认为，市场经济是资本主义特有的东西，计划经济才是社会主义经济的基本特征。十一届三中全会以来，关于计划、市场关系的认识不断更新并日益科学化，对推动改革和发展起了重要作用。十二大提出计划经济为主，市场调节为辅，开始注意到市场的中性价值，此后不久通过的宪法第 15 条即反映了这一思想；十二届三中全会指出商品经济是社会主义发展不可逾越的阶段，我国社会主义经济是公有制基础上有计划的商品经济；十三大提出社会主义有计划商品经济体制应该是计划与市场内在统一的体制；十三届四中全会后，提出建立适应有计划商品经济发展的计划经济与市场调节相结合的经济体制和运行机制。邓小平同志 1992 年年初重要谈话指出：计划经济不等于社会主义，资本主义也有计划；市场经济不等于资本主义，社会主义也有市场。计划和市场都是经济手段。计划多一点还是市场多一点不是社会主义与资本主义的本质区别。这一论断从根本上解除了把计划经济和市场经济看做属于社会基本制度范畴的思想束缚，使我们的认识取得了重大突破。改革开放十四年的实践反复证明，要大力发展经济就必须优化经济结构，提高经济效益，充分发挥市场机制的作用。正因为此，江泽民同志在十四大报告中明确提出，"我国经济体制改革的目标是建立社会主义市场经济体制"。这样，宪法第 15 条第 1 款规定的"国家在社会主义公有制基础上实行计划经济"，已经与客观现实相矛盾，因此，这次修改规定"国家实行社会主义市场经济"。这一修改无疑将极大地推动我国经济的发展。在学习中，有同志认为这一规定较为抽象，不便操作。我们认为，这主要是因为社

① 《邓小平文选》（1975～1982），人民出版社 1983 年版，第 275 页。

会主义市场经济正在发展中，目前还很难用法律语言对它作出具体规定。更何况江泽民同志在十四大报告中对社会主义市场经济的内容已经进行了阐述。他指出，我们要建立的社会主义市场经济体制，就是要使市场在社会主义国家宏观调控下对资源配置起基础性作用，使经济活动遵循价值规律的要求，适应供求关系的变化；通过价格杠杆和竞争机制的功能，把资源配置到效益较好的环节中去，并给企业以压力和动力，实现优胜劣汰；动用市场对各种经济信号反映比较灵敏的优点，促进生产和需求的及时协调。因此，必要时可以据此对社会主义市场经济的具体内涵作出宪法解释。

与经济体制的转换相伴随的是必须对经济管理方法进行相应调整。因此，这次修改，将宪法第 15 条第 2 款“国家通过经济计划的综合平衡和市场调节的辅助作用，保证国民经济按比例地协调发展”，修改为“国家加强经济立法，完善宏观调控”；将第 3 款“禁止任何组织或者个人扰乱社会经济秩序，破坏国家经济计划”修改为“国家依法禁止任何组织或者个人扰乱社会经济秩序”。市场经济也就是法制经济，市场经济体制的建立和运行在很大程度上有赖于法制的建立和健全。因此，加强经济立法，尽快制定有关市场经济运行方面的法律规范，是国家的一项迫切任务，将此载入宪法，对于尽快建立保障社会主义市场经济的法律体系具有重要的现实意义。同时，尽管计划指导本身是宏观调控的重要内容，但在市场经济条件下必须更新计划观念，改进计划方法。通过经济的、法律的、行政的手段完善宏观调控。

宪法第 16 条、第 17 条也作了相应修改，其内容主要是消除原有高度计划经济成分，突出国有企业的经营自主权和集体经济组织独立进行经济活动的自主权；在企业管理方式上，将原来主要依靠行政命令的方式修改为主要依靠法律手段，从而为深化企业改革、转变政府职能提供依据。此外，这次还对集体经济组织内部的民主管理问题进行了修改，将第 17 条第 2 款修改为，“集体经济组织实行民主管理，依照法律规定选举和罢免管理人员，决定经营管理的重大问题”。这是针对改革开放以来，我国集体经济组织的现实情况而进行的调整。因为随着各种各样的股份制公司、合作制经济实体的出现，其内部民主管理形式也多种多样。而且，“它的全体劳动者”含义何在也很不明确。因此，进行这样的调整既具有一定的灵活性，也为具体法律的制定提供了依据。

（五）关于县级人民代表大会的任期

从1975年宪法到1982年宪法都规定，县级人大每届任期三年。实践表明，三年任期太短，不利于领导班子的稳定和经济的发展。由于县级国家政权是贯彻国家宪法、法律和党的路线方针、政策的关键环节，同时又是经济建设的实际组织者，因此，延长县级人大的任期，对于加强县级国家政权建设，充分发挥其在经济建设中的作用具有非常重要的意义。

应该肯定，现行宪法中还有一些内容应该修改，但以上五大方面最为急迫。如果对其重要意义进行概括，那么这次宪法修改不仅使宪法更加完善，从而维护和保持了宪法的权威性和连续性，而且也为改革开放的纵深发展提供了宪法依据。表现在：第一，由于它总结的是我国改革开放的新经验，规定的是改革开放和现代化建设中最现实的问题，因而对建设有中国特色的社会主义，将产生极其深远的影响。第二，由于它着重对社会主义经济制度的有关规定作了修改和补充，因而将大大促进我国的经济立法和经济法制建设，从而为改革开放和现代化建设提供切实有效的法制保障。当然，“徒法不足以自行”。要想真正发挥修正案的作用，关键还在于必须保证其贯彻实施。为此必须从认识和实践两方面采取切实可行的措施。我们认为，在认识方面，主要应该真正明确宪法的根本法地位，树立“宪法至上”观念；在实践方面则必须正确处理宪法与改革的关系，明确改革必须在宪法和法律范围内进行，通过建立、健全宪法监督机制树立宪法的最高权威，从而促进改革开放的进一步发展。

行政法重点问题解答[①]

1．什么是行政法？

行政法是规定国家行政机关的组织、职责权限、活动原则、管理制度和工作程序的，用以调整各国家行政机关之间，以及国家行政机关同其他国家机关、企业事业单位、社会团体和公民之间特定社会关系的各种法律规范的总和。

2．行政法的特点是什么？

①行政法律关系的单方面性。第一，国家行政机关单方面的意思表示决定行政法律关系的形成。不论国家行政机关相对方的意思表示如何（愿意或不愿意），国家行政机关的行政行为对行政法律关系的发生、变更和消灭，具有决定性作用。第二，国家行政机关的行政行为，有国家强制力作保证。义务人违反行政法义务的时候，国家行政机关可以依法强制执行或追究行政责任。第三，在发生纠纷时，一般通过行政程序解决。

②行政法在形式上没有统一的法典。国家行政管理的范畴极为广泛，行政法调整的对象极其繁杂，具体的调整对象变化迅速，不可能制定一部包罗万象的统一的行政法典。因此，行政法与宪法、民法、刑法有一部统一的、完整的法典不同。

③行政法变动性大。国家行政管理的特点之一是处于不断变化之中。这就要求行政法律规范必须与行政管理的这种变动性相适应，及时对已经和正在发生变化的客观形势迅速作出反映，用法律手段来推动形势向有利于统治阶级要求的方向发展。因此，行政法富于变动性。

---

① 本文载于《法学评论》1987年第5期，与叶必丰合著。

④本质特征在于依法行政。

3．试述行政法的作用。

①行政法对宪法的实施具有重要作用。宪法所规定的内容比较原则，都必须通过部门法才能加以贯彻实施，除了刑法和民法以外，实际上都要靠行政法来贯彻实施。例如宪法规定，国家机关及其工作人员侵犯公民合法权益的，公民有依法请求赔偿的权利。这里“依法”的法，即是行政法。只有有了国家赔偿法，宪法的这一规定才能得到实现。

②行政法对维护和保障公民的合法权益具有重要作用。国家通过行政立法严格保护公民的合法权益，防止国家行政机关及其工作人员侵犯或损害公民合法权益的行为，消除专横。公民在自己的合法权益遭受国家行政机关及其工作人员不法侵害时，可以通过行政复议和行政诉讼来维护和补救。

③行政法对加强行政管理，提高行政效率，消除和防止官僚主义有重要作用。国家通过行政立法手段，加强行政管理的权威；科学而严格的行政程序法规范，可以防止和消除扯皮、踢皮球、公文旅行、手续繁杂等现象；完善的组织法规范，可以保持机构精简。

④行政法对体制改革具有重要作用。行政法对体制改革往往具有规划、布置、指导作用；对现行体制中的合理不合法、合法不合理现象一般也需要行政法来消除；而体制改革的成果也需要有行政法来巩固。这是由行政法的灵活性决定的。

4．试举例说明行政法的渊源。

行政法的渊源（或法源），指的是行政法来源于哪些法和它由哪些法组成。

我国行政法的法源主要是：

①宪法。宪法既是行政法的立法依据，又是行政法的基本法源，在宪法中有许多有关国家行政管理的规范，如宪法第三章的第三节和第五节，集中地规定了我国最高国家行政机关和国家地方各级行政机关的机构设置、职责权限和活动原则。

②基本法律。这是仅次于宪法的国家的主要法律。如《中华人民共和国国务院组织法》、《中华人民共和国地方各级人民代表大会和地方各级人民政府组织法》，有关国家行政管理的，都是行政法的

法源。

③法律。它是由全国人大及其常委会制定和通过的，效力次于基本法律。如《中华人民共和国兵役法》、《中华人民共和国治安管理处罚条例》、《中华人民共和国国籍法》等都是。

④行政法规和行政规章。国务院有权制定行政法规，是行政法最主要的法源。它内容广泛，数量众多，有关中央和地方国家行政机关的机构设置、编制、职权和国家行政机关的机构设置、编制、职权和国家行政工作人员的录用、培训、考核、晋升、任免、奖惩、工资福利、退休退职等组织法规；有关军事、外事、民政、公安、司法、经济、文教、卫生、体育等国家行政管理的具体内容的法规，都是行政法的渊源。如《国务院关于地方各级审计机关设置和人员编制问题的通知》、《会计人员职权试行条例》，等等。

国务院的各部委有权制定行政规章，也是行政法的重要法源。如《司法助理员工作暂行规定》、《教育部关于普及初等教育基本要求的规定》等。

⑤地方性法规和规章。地方性法规中有关国家行政管理的部分：如《北京市道路交通管理暂行规则》、《陕西省计划生育暂行条例》等都是行政法法源。省、直辖市等人民政府，有权制定规章，如《北京市建设拆迁安置办法》、《陕西省狩猎事业管理暂行办法》等也是行政法的法源。

⑥自治条例和单行条例。这是自治区、自治州制定的。如《内蒙古各级人民代表大会和地方各级人民委员会组织条例》（1955 年）等有关国家行政管理的部分，是行政法法源。

⑦党和国家行政机关联合发布的行政法规和规章。如中共中央、国务院《关于加强职工教育工作的决定》。

⑧国家行政机关与群众团体联合发布的行政法规和规章。如国务院批转教育部、公安部、共青团中央《关于办好工读学校的试行方案》。

⑨条约。

⑩与行政法有关的解释。包括行政解释、立法解释和地方解释中有关国家行政管理的部分。

5. 国家行政机关的概念和种类。

国家行政机关是依法组建起来的，统治阶级运用国家权力对国家行政事务进行组织和管理的一种国家机构，也称政府。这就是说：

①国家行政机关是一种国家机构，运用着国家权力，有国家强制力作保障，因而，它区别于企业、事业单位和社会团体内部的行政机关（科、室）；

②国家行政机关是对国家行政事务进行组织和管理的国家机构。这就区别于以立法和监督为主要职责的国家权力机关，区别于以检察和审判为职责的国家检察机关和审判机关；

③国家行政机关是依法组建起来的。这就是说，它的成立有宪法、组织法或行政命令作为依据；并且，是按一定的法律程序设置的；

④国家行政机关具有鲜明的阶级性。

按照不同的分类标准，国家行政机关可以有以下几类：

①中央国家行政机关和地方国家行政机关。在我国，国务院及其各部委、直属机构，都是中央国家行政机关。省、自治区、直辖市人民政府及所属的厅、局、委，自治州、县、自治县、市、市辖区人民政府及所属的各局、科、委，乡、民族乡、镇人民政府等都是地方国家行政机关。

②一般权限的国家行政机关和专门权限的国家行政机关。一般权限的国家行政机关是指一级政权机关，其职权由宪法规定，在所辖区内统一领导各个国家行政机关的工作，行政活动带有全面性和综合性，如国务院及地方各级人民政府都是。专门权限的国家行政机关是指在一级政权机关领导下的职能机关，职权由法律和行政管理法规规定，主要是负责某一方面的事务，行政活动带有局部性和专门性，如国务院的各部、委都是。

③常设机构和临时机构。一般说来，按宪法、法律和行政法规设置的国家行政机关，都是常设的，如国务院及各部、委等。但是，依某些行政法规和行政命令设置的国家行政机关，基本上是临时性的，是完成某种临时任务的需要，如防讯指挥部、救灾办公室等。

④委员会制、独任制、混合制的国家行政机关。委员会制的国家行政机关，有重要问题都要经过讨论表决，少数服从多数；独任制即

首长负责制的国家行政机关，行政首长享有最后决定权；混合制的国家行政机关，即以合议制和独任制相结合的方式行使职权。

⑤决策性的国家行政机关、职能性的国家行政机关、咨询性的国家行政机关和监督性的国家行政机关等。

6. 我国国务院（即最高国家行政机关）的性质和职权。

性质：中华人民共和国国务院，即中央人民政府，是最高国家权力机关的执行机关，是最高国家行政机关。

职权：①根据宪法和法律，规定行政措施，制定行政法规，发布决定和命令；

②向全国人民代表大会或它的常务委员会提出议案；

③对国家行政事务和各级各类行政机关的工作实行统一领导；

④监督各部、各委员会和地方各级国家行政机关的工作，改变或撤销上述机关发布的不适当的决定或命令；

⑤全国人民代表大会及其常务委员会授予的其他职权。

7. 行署的性质和职责，类似的机构有哪些？

行署，即行政专员公署是省、自治区人民政府的派出机构，而不是一级国家的行政机关。其职责（任务）是：代表省、自治区人民政府督促、检查、指导所属县（市）人民政府的工作，并办理上级人民政府主管部门交办的事项。

8. 城市居民委员会的性质和任务。

居民委员会，是为了加强城市中街道居民的组织和工作，增进居民的公民福利，按居民的居住地区成立的群众性自治的居民组织。

根据《城市居民委员会组织条例》的规定，居民委员会的任务如下：

①办理有关居民的公共福利事项；

②向当地人民委员会或者它的派出机关反映居民的意见和要求；

③动员居民响应政府号召并遵守法律；

④领导群众性的治安保卫工作；

⑤调解居民间的纠纷。

9. 什么是国家行政工作人员？

从理论上说，我国国家行政工作人员，是指经过法定程序（选举、任命等）在国家行政机关或企事业单位中，依法执行国家委托的行政管理事务的中华人民共和国公民。它是国家工作人员的一种。这就是说：

①从本质上说，我国国家行政工作人员是执行国家所委托的任务的，是人民的公仆。在执行公务中，除了国家和人民的利益以外，没有别的个人私利。

②从产生的过程看，我国国家行政工作人员，必须经过法定的选举、任命等程序。

③从范围上看，我国国家行政工作人员包括在国家行政机关和企业、事业单位从事行政管理的人员，在其他国家机关工作的就不是了。

④从其工作上看，我国国家行政工作人员是从事于国家行政事务的组织和管理的人员。这既区别于国家立法工作人员、检察工作人员和审判工作人员，也区别于在国家行政机关工作的打字员、勤杂工等。因为，他们的工作不是从事于国家行政事务的组织和管理，并不直接产生法律效果。相反，校长、厂长、总会计师、总工程师等，虽在企事业单位工作，但由于所从事的是国家行政事务的组织和管理，并产生直接的法律效果，因而也是国家行政工作人员。

⑤我国国家行政工作人员是国家工作人员的一种，因而必须是中华人民共和国公民，并且必须是具有政治权利的我国公民。

10. 我国国家行政工作人员可分为哪几类？

按照产生的不同方式分，我国国家行政工作人员有以下几类：

①选举委任职　指由国家权力机关通过选举任职的国家行政机关工作人员。如根据我国宪法的规定，省长、副省长，市长、副市长，县长、副县长，区长、副区长，乡长、副乡长，镇长和副镇长，都由同级人民代表大会选举产生。

②提名委任职　指依照法律规定有任免权的机关经法定领导人提名后决定任免的国家行政工作人员。如我国宪法规定，全国人民代表大会根据中华人民共和国主席的提名，决定国务院总理的人选；全国人民代表大会或它的常务委员会根据国务院总理的提名，决定国务院副总理、国务委员、各部部长、各委员会主任、审计长、秘书长的人选。

③一般调任职　在政府各部门工作的行政工作人员，如科员、办

事员、会计员等，都属于国家干部编制，是一般行政工作人员，由有关人事部门调任。

④招聘委任职　这是由招聘机关对应聘者进行考核后予以委任的国家行政工作人员。

此外，还可以按照其他标准对国家行政工作人员进行分类。

11. 国家行政工作人员职务关系发生变更的原因有哪些？

国家行政工作人员职务关系的变更，是指仅变更其职务关系但仍不失为国家行政工作人员的身份。发生变更的原因主要有以下几类：

①罢免：国家权力机关有权罢免同级人民政府的组成人员；

②调动：例如从某一国家行政机关调到另一国家行政机关；

③培训学习：脱产受培训学习后，不一定回到原工作岗位工作；

④晋升；

⑤降职；

⑥选举：如某教育厅厅长经选举任某省省长；

⑦免职、撤职：可能再担任某行政工作；也可能不再任职但保留国家行政工作人员的身份和某些物质上的权利；

⑧退休、离休：仍保留国家行政工作人员的身份，享有某些物质上和政治上的权利。

12. 什么是行政处分？有哪些处分形式？

行政处分，是国家根据《国家行政机关工作人员奖惩暂行规定》，对在工作中犯有轻微违法失职行为尚不够刑事处罚或违反内务纪律的国家行政工作人员按隶属关系所给予的一种制裁，亦称“纪律处分”。

行政处分共分八类，即警告、记过、记大过、降级、降职、撤职、留用察看、开除。

13. 国家行政工作人员职务上的权利特点是什么？

国家为使国家行政工作人员有效地完成工作任务，赋予他们各种相应的职务上的权利。这种权利不同于宪法所规定的公民的基本权利，具有以下特点：

①国家行政工作人员职务上的权利，是完成国家工作任务的一种手段，行使职务上的权利的目的，是为了履行职务上的义务；

②国家行政工作人员在行使职务上的权利时，不能超出他的职务范围，并且必须是为了执行国家所委托的任务；

③国家行政工作人员职务上的权利，是由他所担任的国家职务的性质和任务来决定的；

④国家行政工作人员职务上的权利，是由他所担任的国家职务所发生的。所以，当国家免去他的职务时，其职务上的权利也就终止。但这并不免除他任职期间的法律责任，即他在任职期间的合法行为不因免职而无效，同样他的不法行为不因免职而不受追究；

⑤国家行政工作人员职务上的权利，表现在执行国家任务中，他的合法行为具有强制力，有关的国家机关、社会团体和公民都必须遵照执行。

14．国家行政工作人员的义务有哪些？

国家行政工作人员在履行职务时应当履行义务，归纳起来主要有以下几种：

①在执行职务时，必须依靠人民，倾听人民的意见和建议，接受人民的监督，努力为人民服务；

②必须模范地遵守宪法和法律，正确地执行党和国家的各项政策和法律，遵守政府的决议、命令和规章制度，切实地完成国家委托的各项工作任务；

③必须爱护和保卫国家财产；厉行节约，反对浪费；

④必须保守国家机密和职务上的机密；

⑤必须努力钻研业务，提高管理水平，努力为社会主义现代化建设贡献力量；

⑥必须坚持实事求是，不得弄虚作假，不得利用职权牟取私利，树立勤俭朴素，谦虚谨慎的优良作风。

15．什么是西方文官和文官制度？

所谓西方文官，就是指西方资本主义国家所有不与内阁共进退，一般都需经过公开竞争考试，一经择优录用无过失就长期任职的政府文职官员（公务人员）。

所谓文官制度，是指对各级文官的考试、录用、奖惩、考核、待遇、培训、晋升、调动、解职、退休、保障以及分类管理作系统规定的制度和体制，目的在选贤任能，提高行政效率。它体现了资产阶级的“自由竞争”、“机会均等，择优录用”、“在法律面前人人平等”、“赏罚分明”的原则，对稳定资产阶级的政局有重要作用。

16．行政行为的概念和种类。

行政行为，是国家机关，主要是指国家行政机关依法实施行政管理，直接或间接产生法律效果的行为。它是行政法律行为的简称，是世界上许多国家所公认的行政法学中的一个理论概念，是行政管理活动的抽象化和理论化。

根据不同的标准，行政行为可分为以下几种：

①事实的行为和法律的行为。国家行政行为，如果是不直接发生法律效果的，如调查行为，称为事实行为，有的也称为准行政行为。直接发生法律效果的国家行政机关的行为，如命令某公民纳税等，则称为法律行为。

②抽象的行为和具体的行为。国家行政机关在进行行政管理活动时，对一般的问题作出规定，例如制定行政法规的行政行为，称为抽象的行政行为。处理具体事件的行为，例如处罚某个公民，则称为具体的行政行为。一般地说，采取行政措施的行为都是具体的行政行为。

③单方的行为、双方的行为和多方的行为。行政行为以国家行政机关单方面的决定而成立，无须相对人的同意者，如行政处罚，称为单方面的行为。多数行政行为都是单方的行为。行政行为须为相对方的意思表示才能成立的，如聘任行为，称为双方的行政行为。如果须由两个以上的意思表示才能成立的行为，如协议的行为，则称为多方的行为。

17．什么是行政立法？

行政立法，也就是制定和颁布行政管理法规，是一种重要的行政行为（抽象的行政行为）。它是指国家机关，主要是国家行政机关依法制定和发布有关行政管理的普遍性法律规范，使国家行政管理制度化、法律化的活动，是国家实施行政管理的重要手段。

18．什么是自主的行政管理法规、执行的行政管理法规和补充的行政管理法规？

国家行政机关在自己的职权范围内，依法对法律或其他行政管理法规未规定的事项进行规定的，称为自主的行政管理法规。

国家行政机关以执行法律或上级机关所发布的行政管理法规为目的而制定的行政管理法规，称为执行的行政管理法规，通常称为法律或某行政管理法规的实施细则。

国家行政机关以补充法律或其他行政管理法规为目的而制定的行政管理法规，称为补充的行政管理法规。这是因为法律或行政管理法规对于某些情况不能事先预见到，或不宜详细规定，为了切合时宜，不得不由国家行政机关或下级国家行政机关根据当时当地情况加以补充。

19．行政管理法规的有效要件有哪些？

行政管理法规的有效要件有两个：

实质要件：由正当组织的行政机关在其权限内按照合法程序所做的合法行为。它包括：①制定行政管理法规的国家行政机关是合法的；②制定行政管理法规的程序是合法的；③制定该行政管理法规是在此国家行政机关的权限之内；④该行政管理法规的根据是合法的；⑤该行政管理法规的内容是合法的。

形式要件：要求行政管理法规是要式的，即必须用书面表示，由行政首长签名，注明年、月、日，注明其内容及成立日期。

20．行政措施的概念和种类。

国家行政机关依据行政管理法规，针对特定对象，所采取的具体的、单方面的、能直接产生行政法上法律效果的行政行为，称为行政措施。

行政措施可以分为以下几类：

①行政措施视其所发生的效果归自己或归他人，可以分为独立的行政措施和补充的行政措施。凡行政措施能独立存在，所发生的效果属于决定措施的行为者时，是独立的行政措施。凡行政措施用以补充其他行政措施，使其他行政措施发生完全的效力者，是补充的行政措施。

②行政措施以其受法律羁束的程度如何，可以分为羁束的行政措施和自由裁量的行政措施。凡法律已有具体或详细的法律规定，国家行政机关在处理具体事件时，仅能依法执行，不能自由选择、度量的，称为羁束的行政措施。凡法律没有详细规定，国家行政机关在处理具体事件时，可以依照自己的判断采取适当的方法，或虽有明确规

定，仍有自由选择余地的，称为自由裁量的行政措施。

③行政措施视其是否必须具备一定的方式，可以分为要式的行政措施和非要式的行政措施。前者必须依一定的方式，否则不能有完全的效力或甚至无效。后者，除法律有规定外，不要求必须依照一定的方式，不论口头、书面、明示、默示均可。

④行政措施以行政机关是否可以自动采取为标准，可区分为依职权的行政措施和依申请的行政措施。前者不待何人请求，得由行政机关自动采取，后者则需有相对方的申请才能采取。

21．行政措施有哪些表现形式？

行政措施的表现形式，主要有以下各项：

①命令　指命令相对人为一定行为或不为一定行为的行政措施。

②许可和免除　许可为对一般禁止的行为，对于特定人或关于特定事而解除其禁止的行政措施。免除为对于一般所负的作为义务，对于特定人或关于特定情况免除其义务的行政措施。

③赋予和剥夺　赋予是设定法律上的能力、权力或法律上地位的行政措施，其特点在使相对人享有从来所没有的法律上的能力、权利和法律地位，一般称为设权的或授权的行政措施。剥夺是使相对人丧失其能力或权利的全部或一部分，或消灭其行政地位的法律措施，内容与赋予相反。

④认可和拒绝　认可是对审批对象的同意，其作用在于使其他行为完全生效。对审批对象的不同意，称为拒绝。

⑤代理　代理可分为法定代理和委任代理。直接根据法律的规定而发生的代理行为，称为法定代理。由被代理人的委任而发生的代理行为，称为委任代理。委任代理人的行为，效力直接归属于委任者，即委任者对于代理人的行为也要负责。

⑥确认　确认为认定并宣告特定的法律事实或法律关系是否存在的行政措施。

⑦证明　指国家行政机关证明某种法律事实或法律关系的存在而作出的行政措施。

⑧通知　通知为使相对人知悉某种事件的行政措施，常附属于他种行为，作为其他行为程序的一部分。

⑨受理　受理为对他人的行为表示受领，是被动的行政措施。

⑩指示　指示是对下级机关布置工作，阐明工作活动的指导原则的行政措施。

22．行政措施有哪些效力要件？

国家行政机关的行为必须合乎法律才能发生效力，法律对于行政机关的行为要求遵守一定的条件，称为行政行为的有效要件，或称有效成立要件。行政措施的有效成立要件，因各种措施的性质而异，归纳起来，一般行政措施的有效成立都要具备下述几种要件：

①行政机关须为合法的组织。代表行政机关采取措施的人须由合法的选举或任命而产生，合议制机关须由合法的召集人、法定人数的出席和决议；

②行政机关须有采取措施的权限；

③行政措施的内容须确定、可能，且不违反法律的规定；

④行政机关的意思表示没有缺陷；

⑤符合法律所规定的程序；

⑥符合法律所规定的方式。行政措施具有强制力、证明力，所以一般须用要式行为；当然，如果法律没有明文规定，则采取书面、口头、明示、默示方式均可。

23．行政措施有哪些效力？

根据行政措施的内容，行政措施可以发生三种效力，即拘束力、确定力和执行力。

①行政措施的拘束力。行政措施对公民的拘束力是公民常因国家的行政措施而负有作为或不作为的义务，或取得要求国家作为或不作为的权利。但其范围根据不同情况而有所不同，有时拘束力及于多数不特定人或一般公众；有时仅限于特定的相对人。拘束力限于特定相对人的，一般不能转移，只有在法律规定的情况下才能转移。对于国家行政机关的拘束力，是指行政措施在未经废止或撤销以前，一切国家行政机关都有遵守的义务，即使是下级行政机关的行政措施，上级行政机关也受拘束。

②行政措施的确定力。行政措施的确定力对公民来说，是指行政措施所规定的事项，未经法律允许，公民不得要求更改。公民在一定条件下可依法请求撤销或更改，但这种请求的权利，只在一定期间内才可提起；行政措施的确定力对国家行政机关来说，是指行政措施的

内容一经决定以后，即为最终的决定，行政机关不得任意更改其内容。

③行政措施的执行力。行政措施的内容有的需要执行，有的不需要执行。行政措施的内容如果是命令相对人为一定的行为或不为一定的行为，在相对人不履行义务时，可依靠法定程序强制执行。

24. 什么是行政强制执行？行政强制执行有哪几种方法？

在行政法关系中，当事人不履行其行政法的义务时，国家行政机关可以采用法定的强制手段，强制当事人履行义务。这种行政行为，在行政法上叫做强制执行或行政执行。

行政法上的强制执行有间接强制、直接强制和强制征收三种方法。

间接强制有代执行和执行罚两种。当事人不履行义务，而此项义务可以由他人代为履行以达到同一目的的，国家行政机关可以请人代为履行，由法定义务人负担一切费用的强制执行方法，称为代执行的行政强制执行方法。当事人对于他人不能代为履行的作为或不作为义务，不及时履行时，国家行政机关为了达到促使其履行义务的目的，可以采用课以财产上新的给付义务的强制执行方法，称为执行罚。

直接强制，是指国家行政机关在采用代执行、执行罚等间接强制执行办法不能达到目的时，或在非常紧迫的情况下，为促使法定义务人履行义务，而对法定义务人的人身或财物采用实力强制的行政执行方法。

强制征收，是国家行政机关对于负有金钱给付义务或物品给付义务的法定义务人，在他们不履行其义务时采用的一种强制执行办法。

25. 什么是行政处罚？

行政处罚，是指国家主管行政机关根据行政管理法规的规定，对违反行政管理法规但情节较轻尚未构成犯罪的当事人所作的法律制裁，是违反行政管理法规的当事人应负的行政法律责任。

行政处罚具有下列特征：

①行政处罚以违反行政管理法规所规定的义务为前提。只有当事人在违反了行政管理法规所规定的义务时，才能给以行政处罚。如果没有违反行政管理法规，或违反的是其他法律而不是行政管理法规，则不能给予行政处罚。

②当事人违反行政管理法规的行为，具有社会危害性，但其情节和危害程度都比较轻微，还不足以构成犯罪。

③行政处罚由法定的国家主管行政机关来裁决。一个国家行政机关不能对自己主管以外的违法行为作出行政处罚裁决，非国家行政机关更不能进行行政处罚。但是，如果有法律的特别规定，或经主管行政机关的授权、委托，非主管的国家行政机关，以及企事业单位、社会团体，也可以在法律规定和授权的范围内进行行政处罚。

④行政处罚的对象，可以是任何具备行政责任能力的公民、国家机关、企事业单位和社会团体。

26. 行政处罚和刑罚有什么区别?

行政处罚和刑罚有着重大的区别:

①行政处罚由国家行政机关裁决，刑罚则由司法机关裁决；

②行政处罚是对违反行政管理法规义务的当事人的处罚，它包括公民、法人及其代表。刑罚则是对刑事犯罪者的处罚，它只限于犯人，对法人不能使用刑罚；

③行政处罚适用行政程序，刑事处罚则适用刑事诉讼法；

④行政处罚的罚则由多种行政管理法规分别规定，没有统一的规定，也无主罚、从罚之分。刑罚种类由刑法规定，有主刑和附加刑之分。

27. 什么是行政拘留? 它和刑事拘留有什么区别?

行政拘留是公安机关对违反治安管理的人在短期内剥夺人身自由的一种行政处罚。

行政拘留和刑事拘留不同:

①行政拘留的对象是违反治安管理处罚条例的当事人，而刑事拘留的对象是现行犯，重大嫌疑分子；

②行政拘留由公安机关裁决并加以执行即可，期限为一至十五天。刑事拘留后，如需要逮捕的，一般应在拘留后三日内提请检察院审查批准逮捕；

③行政拘留是一种行政处罚，刑事拘留只是一种强制措施。

28. 什么是劳动教养? 劳教工作的任务和方针是什么?

劳动教养是强制性改造的行政措施，是行政处罚的一种形式。

根据有关法规的规定，我国劳教工作的任务是，把应该劳动教养的人员收容起来，实施严格管理，进行教育改造，组织生产劳动，使他们改邪归正，重新做人，成为建设社会主义现代化的有用之材。具体地说：

①及时、准确地收容劳动教养人员，打击违法犯罪活动，积极维护社会治安；

②教育改造劳教人员，使其转变思想，改邪归正，改恶从善；

③把劳教人员造就成为有用之材。

目前，我国劳教工作的方针是：教育、感化、挽救。

29．简述行政管理法制监督的含义、意义和种类。

含义。行政管理法制监督，是指党和国家及人民群众对国家行政机关及其工作人员在行政管理活动中遵守社会主义法制情况的监督。

①行政管理法制监督的主体是党和国家机关及人民群众。具体地说，是党、国家权力机关、检察机关、审判机关、企事业单位、社会团体和公民，以及行政机关相互间都可对行政活动予以监督。

②行政管理法制监督的内容，包括行政活动合法性的监督，对行政活动合理性的监督，对国家行政工作人员遵守法律和国家纪律的监督；

③行政管理法制监督的对象是国家行政机关及其工作人员。

意义。①它体现了社会主义国家“人民是主人，人民政府及其工作人员是公仆”的国家性质；

②它能消除官僚主义，提高政府工作效率；

③它能防止和消除国家行政工作人员的违法乱纪现象，激励国家行政工作人员奋发向上，促使他们克己奉公，遵纪守法。

种类。行政活动的法制监督可分为以下几类：

①党的监督；

②国家权力机关的监督；

③国家检察机关和审判机关的监督；

④行政监督，包括上级国家行政机关对下级国家行政机关的监督，下级对上级的监督，国家行政机关相互间的监督，以及专职的国家监察机构的监督；

⑤群众监督和社会监督。

30. 什么是审计监督？它有什么作用？

审计监督就是国家审计机关对各种行政部门、各类经济单位的财政、财务、经济业务、资金收支实况以及会计资料，依法进行全部或部分、定期或不定期的一种技术性很强的监督审查。

审计监督在国家经济行政管理的各个方面都具有重要的作用：

①在国家财政方面，审计可以充分发挥财政监督的作用，有利于加强财政管理，促使财政、税务制度的实施，纪律的巩固，保证财政计划的完成和财政收支的平衡；

②在农业、工业、交通运输和商业方面，审计可以充分发挥经济监督作用，促进工农业生产和流通的发展，保证国家计划任务的完成；

③在银行信贷方面，审计可以充分发挥银行信贷货币监督作用，促进财政、信贷资金和物资的平衡，稳定市场，发展生产，扩大流通；

④在工商行政管理方面，审计可以充分发挥对市场经济的监督作用，保障经济秩序，促进物价稳定和安定团结；

⑤审计可以充分发挥对固定资产投资和智力投资的监督作用，保证固定资产计划和人才培养计划的完成，提高投资效果；

⑥通过审计可以改进和健全会计制度，提高会计水平，实现会计监督，纠正和防止会计工作中的弊病，保证会计任务的完成；

⑦建立审计制度和审计机构，开展审计工作，是健全社会主义法制和经济管理体制，更好地实施经济监督，提高国家经济管理的效率和水平的重要措施。

31. 财政监察机构的任务和财政监察人员的职权各有哪些？

各级财政监察机构的任务有下列几项：

①监督检查国家机关、团体、企业、事业单位贯彻执行财政法规和政策的情况和存在的问题；

②监督检查财政、财务部门和有关人员遵守财政法规以及财政政策的情况和存在的问题；

③受理和检查有关违反财政法规和纪律，破坏财政制度的案件；

④根据监督、检查发现的问题，提出改进财政、财务管理工作的建议；

⑤开展遵守社会主义法制、维护财政纪律的宣传教育工作。

财政监察人员具有下列职权：

①有权要求被检查单位的负责人和有关人员介绍情况，并参加有关会议；

②有权调阅被检查单位的预算、决算、财务收支计划、报表、账册、原始凭证和其他有关文书案卷、资料；必要时可以对某些重要资料进行影印、复制；

③有权检查被检查单位的库存现金、实物和银行存款，并可以到有关的工地、车间、仓库等现场进行调查；

④有权向案件涉及的单位进行调查和收集材料；

⑤有权向案件涉及的人员提出询问，要求他们当面作出答复或写出书面材料。

32. 英美法系国家不设行政法院的理由是什么？

英美法系国家，一般不设行政法院，一切诉讼案件包括行政案件，都由普通法院统一管辖。采用这种制度的主要理由是：

①全国普遍设有普通法院，公民行使行政诉讼权利比较方便，因此不必再设立行政法院，以避免机构重叠；

②普通法院审判人员，熟悉诉讼程序，有独立审判的经验；

③公民对于国家行政机关违法行为的争讼与公民之间发生的民事、刑事争讼一样，都应适用相同的诉讼程序，由同一的司法机关审理。

33. 法国的行政法院与普通法院相比具有什么特点？

在以法国为代表的大陆法系国家，行政案件一般统一由行政法院管辖。在英美法系国家，行政案件一般都由普通法院管辖。

法国的行政法院和普通法院相比，具有下列特点：

①行政法院的成员，不是一般法官的职衔，也不是终身制，而是行政官吏，由中央政府任免，并可随时调动；

②行政法院裁决案件，不是适用民、刑法典，而通常是行政诉讼的案例；

③行政法院的职责范围，受一定限制。它不能干涉政府的行为，比如警察权和“保护公共安全”等。

34. 新治安管理处罚和旧治安管理处罚条例相比，具有哪些特

点？

1986年，全国人大常委会通过了新的《中华人民共和国治安管理处罚条例》，并于1987年元旦生效，1957年的治安管理处罚条例同时失效。两者相比，新的治安管理处罚条例具有下列特点：

①治安管理权限扩大。

第一，规定了执行罚。新条例第36条规定，受罚款处罚的人应将罚款当场交公安人员或者在接到罚款通知或者裁决书后五日内送交指定的公安机关。无正当理由逾期不交纳的，可以按日增加罚款一元至五元。拒绝交纳罚款的，可以处十五日以下拘留，罚款仍应执行。

第二，下放了治安管理权限。旧条例规定，治安管理处罚，由市、县公安局、公安分局裁决；警告可以由公安派出所裁决；在农村，五日以下拘留，可以由公安派出所裁决。新条例规定，警告、五十元以下罚款可以由公安派出所裁决。

②新条例规定公安机关必须严格依法办事。

第一，新条例严格规定了公安机关对违反治安管理行为的处罚程序。它规定，除了轻微的违反治安管理行为外，对其他的违反治安管理的行为都要严格适用传唤、讯问、取证、裁决、复查程序，以维护公民的合法权益。

第二，规定了对违法乱纪的公安人员的责任。新条例第41条规定，公安人员在执行本条例时，应当严格遵守法纪，秉公执法，不得徇私舞弊。禁止对违反治安管理的人打骂、虐待或者侮辱。违反的给予行政处分；构成犯罪的依法追究刑事责任。

第三，规定了公安机关的赔偿（补偿）责任。新条例第42条规定，公安机关对公民给予的治安管理处罚错误的，应当向受处罚人承认错误，退回罚款及没收的财物；对受处罚人的合法权益造成损害的，应当赔偿损失。

③新条例规定治安行为行政案件的诉讼。它规定被裁决受治安管理处罚的人或者被侵害人不服公安机关最终裁决的，可以在接到通知后五日内向当地人民法院起诉。

④新条例在体系结构上和条文内容上，比旧条例都更科学。

关于保证人大及其常委会充分行使决定权的思考[①]

决定权亦称“决议权”，是我国各级人大及其常委会最重要的职权之一。我国宪法、法律对此的规定日益完善，而且人大及其常委会对决定权的实际行使也取得了很大进展，与此同时，我们仍然必须进一步健全和完善人大及其常委会行使决定权的相关制度。因此，在总结实践经验的基础上，探讨如何保证人大及其常委会充分行使决定权，是加强人民代表大会制度建设的重要环节。本文从两方面对此进行一些思考。

一、提高思想认识，保证充分行使决定权

思想认识是人们行动的指南。人大及其常委会充分行使决定权同样离不开正确的思想认识作指导。就现阶段而言，要保障这一职权得以充分、有效地行使，必须紧紧地抓住以下两大问题。

（一）加强思想建设

虽然人大制度思想建设的内容很多，涉及的面很广，但根据人大及其常委会的工作实际，我们认为，其最具紧迫性的内容有三：

第一，树立人大及其常委会是国家权力机关的观念。树立人大及其常委会是国家权力机关的观念，应在普法宣传中，根据宪法的规定大力宣讲人大的性质。说明这是国家权力机关，是代表人民实现其当

① 本文载于《武汉大学学报》（发表的年份及期数无法查到），与周叶中合著。

家作主权力的机关，它有权代表人民决定全国和地方的一切重大事务。同时人大及其常委会还必须通过具体工作向人民群众证实自己的确在行使国家权力。

第二，树立依法行使职权的观念。关于人大及其常委会管多管少的问题，彭真同志曾经说过："重大的原则问题，该管就管，少一事不如多一事；日常工作问题，不必去管，多一事不如少于事。"他所说的该管就管的重大原则问题即是属于人大及其常委会职权范围内的问题；不必去管的日常工作问题即是具体的执行问题。该管的不管、采取多一事不如少一事的态度，叫做失职；不该管的去管，采取少一事不如多一事的态度，叫做越权。失职和越权都是错误的。我国宪法、法律对人大及其常委会的职权，包括决定权已有明确规定，已经划分了它们该管与不该管的事项的界限。因此，人大及其常委会必须树立依法行使职权的观念。

第三，树立党政职能分开、目标一致的观念。对人大及其常委会与同级党委的关系的认识是影响人大及其常委会职权行使的重要因素。要保障人大及其常委会充分有效地行使决定权，首先在思想观念上就必须消除党政不分的思想，树立党政分开的观念。而且还应明确，由于党是人民利益的忠实代表，没有自己的特殊利益，党的宗旨亦即全心全意为人民服务。因此中国共产党和国家政权的目标是一致的，都是为了实现人民当家作主，都是为了不断满足广大人民群众日益增长的物质和文化生活的需要。党政分开只是指在共同为实现这一目标而奋斗的过程中，各自的职能存在区别罢了。只要我们在观念上具备这些认识前提，就能在实际生活中处理好它们之间的关系。

（二）在提高认识的基础上正确处理几对关系

加强思想建设的目的，是为了提高实际工作的效能。对人大及其常委会行使决定权这一实际工作来说，其目的首先是要以正确的思想作指导处理好以下几对关系。

第一，正确处理人大及其常委会的决定权与党的领导权的关系。

中国共产党对国家的领导权是我国宪法确认的一项坚定不移的原则。党对国家的领导自然包含着对国家机关的领导。人大及其常委会的决定权也是一项宪法授予的权力，两权之间是否发生矛盾必须回答；两权之间的关系在实际工作中应该如何处理必须解决。首先应该肯定的是两权之间没有矛盾。因为二者的内容是一致的，它们的行使都以人民的意志和利益为依据；二者的实现过程也是统一的，党的领导是方针政策的领导，其基本要求是通过国家机关的活动贯彻自己的方针政策。至于两权在实际工作中关系的处理准则应该是：决定权必须服从领导权；领导权必须和决定权分开行使。

在此必须明确指出的是：尽管两项权力之间并不矛盾，但毕竟二者之间仍然存在一些区别。表现在：一是性质不同。中国共产党是执政党，是领导我们事业的核心力量。但党的领导是政治领导、组织领导和思想领导。可见，党的领导权具有导向性，它为人大及其常委会决定重大事项指明方向和应当遵循的原则。而人大及其常委会是代表人民行使国家权力的机关，因而其决定具有国家意志性。人大及其常委会决定重大事项，要遵循党的政策，而党的组织又必须尊重人大及其常委会的决定。二是行使权力的程序不同。人大及其常委会行使决定权的程序由法律规定，必须提交全体会议表决，获得全体代表或常委会全体组成人员过半数以上的同意才能通过。党的组织行使领导权的程序也遵循民主集中制原则，其不同之处在于地方党组织因意见分歧而难于议决时可向上级请求裁决。三是行使权力的结果和效力不同。人大及其常委会行使决定权产生的是法律性文件，具有普遍的约束力，并以国家强制力为后盾；党组织行使领导权产生的结果是党内文件，约束力只及于党内，以党内纪律为后盾保证执行。正因为两权之间存在上述差异，因而在具体工作实践中就必须将二者区别开来。

第二，正确处理人大及其常委会的决定权与本级政府的行政权的关系。

根据宪法的规定，我国行政机关由人大产生，对它负责，受它监督。这一规定确认了国家权力机关和行政机关的关系，从而也确认了人大及其常委会的决定权高于人民政府的行政权，人民政府不能分享、更不能侵犯本级人大及其常委会的决定权，这是十分明显的。

人大及其常委会以及人民政府关键是要在各自的工作和活动中严格依法办事。人民政府作为执行机关如果自行决定应该由人大或人大常委会决定的重大事项，人大或人大常委会可以而且应该依照宪法和法律的规定予以制止，理直气壮地宣布这种决定违宪无效。至于人民政府，一方面应该随时接受人大及其常委会的监督，尊重其决议；另一方面，如果本行政区域内确实需要决定某种重大事项，而人大或人大常委会尚未作出决定时，当然可以建议人大或人大常委会讨论决定，然后予以实施。

二、采取具体措施，保证充分行使决定权

具体措施是人大及其常委会充分行使决定权的关键。因此在人大及其常委会行使决定权的工作实践中，不仅必须提高认识，妥善处理各方面的关系，而且必须从其内部完善各方面的制度，以保障其充分、有效地行使职权。

（一）加强调查研究

调查研究是一种科学的工作方法。调查指的是了解情况，收集资料；研究指的是分析资料，发现问题。只有在调查研究的基础上，才能认识客观事物，发现矛盾和问题，提出解决问题的办法。

调查研究是人大及其常委会行使决定权的先行程序。因为决定权涉及现实生活中各个方面的问题，在各种问题中要认定何者为重大事项，只有通过深入细致的调查研究才能得出结论。同时，在同一时间内应由人大及其常委会决定的重大问题往往不只一项；即使在同一重大事项中，也还包含各种细节问题。要决定其轻重缓急和先后顺序，也只有通过调查研究才能确定。此外，重大事项一经确定，更须提出其处理的途径和方式，只有通过调查研究才能明确问题的关键，抓住主要矛盾，对症下药解决主要矛盾，使这一重大事项迎刃而解。可见，加强调查研究工作，才能保证人大及其常委会有效地行使其决定权。

（二）实行公开原则

人大及其常委会在行使决定权的过程中实行公开原则，是由我国政权的性质决定的，是社会主义民主的必然要求。众所周知，人大及其常委会是代表人民行使其当家作主权力的国家机关，因此它们在讨论、决定重大事项的时候，应该向人民公开。与公开原则有密切联系

的是人民参加讨论。人民参加讨论是全国或地方的全体人民对某一问题发表意见、提出建议的有效方式。实践证明，这种形式能集思广益，能充分地发扬民主，同时也能扩大影响，提高人民的认识。

这里有一个值得进一步研究的问题，即保密问题。从理论上说，人大的一切权力来自人民，它行使的各项职权、包括决定权都由人民赋予，因而不应存在任何向人民保密的问题，实行决定权的公开原则是绝对的。但在现实政治生活中，人大及其常委会行使决定权时，在特定情况下却又不宜过早地公开化。如决定战争与和平问题，有时就不宜公开声张，再如国家经济生活中有些重大问题的决定也不能拘泥于公开原则以防引起人心浮动、市场混乱，不利于经济建设。可见决定权的公开原则在实践中不能绝对化，它只能是相对的。对于这种理论上的绝对性与实践中的相对性的矛盾，所应采取的处理办法是原则性和灵活性相结合。

关于这种原则性与灵活性相结合的处理办法，在我国宪法中就有所表现。按照我国宪政体制，全国人大在国家机关体系中居于最高地位，其他国家机关都由它产生，对它负责，受它监督。同时在宪法、人民法院组织法、人民检察院组织法中明确规定了国务院、最高人民法院、最高人民检察院向全国人大及其常委会负责并报告工作。报告工作是承担责任、接受监督的一项重要内容。但是，宪法在关于中央军委的规定中，只规定了中央军委主席对全国人大及其常委会负责，没有报告工作的规定。这是因为中央军委的工作涉及国家机密，确有不便公开报告之处。这一关于国家机关体系的责任制度和监督制度的规定即体现了原则性和灵活性的结合。对此，全国人民既理解、也接受。

将原则性和灵活性相结合的办法贯彻于人大及其常委会行使决定权时的公开原则，不仅出于事实需要，而且也无损于人民当家作主的权力。

（三）建立监督机制

人大及其常委会能否依法充分行使决定权，其所作决定是否正确，是否行之有效，不但需要它们本身的努力，而且需要从外部加以督促、查证。从这个意义上说，建立监督机制，对决定权的行使进行监督是保证决定权的有效行使的一项重要措施。对决定权进行监督的主体是人民。其法律根据是宪法规定的各级人大都对人民负责、受人民监督。一般说来，人民对决定权的行使进行监督的方式有两种：一是按法定程序进行监督；二是由社会舆论进行监督。按法定程序进行的监督又分为直接监督和间接监督两种。即县及县以下由人民直接选举代表所组成的人大由选民直接监督，县以上由选举单位间接选举的代表所组成的人大由选举单位间接监督。社会舆论监督是由报刊、广播、电视等传播信息的机构进行的监督。对决定权的行使进行监督的内容有两个方面：一是人大或人大常委会行使决定权的程序是否合法，是否经过提案、审议、表决、公布等四个阶段，而且这四个阶段的工作是否严肃认真；二是人大或人大常委会所决定的重大事项有无失误情况。其中包括是否确系重大事项，也包括处理该重大事项的具体措施是否恰当，有无违背党的方针、政策和国家法律的失误。